清華
汇智文库
QINGHUA
HUIZHI WENKU

聚学术精粹·汇天下智慧

清华汇智文库
QINGHUA
HUIZHI WENKU

梁学森精粹·汇天下智慧

清华
汇智文库
QINGHUA
HUIZHI WENKU

创新治理与成果转化的
超螺旋模型

| 章琰　姜全红⊙著

清华大学出版社
北　京

内 容 简 介

　　为深入理解国家重点研发计划的内在运行机理,有效提升创新治理效率和治理效果,本书在重点调研 11 个国家重点研发计划项目的基础上提出了"超螺旋模型"。该模型包括产业链和学研链两条核心骨架链,通过人才、资金设备、知识信息、价值利益四种"对接基"按照一定规律形成"连接键",以政府科技政策和产业政策形成的合力作为中心方向轴引领两条骨架链的发展。基于该模型,本书从核心骨干科研人员、团队技术能力、团队综合实力、生态场域/外部政策环境四个维度分析了国家重点研发计划项目成果转化的影响因素及其作用机制,并从四个发展阶段探讨了相应的管理策略。

图书在版编目(CIP)数据

创新治理与成果转化的超螺旋模型 / 章琰,姜全红著.
北京 : 清华大学出版社,2025. 7. -- (清华汇智文库).
　　ISBN 978-7-302-69983-5
　　Ⅰ. F204
中国国家版本馆 CIP 数据核字第 20253D7P37 号

责任编辑:高晓蔚
封面设计:汉风唐韵
责任校对:宋玉莲
责任印制:丛怀宇

出版发行:清华大学出版社
　　　网　　　址:https://www.tup.com.cn,https://www.wqxuetang.com
　　　地　　　址:北京清华大学学研大厦 A 座　　邮　　编:100084
　　　社 总 机:010-83470000　　　　　　　　邮　　购:010-62786544
　　　投稿与读者服务:010-62776969,c-service@tup.tsinghua.edu.cn
　　　质量反馈:010-62772015,zhiliang@tup.tsinghua.edu.cn
印 装 者:三河市东方印刷有限公司
经　　销:全国新华书店
开　　本:170mm×230mm　印张:17.75　插页:1　字　　数:309 千字
版　　次:2025 年 8 月第 1 版　　　　　　　印　　次:2025 年 8 月第 1 次印刷
定　　价:158.00 元

产品编号:098802-01

　　科技创新是促进国家经济发展、提高国际竞争力的有力武器,党的十八大以来,围绕"为什么要科技创新、怎样科技创新、为谁科技创新",国家强调要加快实施创新驱动发展战略,推动科技创新和经济社会深度融合发展。国家重点研发计划是由原来中央各部门管理的近百项科技计划(专项、基金等)整合而来,是我国实施创新驱动发展战略的重要举措。

　　国家重点研发计划加强跨部门、跨行业、跨区域研发布局和协同创新,与改革前计划相比,创新模式和管理方式都发生了变化。由于科技创新的根本目的是把创新成果转化为现实生产力,因而科技成果转化是影响科技创新成败的关键环节。科技成果转化是复杂的系统工程,涉及众多参与主体和众多影响因素,存在着"魔川""死亡谷""达尔文海"等诸多风险。因此,对国家重点研发计划的创新治理,需要全面了解其成果转化的影响因素并做出相应的治理举措。

　　本书的研究目的是揭示国家重点研发计划科技创新和成果转化的内在运行机理,为更好地推动国家重点研发计划项目的组织实施、提高相关科技管理和创新治理的工作效率提出发展建议。

　　本书的研究历时四年,对国家重点研发计划中的典型项目进行了多轮次调研,总结凝练了项目成果转化模式,撰写形成了典型项目案例;在理论和实践相结合的基础上提出和构建了专门面向国家重点研发计划的创新治理"超螺旋"理论模型,依据模型对国家重点研发计划项目的组织实施进行了内在运行机理分析,提炼了成果转化影响因素并进行了实证检验验证,最终形成了国家重点研发计划的项目遴选指标体系。

　　本书的研究是在科技部软科学课题研究项目"国家重点研发计划成果转化与技术转移问题研究"(KZ31042901)资助下完成的,特别感谢科技部资源配置与管理司的大力支持,同时感谢科技部中国 21 世纪议程管理中心、科技部高技术研究发展中心、科技部中国生物技术发展中心、科技部中国农村技术开发中心在项目调研中给予的积极帮助和支持,在研究讨论中给予的各种思路和启发。还要感谢所有我们前去调研的国家重点研发计划项目组给予的帮助和配合,尽管有些项目并未呈现在本书案例之中;此外,感谢所有参与我们线上和线下问卷调查的项目组和科研工作者们。

感谢北京航空航天大学公共管理学院的方卫华老师,三年来他参加了每周一次的研究组会与所有讨论,为本书的研究提供了许多启发和灵感,贡献了许多有价值的思想和观点;感谢北京航空航天大学的郑晓齐老师、陈向东老师、汤鹏翔老师,感谢"中关村技术经理人协会"的杨晓非老师,感谢清华科技园的梅萌老师,与他们的交流和探讨,让人受益匪浅。

本书是研究项目成果的一种呈现,章琰负责本书的总体设计、指导、修改校订与统稿等工作,姜全红负责部分撰写、修改校订与统稿等工作。初稿的撰写分工如下:第1章由朱英执笔,第2章由李昱璇执笔,第3章由姜全红执笔,第4章由李萍执笔,第5章由章琰、姜全红、李瑞、朱英、张锦程、何璐执笔,第6章由姜全红、王静执笔。此外李荣川、宁云、王慧敏、代亚男、齐南南、张桐筱等参与了项目调研和其他未收入本书的部分案例初稿的撰写。感谢所有项目团队成员的辛勤努力、通力合作与执着坚持。

此外,在研究过程中参阅了大量学术文献资料,在正文之后的参考文献中进行了著录,正是有他们的工作作为基础,本书才能有所创新。

清华大学出版社的高晓蔚女士为本书的完成提供了大力支持,在此一并致谢!

本书一定还存在不少不成熟和不当之处,恳请读者批评指正。

谨以此文,献给未来。

章　琰

2025 年 4 月于北航

目录

C ontents

第1章　问题的提出 ·· 1

1.1　国家重点研发计划：研究背景和意义 ······················ 1

1.1.1　研究背景 ··· 1

1.1.2　研究意义 ··· 3

1.2　科技成果转化与技术转移：相关理论与研究综述 ············ 5

1.2.1　国外研究现状分析 ································· 5

1.2.2　国内研究现状分析 ································· 11

1.2.3　最新研究成果和发展动态 ··························· 17

1.2.4　研究述评 ··· 22

1.3　研究内容与研究方法 ···································· 23

1.3.1　研究内容 ··· 23

1.3.2　研究方法 ··· 24

第2章　新趋势：走向"有组织"的成果转化与技术转移 25

2.1　成果转化和技术转移的创新体系背景 ······················ 26

2.1.1　宏观上：整体推进科技体制改革 ··················· 26

2.1.2　中观上：成果转化与产学研协同 ··················· 27

2.1.3　微观上：创新创业与人才培养 ····················· 29

2.2　国家战略引导下的技术转移过程 ························· 30

2.2.1　从市场拉动、技术推动到国家任务驱动 ············· 30

2.2.2　"整体主义"趋势凸显 ····························· 31

2.2.3　成果转化和技术转移中的国家力量 ················· 33

2.3　国家重点研发计划：成果转化与技术转移的生态场域 ········ 34

2.3.1　国家重点研发计划的"大平台" ····················· 34

2.3.2　"大平台"成果转化与技术转移的生态场域构成 ········ 35

2.3.3　"大平台"成果转化与技术转移的生态特征 ············ 36

2.4 技术转移中的"有组织"整体性治理 ………………………… 37
　2.4.1 技术转移治理：各主体的作用 …………………… 37
　2.4.2 高质量技术转移的整体治理模式 ………………… 38

第3章　新模式：国家重点研发计划成果转化的
　　　　"超螺旋模型" ………………………………………… 40
3.1 传统的创新研究理论模型 …………………………………… 40
　3.1.1 创新研究的缘起 …………………………………… 40
　3.1.2 创新研究理论模型的演进发展 …………………… 42
3.2 国家重点研发计划项目的"超螺旋模型"构建 …………… 47
　3.2.1 "超螺旋模型"的分子生物学原理 ……………… 48
　3.2.2 国家重点研发计划的"超螺旋模型"构建 ……… 59
　3.2.3 国家重点研发计划的"超螺旋模型"的特点 …… 85

第4章　国家重点研发计划成果转化与技术转移影响
　　　　因素实证分析 ………………………………………… 91
4.1 国家重点研发计划成果转化与技术转移的影响因素分析 …… 91
　4.1.1 基于"超螺旋模型"的成果转化与技术转移的
　　　　影响因素分析 …………………………………… 91
　4.1.2 基于文献研究的成果转化与技术转移的影响因素分析 … 96
4.2 国家重点研发计划成果转化与技术转移影响因素模型构建 … 107
　4.2.1 研究方法 …………………………………………… 107
　4.2.2 研究结果 …………………………………………… 108
4.3 国家重点研发计划成果转化与技术转移影响因素模型验证 … 115
　4.3.1 模型解释与假设提出 ……………………………… 116
　4.3.2 研究设计 …………………………………………… 121
　4.3.3 数据分析 …………………………………………… 126
　4.3.4 结论与讨论 ………………………………………… 151

第5章　基于案例的国家重点研发计划成果转化与技术
　　　　转移模式分析 ………………………………………… 153
5.1 创新链与产业链深度融合转化模式
　　——优质果蔬智能化品质分级技术装备 …………… 153
　5.1.1 项目背景 …………………………………………… 153
　5.1.2 项目成果转化与技术转移路径 …………………… 154

5.1.3 项目成果转化模式：创新链与产业链深度融合转化 … 156
5.1.4 项目的超螺旋分析 ……………………………… 160
5.1.5 经验总结与启示 ……………………………… 164
5.2 以人为载体的知识链深度融合转化模式
——SEBS、PCL 医用高分子原材料的研发和产业化 ……… 167
5.2.1 项目背景 ……………………………………… 167
5.2.2 项目成果转化与技术转移路径 ……………… 167
5.2.3 项目成果转化模式：以人为载体的知识链深度
融合转化模式 ……………………………… 171
5.2.4 项目的超螺旋分析 ……………………………… 176
5.2.5 经验总结与启示 ……………………………… 182
5.3 依托农技人员和新型职业农民"能人效应"的成果转化模式
——棉花化肥农药减施技术集成研究与示范 ………… 184
5.3.1 项目背景 ……………………………………… 184
5.3.2 项目成果转化与技术转移路径 ……………… 185
5.5.3.3 项目成果转化模式：依托农技人员和新型职业农民
"能人效应"转化 ……………………………… 186
5.3.4 项目的超螺旋分析 ……………………………… 188
5.3.5 经验总结与启示 ……………………………… 193
5.4 基于"规模农场＋土地托管"的田间应用示范模式
——智能化精准施肥及肥料深施技术及其装备 ……… 199
5.4.1 项目背景 ……………………………………… 199
5.4.2 项目成果转化与技术转移路径 ……………… 199
5.4.3 项目成果转化模式：基于"规模农场＋土地托管"的
田间应用示范转化 ……………………………… 202
5.4.4 项目的超螺旋分析 ……………………………… 204
5.4.5 经验总结与启示 ……………………………… 210
5.5 基于"产学研医全程实时联动体系(利益共同体)"的成果转化模式
——新型血液净化材料及佩戴式人工肾关键技术研发及
产业化 ……………………………………… 214
5.5.1 项目背景 ……………………………………… 214
5.5.2 项目成果转化与技术转移路径 ……………… 216
5.5.3 项目成果转化模式：基于"产学研医全程实时联动体系"

转化 •• 217

5.5.4 项目的超螺旋分析 •••••••••••••••••••••••••••• 217

5.5.5 经验总结与启示 •••••••••••••••••••••••••••••• 221

5.6 基于专利与标准构建行业平台、引领行业发展规范的成果转化模式
——新型节能环保农用发动机开发 •••••••••••••••••••• 225

5.6.1 项目背景 •••••••••••••••••••••••••••••••••••• 225

5.6.2 项目成果转化与技术转移路径 •••••••••••••• 226

5.6.3 项目成果转化模式:基于专利与标准构建行业平台、
引领行业发展规范的成果转化 •••••••••••••• 227

5.6.4 项目的超螺旋分析 •••••••••••••••••••••••••• 230

5.6.5 经验总结与启示 •••••••••••••••••••••••••••••• 233

第6章 国家重点研发计划成果转化与技术转移管理
工作建议 •• 236

6.1 基于"超螺旋模型"的国家重点研发计划项目团队发展
状态分析 •• 236

6.1.1 国家重点研发计划项目团队的"超螺旋"发展
阶段状态 •••••••••••••••••••••••••••••••••••• 236

6.1.2 调研案例项目团队的"超螺旋"发展阶段状态分布 ••• 238

6.2 基于"超螺旋模型"的国家重点研发计划项目实施效果
分析与管理启示 •••••••••••••••••••••••••••••••••••• 242

6.2.1 基于"超螺旋模型"的国家重点研发计划项目实施
效果分析 •••••••••••••••••••••••••••••••••••• 242

6.2.2 基于"超螺旋模型"的国家重点研发计划项目管理
启示 •• 243

6.3 未来阶段的工作 •••••••••••••••••••••••••••••••••••••• 245

参考文献 •• 247

第1章
问题的提出

1.1 国家重点研发计划：研究背景和意义

1.1.1 研究背景

1.1.1.1 国家力量主导下的产学研深度融合

2014年12月,国务院印发的《关于深化中央财政科技计划(专项、基金等)管理改革方案的通知》中,提出国家科技重大专项聚焦国家重大战略产品和重大产业化目标,发挥举国体制的优势。2021年,在国家的"十四五"规划中提到制定科技强国行动纲要,健全社会主义市场经济条件下新型举国体制,打好关键核心技术攻坚战,提高创新链整体效能。国家力量融入新型举国体制中,发挥在北斗导航、载人深潜、深地探测、国产航母、高速铁路等科技创新的各个方面。它突出体现在:一是在资源配置上,充分、科学、辩证地发挥市场在资源配置中的决定性作用,而政府更多地在"市场失灵"的领域替代市场实现对资源的有效配置,通过发起项目和制定政策引导创新资源向目标方向集中。二是在项目目标上,突出国家重大利益和国家创新战略,不仅为参与单位带来经济收益,更瞄准解决国民经济和社会发展各主要领域的重大、核心、关键科技问题。三是在监督管理上,形成较为完善的管理制度,例如国家重点研发计划建立了全过程嵌入式的监督评估体系和动态调整机制,加强信息公开,注重关键节点目标考核和组织实施效果评估,着力提升科技创新绩效。

这体现了中国特色社会主义制度的一大优势,能够统筹协调产学研优势力量,集中力量办大事。"十四五"规划中提到,形成以企业为主体、市场为导向、产学研用深度融合的技术创新体系。通过顶层制度设计,调动各类创新主体积极性,使之发挥最大效益,是保证国家战略规划与引领企业、高校、科研机构发挥创新作用的结合点。在产学研的深度融合中,点对点的创新组织架构转向网络创新模式,原有相对孤立和封闭的创新与转化模式被打破。供需双方实现紧密对接和有效反馈,在利用各方优势资源、取长补短的基础上展开深层互动、互补、互助、互融的合作。在良好合作的基础上,更大范围地推动科技成果的产业化进程。产业链反馈创新链,创新链推动产业链,形成良好的循环互动机制。

1.1.1.2　全产业链视野下的成果转化与技术转移

产业链由企业的上游—中游—下游等环节构成,是在一定经济或技术关联基础上,依据特定的逻辑关系网络或时空关系网络而形成的产业或部门之间的链条。其本质是围绕生产同种或同类产品的企业供需关系的资源有效整合。2009 年,中粮集团率先推出了"全产业链战略",创新打造从田间到餐桌、从农产品原料到终端消费品,包括种植、采购、贸易和物流、食品原料和饲料生产、养殖和肉类加工、食品加工、食品营销等多个环节的全产业链模式。"全产业链"是产业链的垂直一体化,即企业将整个生产链条上的所有环节均纳入自身经营范围。2021 年,"十四五"规划中提到,立足产业规模优势、配套优势和部分领域先发优势,巩固提升高铁、电力装备、新能源、船舶等领域全产业链竞争力。

在生产分工日益细化的背景下,全产业链不仅是上下游的简单扩张,也不仅限于某一个产业之内,而是在多个产业部门、多个企业之间形成的具有相当体量的产业规模和对应产业结构的一条关系链,是从基础产业到成品销售的全过程生产的集合。全产业链的关键优势在于实现资源的优化配置和高效率的成果转化与技术转移,而且是纵向环节齐全、横向门类配套协调的成果转化与技术转移,进而增强企业关键技术和原材料的自主可控性,强化企业生产经营的竞争优势。成果转化与技术转移本质上是市场行为。具体来讲,全产业链视野下的成果转化与技术转移是充分挖掘产业技术成果需求,及时对接科技创新供给的成果转化;是协调上下游产业间合作关系,实现资源的同质共享、异质互补的成果转化;更是产业链上、中、下游纵向联合,产业发展各个环节横向互动,形成特定产业集群优势的成果转化。

1.1.1.3 创新链的生态化构建

创新链是指从创新源头开始,按照创新来源、构想、设计、实验、孵化、技术商品、新产品生产与新产品市场开发创新流程,通过不同创新主体连接的分工协作,实现创造或升级产品(服务)的链状结构模式。创新链的核心在于参与主体之间的分工和有机配合,以及技术、知识创新活动的有效衔接,使不同参与主体都能获取知识创新的增值收益。"十四五"规划中提到,要制定科技强国行动纲要,健全社会主义市场经济条件下新型举国体制,打好关键核心技术攻坚战,提高创新链整体效能。创新链通过与产业链、价值链的有效衔接,能够实现整个创新进程的资源高效利用与创新活动的可持续发展。2021 年的国务院办公厅《关于完善科技成果评价机制的指导意见》中指出,通过评价激发科技人员积极性,推动产出高质量成果、营造良好创新生态,促进创新链、产业链、价值链深度融合,为构建新发展格局和实现高质量发展提供有力支撑。

在创新链中,创新主体之间是环环相扣、联系紧密和分工协作的关系,而不是孤立封闭的。在创新主体(企业、大学和研究院所)、创新服务机构(政府、金融、法律和中介机构)与创新环境互动演化的过程中,创新链的生态化趋势日益显现。这一趋势首先表现为在战略性新兴产业研发、成果转化与产业化各单环节的创新资源投入、创新产出及外部环境支持等均处于良好发展态势的基础上,各创新环节间的有效衔接;又进一步表现为在企业边界、产业部门边界被打破的新环境下,创新主体组织的边界更加开放,创新链中的不同环节被系统整合,创新链的投资与公司战略、市场反馈等紧密结合,单一市场交易关系发生改变;最终表现为各个创新合作伙伴之间协同竞争、互惠共生、领域共占、结网群居等链节间的平衡与调节关系的形成。

1.1.2 研究意义

1.1.2.1 理论意义

技术转移是我国经济建设中的薄弱环节,缺乏良好的机制和运作环境,这是提高国家自主创新能力的重大障碍。近年来,技术转移相关研究兴起,学界对该领域研究多从企业、高校及科研院所、政府、中介机构等视角,研究科技-产业链上游向下游的成果转化、技术转移和扩散辐射等方面内容,但在从科技-产业链下游向上游追溯,从科研成果的有效转移回溯政府支持、资助项目研发的遴选机制等方面的研究较为薄弱,项目遴选相关理论的研究和相关成熟经验的挖掘均有待提升。

国家重点研发计划整合了科技部管理的国家重点基础研究发展计划、国家高技术研究发展计划、国家科技支撑计划、国际科技合作与交流专项。本研究通过理性分析技术转移中存在的问题及原因,代表性案例的特点及一般规律,探寻其中的逻辑所在,实现国家重点研发计划成果转化与技术转移关键因素的归纳总结和合理利用,尤其是基于此对研发项目遴选模型构建与机制进行系统总结。这不仅推进了科研项目遴选理论的科学建制,还丰富了当前技术转移研究的理论视角,提升了技术转移相关理论的地位。

1.1.2.2　实践意义

中国实施创新驱动发展战略的历程实质就是摆脱国外技术依赖,实现技术独立和领先的过程。国家重点研发计划与创新驱动发展战略相辅相成,它面向世界科技前沿等领域中需要长期演进的重大社会公益性研究,已经成为关键领域科学技术知识生产的一个重要发动引擎和强力支撑。计划虽已推行多年,但其后续成果转化与技术转移的效果并没有得到足够的重视;有的计划在实验室阶段完成并顺利结项之后,实现了高效的技术转移,但对这些优秀案例的归纳及其所具备的特点及一般规律还没有系统梳理;从研发成果的有效转移回溯政府支持、资助科学技术项目研发的遴选机制还不成熟;技术转移管理部门等组织者的职能发挥不仅体现在技术转移效果的监督上,也可在项目质量及未来转移成效上有所预见,在这方面组织者需要一个比较清晰的框架和思路。

本研究立足于当前国家重点研发计划现状,对相关案例进行汇总,整合片段化、经验化的观点,挖掘当前技术转移经验性做法,扩充优秀案例库,为之后的研发计划提供借鉴。从科技-产业链下游向上游的追溯,创新技术转移研究中的遴选方法,探寻更加科学有效的遴选指标体系,促进国家重点研发计划在增进科技与国家目标之间的联系上的科学性和精准性;探讨政府与科技之间的新型契约关系,提升科研管理部门服务的深度与广度,搭建科技与经济的桥梁,创造良好的机制环境。同时,重点研发计划包含事关产业核心竞争力、整体自主创新能力和国家安全的战略性、基础性、前瞻性的重大科学问题、重大共性关键技术和产品研发,以及重大国际科技合作等,研究的深入有助于经验研究的理论提升和实践应用的进一步融合,未来将会为国民经济和社会发展提供持续性的支撑和引领。

1.2 科技成果转化与技术转移: 相关理论与研究综述

1.2.1 国外研究现状分析

1.2.1.1 技术转移的概念

一般认为,"技术转移"最初是在 1964 年第一届联合国贸易发展会议上作为解决南北问题的重要战略被提出的。"国家之间的技术输入与输出"被统称为技术转移。而最早界定"技术转移"的是美国科学政策与管理学者Brooks。他在 1966 年的一次学术会议上提出,技术转移可分为垂直的(vertical)和水平的(horizontal)两种。垂直技术转移是从一般到特殊的转移,指将新的科学知识转化成技术并成为一种新产品或工艺的过程。水平技术转移是指将某种已有的技术经修改后转做新的用途,也包括将技术转让给不发达国家,等等。这一观点公开发表在该会议论文集中,之后又在他的著作《对科学的行政管修》中作了系统论述。

之后,学者对技术转移概念的研究逐步展开。根据徐耀宗(1991)、范保群等(1996)、范小虎(2000)等学者的整理,可以归纳为以下几种观点:

(1)"知识诀窍的转移分配说"认为,技术转移是技术知识的转移和再分配。如日本学者小林达也(1981)认为:"从广义上说,技术转移是人类知识资源的再分配。"

(2)"技术知识应用说"把技术转移看作技术在社会范围内的广泛应用。如 Press(1979)的定义:"技术转移就是研究成果的社会化,包括其在国内和向国外的推广。"

(3)"地域领域转移说"认为,技术转移是地域上的转移或技术所属领域的转移,前者指技术从一个国家或地区转移到另一个国家或地区,后者指技术从一个领域转移到另一个领域。如地域转移观点的代表学者 Hanson(1981)指出:"国际技术转移是指一个国家通过从其他国家转移来情报或含有情报的产品或工艺,而使其生产能力得以提高的过程。"领域转移观点的代表学者 Bar-Zakay(1971)指出:"当某一领域中产生的或使用的科学技术信息在一个不同的领域中被重新改进或被应用时,这一过程就叫作技术转移。"

(4)"环节转移说"认为,技术转移是技术信息经过一些阶段、一系列环节的顺序发展过程。如日本学者斋藤优(1979)提出的技术转移周期论认为,拥有新技术的企业对外战略有三类,即输出商品、对外直接投资、输出技术,三者相互联系并按照一定周期循环,又如 Trott 和 Cordey-Hayes(2010)将内部技术转移过程划分为四部分:意识、联想、消化、应用。

(5)"技术载体转移说"认为技术转移就是技术载体的转移。技术载体指人(具有技术知识的人)、物(生产工具设备机器等)和文字信息(书刊、文献、图纸、胶片、磁带、磁盘等)。如《世界经济百科全书》将技术转移定义为构成技术三要素的人、物和信息的转移。

(6)"相异主体合作说"("转让与引进说")从主体角度定义了技术转移,认为技术转移是技术要素在不同主体之间的流动过程。该过程有两个特征:一是存在不同主体,二是存在主体之间合作。如 Sahadevan 和 Jedin(2014)认为技术转移是为了运用生产特定产品或服务的新方法来提高生产力,实现一个人向另一个人传播知识和技能的过程;Park 和 Zilberman(2010)认为技术转移是将大学、科研机构或政府实验室的基本知识、信息与创新,流向私人或准私人部门的个体或公司的过程。

(7)"技术商品流通说"从技术的商品属性角度定义了技术转移,即技术成果作为一种商品在不同所有者之间的流通过程。如 Rebentisch 和 Ferretti(1995)认为,基于知识资产的技术转移是将技术、操作程序及组织结构等物化知识资产在组织间进行的转移。

(8)"消化吸收说"认为,技术转移不仅是指技术知识以及随技术一起转移的机器设备的移动,而且应是技术在新的环境中被获得、吸收和掌握的完整过程。Walter(2015)以 127 个科技型产业研发项目为对象,探讨了复杂知识、吸收能力(吸收能力与先验知识)与价值创造之间的相互作用,研究表明,知识学习能力能够帮助企业应对复杂环境。

除此之外,《联合国国际技术转让行动守则(草案)》中把技术转移定义加以概括,即"关于制造一项产品、应用一项工艺或提供一项服务的系统知识,但不包括只涉及货物出售或只涉及货物出租的交易"。

1.2.1.2　技术转移影响因素

技术转移的影响因素有多种,如人才、技术、科技中介服务、政策、体制机制、经济环境、地理位置和组织吸收能力等,在国外研究中均有涉及。有理论分析,有实证研究;有整体阐述,也有针对技术转移办公室(technology transfer office,TLO)、跨国公司、高校等机构的专门研究。在内部影响因素的研究中,Hoye 和 Pries(2007)认为,大学技术转移的一个重要瓶颈是研发人员不愿向 TLO 提供信息,从而建议 TLO 多和工业界的研发人员进行交流。Link 和 Siegel(2005)提出在研究型大学中,教师任期、激励政策、转移机构中的员工配置、工作环境等是关键的影响因素。Sahadevan 和 Jedin(2014)则通过对一家位于马来西亚的日本跨国公司的调查,分析了马来西亚制造业员工技术转移中知识传播的影响因素,包括吸收能力、转移能力、沟通动机与学习意图等。Sung 和 Kyung(2010)也通过回归分析表明,人与人的接触、技术的具体性、沟通渠道的多样性和协作研究等在解释技术转移的成功上具有统计学意义。

在外部影响因素的研究中,Lida 和 Takeuchi(2011)通过比较有无自由贸易和关税政策,研究了政策如何影响环境技术转移。Intarakumnerd 和 Charoenporn(2015)分析了泰国知识产权相关法律法规、专利登记、法院诉讼等数据,对汽车公司进行了案例分析,对政策制定者和大学教授进行了访谈,结果表明,随着专利制度的加强,人们对专利重要性的认识不断提高,也促进了公司的发展,但对跨国公司与当地零部件供应商之间的知识转移影响不大。在内外影响因素的综合分析中,如 Friedman 和 Silberman(2003)归纳了5 个技术转移的影响因素:大学技术转移的力度、教师参与技术转移的回报、大学在高技术公司集中区域的位置、大学支持技术转移的使命以及大学中 TLO 的经验。

1.2.1.3　技术转移模式

技术转移模式是指由技术转移体系内各主体的结构、技术转移方式以及主体之间相互关系而组成的特有的、典型的范例。其中,大学和公共研发机构的技术转移模式一直是学界关注的焦点。影响较为深远的是 Etzkowitz 在20 世纪 90 年代提出的三螺旋创新模式。在该模式中,大学—产业—政府三方在创新过程中密切合作、相互作用,这三个机构每一方都表现出另外两个的一些能力,同时每一方都保持自己的独立身份。由于联系与作用,代表这些机构范围的每个螺线都获得更大的能力进一步相互作用与合作,支持在其他螺线里产生的创新,由此形成持续创新流,实现共同发展。Heinzl 等(2013)运用文献调查、焦点小组、访谈等方法,介绍了奥地利高等教育机构中的技术转移模式,将其总结为四种类型:通用技术转移模式、奥地利应用科技大学的特殊模式、特殊技术转移效应模式和特殊技术转移累积效应模式。Burnside 和 Witkin(2008)指出:研发只有在大学和企业间深入合作时才具有价值,最好的技术转移方式是建立企业-研究中心的共同研发模式。

在其他创新模式中,Louise 等(2001)引入了技术转移的三叶草模型,来判断某项技术被转移的准备程度,以及该项技术能否快速向私营企业转移。还有学者研究了不同领域的技术转移模式,Genet 等(2012)深入研究了纳米技术中的知识转移模型,并将其与生物技术和微电子技术进行了比较,研究表明,纳米技术转移模式与生物技术转移模式不同,微电子技术转移的具体政策也不适合纳米技术的扩散。由于技术转移最初是解决南北问题而提出的,这就使得很多研究集中在国与国之间的技术输出和引进方面,如 Benarroch 和 Gaisford(2010)研究了南北模式下的对外援助、创新和技术转移,结果表明,直接或间接加速发展中国家技术转移和学习的援助对南北双方均是有利的。

1.2.1.4 技术转移机制

在研究社会系统时,机制一般指社会系统运行中各要素功能及其相互作用,以及它与环境的关系,包括影响系统启动、运转、维持的内部因素与环境因素,以及它们的相互作用方式、规范等。徐耀宗(1991)将技术转移机制研究范围划分为:①微观运行机制,研究技术转移运行系统内部各要素的结构、功能、相互作用等;②宏观控制和支撑机制,研究技术转移的决策、调控、供给、支撑等宏观问题;③环境机制,研究技术转移所处的自然环境和社会环境等外部关系。

国外学者对以上问题进行了较为系统而深入的研究。在微观运行机制研究中,英国经济学家 Dunning(1988)、美国学者 Mansfield(1994)提出了技术转移选择论,认为技术转移是企业在某个周期对内外条件权衡的结果,技术转移是企业的一种权宜选择。Rogers 等(2001)认为,研究型大学和国家研发实验室的技术转移机制主要包括新创公司、特许经营、出版物、会议及合作研发协议等机制。Gilsing(2011)在研究科技型与发展型产业技术转移的过程中发现:二者在转移机制上存在许多差异但也有许多相似之处,且限制两种技术转移的障碍大致相同。

在宏观控制和支撑机制研究中,Krugman(1979)提出技术转移均衡论,将技术转移、资源配置与世界收入分配三者综合分析,认为技术是由不断创新的发达国家(中心)转移到发展中国家(边缘),发达国家为了维持其福利水平,保持同发展中国家的差距和竞争地位,必然不断创新并提高创新速度以推动技术转移。Rogers 等(2010)则侧重一种较为成熟的技术转移机制——联邦研发实验室和美国私营公司之间的合作研发协议(CRADAS),运用调查法分析了机制运行过程中存在的困难,如政府行政安排的时长和复杂性等。在环境机制的研究中,斋藤优(1986)提出了技术转移(N.R)论,认为一个国家发展经济及对外经济活动,受该国国民需求(N)与该国资源(R)关系的制约。波斯纳(1961)提出了技术转移差距与双重差距论,认为形成技术转移的原因在于存在着技术差距,技术差距和技术二元结构导致了技术从中心向边缘的转移。

1.2.1.5　技术转移政策措施

国外学者对推动技术转移政策的研究主要集中在政策变迁、政策影响及关于具体问题的针对性建议等。Bosco 和 Maria(2007)受三螺旋创新模式和区域创新系统相关理论的启发,研究了意大利伦巴第地区研发体系的主要特征及区域创新体系的政策变迁。Coninck 和 Sagar(2015)研究了气候相关技术的发展和转移政策,强调了技术政策在技术转移中的重要作用,例如,发达国家的政策也影响着国际政策的完善。Mowery 和 Sampat(2004)研究了《拜杜法案》对美国产学合作和技术转移的影响,及它对经合组织其他成员的适切度。在具体的政策建议中,Siegel 等(2007)分析了美国和欧洲大学知识产权转化率上升的前因后果,建议大学和地区应该制定实施连贯而可行的技术转移政策。又如,Derrick(2015)通过对五家澳大利亚医学研究机构的研究人员和综合技术培训人员的访谈,建议 TLO 更好地满足研究人员的学术需求,调整政策的灵活性,实现集体激励,促进研究成果的商业化进程。

1.2.1.6　技术转移效果评价

在技术转移效果评价研究中,包括对国家整体技术转移情况的评估,和企业、TLO 等组织技术转移效率的评价。Tseng 和 Raudensky(2014)研究了《拜杜法案》的有效性,并对美国大学技术转移活动进行了评估,具体分析了授予专利的年度数量、签署的许可证数量、启动的初创公司数量以及研究支出等数据,结果发现,美国技术转移活动在 2000 年后大幅放缓,直到 2010—2012 年才恢复到 2000 年前和法案颁布后的水平,其中,经济衰退是主要影响因素。Curi 等(2012)基于 51 个 TLO 的数据,对法国大学系统的技术转移效率及主要影响因素进行了评估,研究发现,法国 TLO 和整个系统效率十分低下,影响效率的因素有大学类型与规模、制度和环境特征等。Chapple 等(2005)利用数据包络分析和随机前沿估计法对英国大学 TLO 的相对绩效进行了实证研究,结果表明,英国 TLO 的绝对效率较低,规模回报率似乎也在下降,建议英国发展以区域为基础的以部门为重点的 TLO,提高办公室经理和许可证管理人员的业务能力。Davidson(1983)对 57 家美国公司的技术转移进行了研究,主要包括:国际转移项目所花时间、年转移产品数、转移比率、转移对象、附属公司或被许可人等,还强调了在技术转移中进行战略规划的重要性。

1.2.1.7 技术转移相关计划

全球气候变暖已经成为人类面临的重大问题,尤其在 1997 年《京都议定书》签订后,清洁发展机制项目成为研究的热点。如 Dechezleprêtre 等(2009)对巴西、中国、印度和墨西哥的清洁发展机制项目的技术转移进行了比较,研究表明,向墨西哥和巴西的技术转移效率高主要与外国合作伙伴的积极参与和良好的技术能力有关,而向中国的国际技术转移率较低是因为其日益壮大的技术能力,印度的转移率偏低是因为其较强的国内技术扩散能力。

20 世纪 70 年代,美国小企业科技创新发展迅速,在创新的效益和效率方面优势显现,但创新的成本和风险却超过了其自身承受能力,导致技术成果难以转化为现实生产力。为此,1977 年,美国国家自然科学基金发起了小企业创新研究计划(SBIR);1990 年,美国宣布实施先进技术计划(ATP),资助美国企业开发那些处在早期阶段、高风险但却对国家产业竞争力具有巨大潜在影响的技术研发活动;1994 年,小企业技术转移计划(STTR)也开始运作。Mccann 等(2011)概述了 SBIR 计划和 TTR 计划之间的异同点、融资机制及评估标准,总结了成功合作伙伴关系的特点并列举了相应实例。Lanahan 和 Feldman(2015)研究了 SBIR 计划和各州的响应计划,即多层次创新政策的组合,实证分析表明,国家政策的实施与自上而下的联邦行动、自下而上的国家内部政治和经济因素以及同级国家的横向压力等多层次因素有关。另外,Link(2014)还设计了一个对 ATP 短期和长期经济影响的评估过程,且评估已在实践中得到大规模实施。

1.2.2　国内研究现状分析

1.2.2.1　科技成果转化与技术转移概念

"技术转移"（Technology Transfer）一词在国际上是被大量运用的词汇，根据 Brooks 对技术转移的划分，其含义可以从两个方面来理解：在最广泛的意义上，技术转移指的是技术从一种背景到另一种背景的运动，通常用来描述技术从发达国家到第三世界的运动，这是技术转移的第一种含义，简言之，技术转移的第一种含义是技术在不同背景间的水平移动；但是，当它用在与科学研究相关的场合的时候，则通常是指技术从研究实验室向市场的运动，因此技术转移也被描述为技术被商业化开发的过程，这是技术转移的第二种含义，与前者相对应而言，技术转移的第二种含义是技术的垂直转化。本研究中的技术转移采用的是其第二种含义，即技术的垂直转化。目前，国内"技术转移"当表述第二种含义时，更多使用的是"科技成果转化"一词，两者的含义大体相当。本研究将科技成果转化与技术转移两个概念并用，意在研究整个技术转移过程的同时，更加强调从科技管理部门的角度，思考科技成果转化的效果，突出国家重点研发计划成果的产品化、商业化及产业化的过程。

中国的科技成果转化和技术转移研究始于 20 世纪 70 年代末。20 世纪 90 年代初，我国国家经贸委、教育部、中国科学院共同组织实施了"产学研联合开发工程"，国内科技成果转化和技术转移的相关研究日益增多。在科技成果转化和技术转移的概念分析上各有侧重，其中有对实质的深刻阐述，也有从经济学、社会学角度对其进行的概念界定。与国外研究情况相对应，受到"技术知识应用说""地域领域转移说"和"相异主体合作说"的影响较大，可以归纳为以下几类：

① "技术知识应用说"：段德忠（2018）认为技术转移是使用范围的扩大，是技术从一个地方或一个组织，传播到其他地方或其他组织，从而被更多的地方和人使用的过程。《中华人民共和国促进科技成果转化法》第二条对"科技成果转化"所作的定义为：为提高生产力水平而对科学研究与技术开发所产生的具有实用价值的科技成果所进行的后续试验、开发、应用、推广直至形成新产品、新工艺、新材料，发展新产品等活动。

② "地域领域转移说"：徐耀宗（1991）认为技术转移是技术通过其载体（人、物、信息）从一个地区到另一个地区、从一个领域到另一个领域的流动过程，是一个涉及经济、政治、科学、文化诸因素的复杂的社会过程。

③"相异主体合作说"：在《国家标准：技术转移服务规范》中，技术转移是指制造某种产品、应用某种工艺或提供某种服务的系统知识，通过各种途径从技术供给方向技术需求方转移的过程。技术转移的内容包括科学知识、技术成果、科技信息和科技能力等。

另外，也有受到各种观点的综合影响，如贺德方（2011）认为技术转移强调的是技术在不同主体之间的移动以及在空间上的移动，主要包含两种方式：一是技术不改变本身而以转让、许可的形式在技术供方和受方之间进行转移，二是通过形成新产品、新工艺的形式使技术在不同主体之间进行转移，而后一种形式通常被认为是科技成果转化。刘杨、易宏（2015）解读得更为全面，认为技术转移是指国内大专院校、科研院所等科研机构享有知识产权的科技成果通过载体（人、物、信息）在国家之间、地区之间、行业之间的输出与输入的活动过程，包括发明专利、实用新型专利、外观设计等具有专利权的科技成果，计算机软件版权等电子数据类型的开发成果；它的本质是一种以科技为基础的经济活动；它的核心是科技与经济、社会一体化，是技术创新与扩散的过程，是成果商品化、产业化的过程。

另外，林慧岳（1993）进行了技术转移的社会学分析，认为技术转移不仅是一项技术工程，同时也是一项社会工程，是人类在一定的社会文化背景下进行的有意识的活动。杨善林等（2013）则将技术转移与科技成果转化进行了区分而使概念变得更加明晰，他们认为微观视角上的技术转移与科技成果转化存在交集；技术转移与科技成果转化在主体范围、主体角色可互换性、市场化程度、时间轴与空间轴上的变化规律等方面存在明显区别。

1.2.2.2　技术转移影响因素

在技术转移的影响因素分析中，有从创新扩散、科技成果转化内涵切入的理论分析，也有结合我国实际面板数据展开的实证研究，也有专门针对企业、科研院所、高校展开的具体分析。这些因素中主要包括：传播渠道、竞争环境、技术吸纳能力、管理因素、政策执行环境和研发投入等。在内部影响因素的研究中，刘常勇、谢洪明（2003）讨论了企业吸收外界知识的影响因素，即先验知识的存量与内涵、研发投入的程度、学习强度与学习方法、组织学习的机制四项因素。在外部影响因素的研究中，张诚等（2001）对跨国公司技术溢出的制约因素进行了分析，如当地产品市场竞争环境、东道国自身技术吸纳能力、当地教育水平、体制因素及思维观念等；饶凯等（2013）专门针对研发投入对地方高校专利技术转移活动情况的影响进行了实证分析，发现各省市企

业、政府和大学自身的科技经费投入显著促进该省市地方高校专利技术转移
合同数量的增长。

国内较多的研究还是对内外影响因素的综合考虑。郝远(2004)从高校
的创新能力、政府的支持力度、知识的保护力度、信息的沟通渠道、企业的管
理模式、转化的动力压力、校企的合作目标一致性和人才的流动机制等各角
度全面地分析了技术转移的障碍因素。郭强等(2012)从高校科技成果转化
内涵切入,分析了影响科技成果转化 6 个内部因素(科技成果的特性、转化意
愿、传授能力、关系信任、吸收能力、转化能力)和 3 个外部因素(科技中介服务
能力、政策与制度促进和社会文化塑造)。范柏乃、余钧(2015)在我国 31 个省
市区数据的基础上,分析了主体因素、主体关系因素、环境因素对高校技术转
移效率的影响。王永梅等(2014)侧重科研院所技术转移绩效的影响因素分
析,通过实证方法得出了包含人员因素(人员激励措施、技转专职人员能力)、
管理因素(利益分配、成果评估和专职岗位)和平台因素(信息沟通渠道、专项
经费支持、政策执行环境和协同创新能力)的二阶影响因素结构。

1.2.2.3 技术转移模式

由于技术转移是一个复杂的过程,技术转移模式也是多层面和多元的。
在技术转移模式研究中,多为模式分类研究,也有对成熟模式的归纳或新型
模式的探索。戚湧等(2015)按照社会功能将科技成果分为基础公益类、共性
技术类、专有技术类,所对应的转化模式为政府主导模式、混合模式和市场模
式。章琰(2007)探讨了技术、技术提供者(大学)、技术接受者(企业)以及环
境四个方面因素与大学技术转移界面移动和模式选择之间的关系,认为大学
技术转移并没有一个绝对的最优状态和模式,只是寻求一种次优状态和模
式。张啸川等(2017)总结了创新创业背景下的高校技术转移模式,主要有采
取传统技术转移模式、技术孵化器模式、技术转移平台模式及技术创业企业
四种模式。

梅元红、孟宪飞(2009)以清华大学技术转移为调研和分析对象,将我国
高校技术转移分为了四大类型,即点对点的高校与企业直接合作模式、点对
线的过程推进模式、点对面的中介平台服务模式和点对体的高科技企业创业
模式。江海、资智洪(2015)以高校在广东建设的新型科研机构为样本,总结
了从深圳清华研究院招租与投资并行的模式发展到科技金融模式,东莞华中
科技大学制造工程研究院的向企业出让先进产品、技术服务到孵化器模式,
再到广州现代产业技术研究院的"前孵化器"与创业投资模式,为推动高校科

技成果转化提供了有益借鉴。在新型技术转移模式探索上,卢金鹏、杨超(2005)综合分析了大学科技成果转化三种模式——外生型、内生型、混合型模式的优劣,提出了产学研紧耦合模式和支撑该模式的组织架构。何郁冰(2012)提出了针对"战略—知识—组织"三重互动的产学研协同创新模式,探索构建初步的产学研协同创新的理论框架。

1.2.2.4　技术转移机制

在技术转移机制研究中,我国学者主要从对技术转移机制的总体考察或从激励机制、驱动机制等具体方面展开论述。在微观运行机制的研究中,杨慧玉等(2005)阐述了技术转移机制运作模式及功能,对高校技术转移的途径进行了探索,从组织机制、资金筹措机制、人才培养与管理机制、技术开发团队机制、市场联络机制等方面展开了论述。郭英远、张胜(2015)以陕西省企业、科研院所、高校与转制院所的科技人员参与科技成果转化收益分配为例,提出了完善科技人员参与科技成果转化的收益分配激励机制。

在宏观控制和支撑机制的研究中,宋慧、吕华侨(2013)分析了北京市科学技术研究院与中国科学院北京分院的交流合作案例,提出技术转移机制创新可以从战略发展层次上确立与以企业为主体的技术创新体系紧密结合的技术转移策略,从创新价值链条上强化创新网络体系中政产学研的资源集成机制,从技术转移支撑体系上加强从科学发现到技术发明和产业发展的创新联动机制。刘华、周莹(2012)提出了构建我国技术转移政策协同运行机制的具体建议:科学运用利益驱动作为导向机制,实现政策运行的目标协同;以法律形式确立政策协调机制,实现政策运行的组织管理协同;在促进立法中融入约束和评价机制,实现政策之间的功能协同。还有对环境机制的研究,如杨龙志、刘霞(2014)对我国省际技术转移驱动机制进行了实证研究,结果发现:省际技术转移表现出市场导向、能力导向与竞争导向三个内在主导决定机制,还受到如知识产权保护等环境方面的影响。

1.2.2.5　技术转移政策措施

技术转移政策措施的研究与技术转移影响因素研究相承接,国内学者从产学研合作、知识产权、科技成果资本化、技术转移中心运作等方面提出了相应政策措施。吴宏元、郑晓齐(2006)提出从完善产学研政策法规体系和激励机制、设置与产学研合作发展相适应的促进机构、建立促进大学产学研合作的综合服务和网络化支持系统、制定有利于校内外人员交流的人事管理制度四个方面构建大学产学研合作支持体系。郭莉(2010)针对科技创新与科技成果转化中的知识产权问题,从积极搭建创新服务平台,助推企业技术创新;扶持企业建立研发机构,提高企业自主创新能力;对外实行科技交流合作联姻,推动产学研联合;完善和落实政策措施,激发企业科技自主创新活力;依法行政,强化服务企业创新创业的良好环境;制定科技创新激励政策;加强知识产权法律、法规的宣传工作,提高知识产权保护意识七个方面提出了针对性建议。

方维慰(2015)提出我国科技成果资本化需要巩固企业的创新主体地位,灵活选择作价投资、金融协作、内部转化、成果交易等发展模式,构筑全程化科技管理机制,优化成果转化政策基金组合,规范科技成果评估定价机制,拓展区域性科技资本市场,完善科技转化服务平台,以推动政产学研金协同创新。何斌(2008)针对我国高校技术转移中心的不足,提出了转变政府职能、加强对高校技术转移中心的引导和支持、发挥高校自身优势,促进技术转移中心的发展、高校技术转移中心自身的不断完善等应对措施。

1.2.2.6 国外技术转移经验

在国外经验借鉴上,有国内外比较分析,也有先进经验总结,最终目的多落脚在对我国技术转移的启示上。其中,涉及的国别以美国居多。20 世纪 80 年代起,《拜杜法案》等一系列法律的颁布实施,使得大学技术转移成为一项重要的国家产业政策,硅谷和西雅图全球创新中心都是成功的案例,美国斯坦福大学始创的技术许可办公室运转模式等在大学科研成果管理与转化中的经验都值得我们借鉴。叶静怡等(2015)从专利视角对中美高校技术转移效率进行了对比分析,认为中美高校在经费投入、人力资源投入和激励制度等方面的差距,可能是引起两国高校专利技术转移效率差距的重要原因。孙卫等(2006)对美国高校科技成果转化过程中政府立法、设立专门机构、服务社会的办学理念、校企合作、风险投资等方面的成功经验进行了分析,提出了加快立法支持、转变大学办学理念与改进科技成果转化政策、建立或重建高校科技推广的机构、明确知识产权归属、增加科技成果转化资金投入等政策建议。

在其他国别的研究中,李小丽(2014)对日本大学专利技术转移组织运行的宏观驱动机制探析,认为政府直接、深入的宏观政策驱动,形成了"知识产权—技术—市场"三位一体的制度目标协同、制度功能协同以及制度与 TLO 资源的协同,为 TLO 的发展注入了强劲动力。顾建平等(2014)介绍了韩国大德科技园区的发展及技术转移情况,总结了政府把大德科技园区建设作为创新驱动经济转型的重要支点、在园区定位上坚持技术开发与产业化并重的发展理念、建立形成产学研一体化的管理体制和运行机制、注重形成大学技术转移的资源共享优势和产业集群优势、通过营造创新创业环境汇聚国内外优秀的科技与产业"两栖"人才等启示。而雷朝滋、黄应刚(2003)研究的范围更加广泛,详细比较了推动美国、日本、英国、德国、法国、新加坡、中国等国家的大学技术转移相关法律、技术转移途径、方式、技术转移机构设置及其运行机制和激励措施等。

1.2.2.7 技术转移效果评价

相比国外,国内的技术转移效果评价研究更倾向于具体评估模型、指标体系的针对性设计及基于样本数据的有效测算。曹勇等(2010)将影响技术转移中隐性知识转化效果的要素进行了结构化划分和综合剖析,构建了测度技术转移中隐性知识转化效果的评估模型。张慧颖、史紫薇(2013)从创新扩散视角分析了科技成果转化的关键影响因素和因果关联性,提出成果转化影响因素评价指标体系,包括创新属性、传播渠道、时间、社会系统等方面。毕克新等(2015)则将指标体系的理论构建和实证分析相结合——构建了跨国公司技术转移对我国制造业绿色创新系统绿色创新绩效影响效果评价指标体系,并以2005—2011年我国28个制造业行业为样本进行了实证分析。

在运用有效数据实际测算的研究中,董洁、黄付杰(2012)对我国科技成果转化效果和科技成果转化效率及其影响因素分别进行了测度与比较分析,发现东部省市的科技成果转化效果和转化效率明显好于中西部省市。还有对科技成果转化测度评价的整体建议,蔡跃洲(2015)就科技成果转化的统计调查、测度评价进行了全面探讨,认为提高我国科技成果转化能力,应做好指标体系设定、统计调查、测度评价等基础性工作,着力优化科技成果转化相关的法律和政策环境。

1.2.2.8 技术转移相关计划

在技术转移相关计划的研究中,以国外经验介绍为主,涉及设计理念、运行机制、管理制度、运行绩效等多方面。涂俊、李纪珍(2006)对美国SBIR计划和STTR计划进行了比较分析,并从三螺旋模型角度具体分析了STTR计划,得出了对我国中小企业技术创新的启示。李建军(2007)介绍了美国ATP计划在设计理念和运行机制等方面的创新,包括政府应该集中资助那些开发具有前竞争力的、能动性技术的企业和从事技术转移和扩散的"滚动者"等理念创新,以及通过风险分担和产权激励强化企业主导地位,建立多层面的产学研伙伴关系以扩大技术转移和扩散效应等机制创新,对我国在建设创新型国家的过程中明确政府角色、确立项目重点、开发民间资源和选择政策工具等具有启示意义。而顾金亮(2004)则对美国政府资助 R&D 计划和我国国家科技计划的知识产权管理制度及其运行绩效进行了比较,分析了我国科技计划知识产权管理中存在的问题并提出了改进建议。陈世明(2007)通过对中国与西方国家科技计划项目管理制度比较,侧重在科技评估、知识产权管理实践与专利保护历史、产权归属及约定方式、知识产权保护与利用、中介组织作用等差异的分析,找出了中国目前科技计划项目管理制度中的不足并提出了改进措施。

1.2.3 最新研究成果和发展动态

1.2.3.1 国外最新研究成果和发展动态

CiteSpace 作为一种文献分析工具,对特定领域文献(集合)进行计量,能够探寻出学科领域演化的关键路径及知识转折点,并通过一系列可视化图谱绘制来形成对学科演化潜在力机制的分析和学科发展前沿探测。基于此,在 web of science 数据库中搜索了以"technology transfer"为主题词的 SSCI 来源期刊文献,起止时间为 2016—2018 年,检索更新时间为 2019 年 2 月 19 日,检索范围为"article",共下载有效文献 1648 条。

关键词是一篇文章内容的高度概括,对关键词的聚类分析可以解剖这一领域的研究内容与前沿。运用 CiteSpace 进行关键词字段共现分析,得到了 170 个节点,经过对数似然率算法后形成了 19 个聚类。图 1-1 的关键词共现图谱显示了该领域关键词之间的关系以及知识流向。"+"节点代表关键词,节点大小代表词频的高低,连线的粗细代表关键词共现次数的多少,线条颜色的深浅说明出现时间的早晚。

从图中可以看出,"技术转移"的节点中心度较大,在网络中占有主导地位。"创新(innovation)"是技术转移研究中的一个热点,具体表现在技术转移价值链创新、技术创新人才管理、发展方式创新和国家创新体系等,如 Swinnen 和 Kuijpers(2017)认为价值链创新可以对现代技术的采用产生重要影响,尤其在促进发展中国家和新兴国家农业技术转移中有重要作用;Tahir 等(2018)试图从社会认知的角度解释韩国陷入困境的技术转移和商业化进

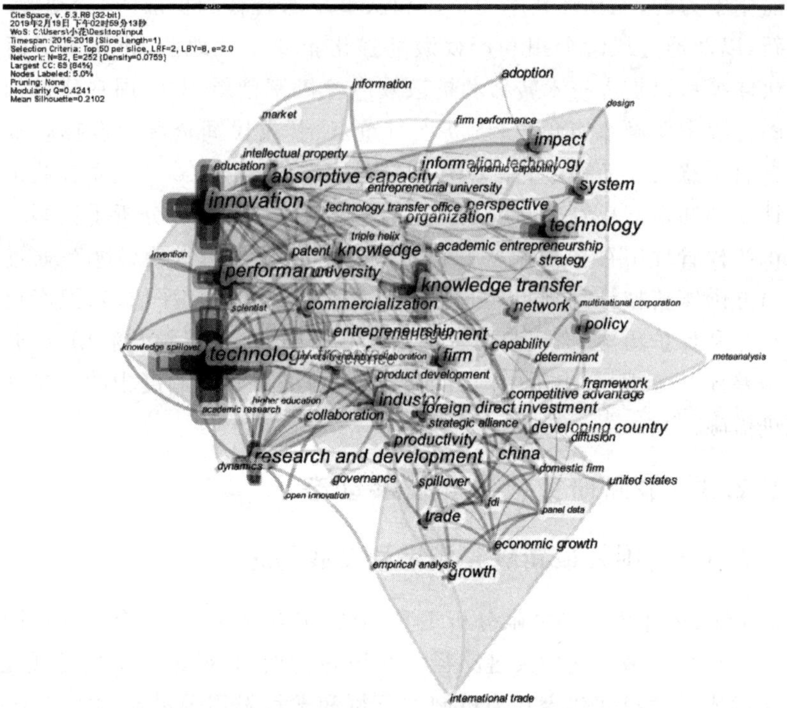

图 1-1　国外技术转移文献关键词共现图谱

程,研究发现,共享心智模型需要随着国家创新系统的发展而改变,这为技术转移和商业化团队向技术前沿转型提供了一种新的认知模式,为达到更好的技术转移和商业化效果提供了一种途径;Ockwell 和 Ockwell(2016)提出了通过国家创新体系改善技术转移活动,根据实证研究,阐明了如何通过支持发展中国家建立气候相关创新系统来有效扩展《联合国气候变化框架公约》技术机制的现有架构。

　　技术转移对于"生产力(productivity)"提升、经济"增长(growth)"的贡献度也愈加凸显,学者们纷纷从不同"视角(perspective)"有所侧重地展开分析。这主要包括从"政策(policy)"视角研究制定促进技术转移的政策,从"绩效(performance)"的角度研究技术接受方的"吸收能力(absorptive capacity)""管理(management)"方式等影响因素,从"模式(model)"的角度总结技术转移的运行过程与一般规律。如 Lafuente 和 Berbegal-Mirabent(2017)通过马奎斯特指数方法分析了 2006—2011 年西班牙公立大学 TLO 的生产力水平,结果证实,技术转移生产力受到技术转移成果组合配置变化的影响。
Ouattara 等(2018)运用随机前沿分析法处理了 1970—2010 年期间 18 个非洲
国家的数据,结果表明,吸收能力对非洲国家技术转移效率有积极影响。De
Moortel 和 Crispeels(2018)基于战略管理理论,比较了国际大学技术转移在
进入方式上的差异:中国倾向正式进入国际技术转移合作,并有大量的资源
承诺,而西方倾向在不创建新实体的情况下,采用非正式的进入方式。

在开放创新时代,"大学(university)"是产生和提供新知识的核心参与
者,在知识创造、"知识转移(knowledge transfer)"等方面发挥着独特的作用,
"产业(industry)""公司(firm)"和大学的产学联系、协同创新等引起了学者们
的广泛关注。如 Brescia 等(2016)探究了高校如何组织知识转移活动,哪些因
素影响组织结构的选择等问题,并对世界排名前 200 高校的知识转移办公室
作了实证研究,重点介绍了三种知识转移组织模式(内部、外部和混合)等;
Cesaroni 和 Piccaluga(2016)通过对意大利大学参与知识转移活动整体数据
的聚类分析和多类别逻辑回归,研究了知识转移模式是否在逐步取代技术商
业化模式,不同高校知识转移活动的差异受哪些因素的影响等问题。在产学
关系的研究中,Paniccia 和 Baiocco(2018)通过社会组织环境演化中的要素与
三螺旋创新模式中的要素结合起来的方式,对意大利国家创新奖进行了案例
分析,结果表明,衍生企业和初创企业的产生是大学内部、大学之间、行业和
政府之间多层次协同调整的结果。

同时,跨国公司也在推动着全球的研发网络。"外商直接投资(foreign
direct investment,简称 FDI)"等"贸易(trade)"形式促进了技术转移的"商业
化(commercialization)"发展,也促使了"发展中国家(developing country)"的
发展。其中,作为日益壮大的世界第二大经济体——"中国(China)"也成为研
究的热点。Bogliaccini 和 Egan(2017)使用误差修正模型分析了从 1989—
2010 年联合国贸易与发展会议投资报告中的 60 个中等收入国家 FDI 数据,
认为服务业的 FDI 比其他部门更可能与不平等有关,具体体现在与服务业投
资相关的技能偏差和就业模式的变化上。Taewook 和 Hyung-Ju(2018)探讨
了两个解决发展中国家气候变化问题的韩国知识技术转移案例——菲律宾
的碳捕获和利用与多米尼加共和国的废物转化和利用,分析了知识技术转移
的基本原理、目标和活动,研究表明,由于不同利益相关者的承诺水平不同,
这些项目面临着目标国家和当地政府之间的合作问题。Urban(2018)提出中
国水力发电、太阳能、风能等行业的经验对固有的低碳创新与减缓气候变化
的南北技术转移模式提出了挑战,实证结果表明,自主创新能力的提高是导

致南南技术转移以及"反向"南北技术合作的因素。

1.2.3.2　国内最新研究成果和发展动态

在 CNKI 数据库中检索了以"技术转移"或"科技成果转化"为主题词的 CSSCI 来源期刊文献,起止时间为 2016.1.1—2018.12.13,检索更新时间为 2019 年 1 月 29 日,检索条件为"精确"。检索结果不包括学位论文、会议论文以及新闻、通知、书评等非学术研究文献,共下载有效文献 805 条。运用 CiteSpace 进行关键词字段共现分析,得到了 269 个节点,经过对数似然率算法后形成了 18 个聚类。

从图 1-2 的关键词共现图谱中可以看出,"科技成果转化""技术转移"的节点中心度较大,在网络中占有主导地位。由于大学承担着培养高层次创新

图 1-2　国内技术转移文献关键词共现图谱

人才的重要任务,是技术转移的生力军,也是创新型国家建设的重要组成部分,"高校""产学研""产学研合作""协同创新"所代表的"高校科技成果转化"也是近年来国内研究的热点。关注的焦点多为产学研协同创新机制、产学研协同创新政策、产学研协同创新效率,产学研合作模式等方面。谢芳(2018)认为产学研合作健康发展的关键是有一个好的制度环境和机制,而高校在产学研合作过程中,关注的是较好的法治环境、有利于成果转化和人才培养的地方性法规和合作共赢的协同创新机制。王帮俊、赵雷英(2017)运用扎根理论对产学研协同创新绩效影响因素进行了研究,并将影响因素分为环境因素和过程因素,前者包括市场需求水平、科技成果转化水平、知识产权保护和法律法规支持情况等;后者包括科技中介服务、协同创新服务平台、信息沟通网络建设和文化价值融合情况等。李飞、黄柯鑫(2017)总结了"互联网+高校科技成果转化"模式,它可借助互联网平台,实现"四大参与主体、四大功能模块"的系统构建,有助于拓宽高校科技成果信息传播渠道,促进高校科技成果快速转化,深化产学研协同创新。

"科技创新""技术创新"等是技术转移的动力来源,"创新驱动"是国内技术转移研究中较为关注的一个方面,具体表现在技术创新能力、科技创新政策、科技创新效率、创新驱动发展战略等。陈江涛等(2018)结合科技创新自身特征,从科技开发能力、科技成果转化能力和科技支撑能力三个维度构建了区域科技创新能力评价指标体系,并运用熵值法进行了具体分析。胡海鹏等(2018)提出了广东完善创新驱动发展政策体系的对策建议,主要包括建立广东决策咨询制度、完善广东孵化培育政策、大力发展海外风险投资、建立军民融合创新发展机制、培育复合型的科技成果转移转化人才队伍。田兴国等(2016)通过分析创新驱动发展战略背景下广东高校实施创新驱动发展战略的优势与不足,指出制约广东高校创新驱动发展的体制机制障碍,借鉴国际高校科研体制机制改革成功经验,从科研经费管理、岗位设置与人员聘任、科研评价与激励、科技成果转化等方面提出了相应建议。

"知识产权"是科技成果的重要载体,热点多涉及知识产权管理制度与知识产权法律制度。谢地(2018)建议以《促进科技成果转化法》的实施为导向,从三点思路出发,完善国有科技成果知识产权管理制度;将科技成果知识产权作为一种特殊类型的国有资产由财政部主导制定国有科技成果知识产权管理规范;将国有资产价值评估程序调整为事后监督机制;完善利益冲突信息披露程序作为事中管制措施。李明德(2018)则针对未来的知识产权强国战略,建议将现行的《专利法》一分为三,分别制定《专利法》《实用新型法》和

《外观设计法》；强调注册商标的使用，剔除虚假的商标注册申请；结合我国知识产权法院体系的建设，改革专利权无效宣告制度；制定《知识产权强国战略》和《知识产权法典》。另外，"区域经济""京津冀"所体现的技术转移对区域经济发展的影响也引起了国内学术界的广泛关注。周伟（2018）就从技术溢出、产业集聚、经济增长、产业合理化和高度化等方面，对京津冀的产业转移效应进行了测度分析，并对京津冀协同发展中的河北产业发展战略提出了对策建议。同时，"军民融合"说明了以国防工业为代表的军民技术转移也是近几年的研究热点。董晓辉、张莹（2017）从军民融合科技服务机构运行模式与政策启示的角度，白鹏飞等（2017）从国防基础研究成果转化动力机制的角度，张勇等（2016）从军民融合深度发展技术融合模式及选择的角度对该问题分别进行了详细阐述。

1.2.4　研究述评

综上，国内外理论界对技术转移做了很多探索，形成了多项研究成果。在研究内容上，有对技术转移概念的厘清与界定、多元技术转移模式的归纳与创建、技术转移各要素及相互作用机制等研究，还有结合实际，对政府、企业、中介机构、大学及科研院所技术转移活动的影响因素及对应政策措施的分析，对国外技术转移先进经验的介绍，对各国技术转移相关计划实施情况的调查研究，也有技术转移效果评价模型构建与运用数据的实际测算等混合研究。

在研究层次上，宏观、中观、微观的立体层次组合，宏观层面多从不同技术领域和转移范围上揭示技术转移的规律，有涉及特定领域的技术转移模式、运行机制等问题的研究，也有涉及国家或区域范围内技术转移效率、应对政策等问题的研究，或技术转移对区域经济发展影响程度的研究；到中观层面，多以发掘组织（企业、大学及科研院所）为主的技术创新主体中的问题，或者 TLO 技术转移服务机构中的问题，或者不同组织间的协同创新机制、技术转移合作模式、协同创新效率等问题；再到微观层面，通过对大学教授等研究人员、经纪人、企业管理者与员工等个体的调查研究技术转移中的影响因素、针对性政策措施等问题。

在研究方法上，定性研究方法和定量研究方法均有涉及，针对不同的研究问题而有所侧重。针对技术转移概念、模式、机制的定性研究较多，偏重思辨，国外技术转移经验及相关计划介绍中案例分析居多，偏重经验归纳。尤其在微观研究中，采用深度访谈、焦点小组等质性研究方法获取第一手研究数据，了解利益相关者内心体验从而获取影响因素等关键信息也是技术转移研究中的重要组成部分。而技术转移影响因素、政策措施等基于大范围数据统计调查的定量研究较多。同时,在技术转移模式构建与运用中、在技术转移效果评价的模型构建与数据测算中也有定性定量方法相结合的混合研究。

当今世界在政治、经济等方面都发生了深刻变革,很多国家已经意识到了技术转移在创新发展中的重要作用。他们立足国家长远发展,努力把握国际前沿的科技优势和创新潜力之间的紧密联系,启动了多项研究卓越计划与创新鼓励计划,促进基础科研中心、卓越大学与工业企业之间的互动。但遗憾的是,我国国家重点研发计划已推行多年,但政府对项目成果向下游产业链整体的推进情况、对计划后续的成果转化与技术转移的效果并没有进行充分的跟踪和分析;在计划中很多项目实现了高效的技术转移,但对优秀案例的归纳及其特点的梳理还没有系统的研究;站在科研管理部门视角研究技术转移问题,多是侧重研发计划实施过程的有效监督,而忽视了上游政府与科学之间的新契约关系;对评价项目实施效果的研究较多,但从研发成果的有效转移回溯政府支持、资助科学技术项目研发的遴选机制并不完善,还没有形成一个比较清晰的框架。

本文正是基于这样一个研究背景,从高新技术、社会发展、农业农村等领域选择若干有代表性的重点专项,通过文献调研、实地调研、专家研讨等途径收集有关资料,运用文献研究、问卷调查、案例研究等方法,从科研管理部门的角度出发开展了国家重点研发计划成果转化与技术转移研究,探索促进研发计划在增进科学与国家目标之间的联系上的科学性和精准性的有效办决。

1.3 研究内容与研究方法

1.3.1 研究内容

(1)梳理国家重点研发计划成果转化与技术转移的现状

针对国家重点研发计划成果的技术转移和产品化、商业化、产业化情况进行全面和深入的调查研究,梳理项目成果向下游产业链推进的整体情况;总结目前项目成果转化与技术转移的各种形态和模式;对于有代表性的项目进行深入的案例研究,分析具有一般性意义的规律和特点。

(2)分析和归纳国家重点研发计划成果转化与技术转移中存在的问题和原因,提出相应的政策建议针对国家重点研发计划成果转化与技术转移中存在的问题进行问卷调查、访谈以及专家研讨,剖析原因,提出解决途径以及政策建议,比如政府、企业、中介机构、大学及科研院所在促进成果转化与技术转移中的有效结合方式等方面。

(3) 研究影响国家重点研发计划成果转化、实现有效技术转移的因素

找出影响国家重点研发计划成果转化与技术转移有效性的因素,并向上游回溯,探索有效进行了成果转化与技术转移的项目成果具备怎样的特点,以及在更前端的项目设计阶段具备哪些条件。

(4) 研究国家重点研发计划项目的遴选参考指标体系

研究国家重点研发计划项目遴选中可供参考的指标体系,进一步探索促进国家重点研发计划在增进科学与国家目标之间联系上的科学性和精准性的有效办法,以及在编制专项实施方案时应如何进行顶层设计,完善遴选机制。

1.3.2 研究方法

(1) 文献研究法

为了更好地了解技术转移的国内外研究现状,在 Web of Science 和中国知网数据库中检索了大量国内外相关文献,重点关注了 SSCI 和 CSSCI 来源期刊文献,对国务院、科技部、教育部等相关部委出台的规章制度、文件条例以及相关组织机构的研究报告等进行了收集,总结并分析了部分研究成果。以上结果为本文的选题、分析和深入研究提供了理论依据,同时为文中的框架设计提供了理论支持。

(2) 调查研究法

通过对政府、大学及科研院所、企业、中介机构中的相关人员进行问卷调查,对有技术转移成功经历的大学教授、企业管理者、中介机构负责人、政府工作人员进行访谈,利用统计分析的方法及扎根理论等对调研结果进行深入剖析。梳理项目成果向下游产业链推进的整体情况,从而发现国家重点研发计划成果转化与技术转移中的问题,剖析原因,辅助设计项目遴选的指标体系,并为研发成果的有效转化和技术转移提供更可行的政策建议。

(3) 案例分析法

本研究拟从高新技术、社会发展、农业农村等领域选择若干有代表性的重点专项中的代表性的转化案例,找出他们在研发计划成果转化与技术转移的共性所在,总结他们的经验及特点,抽取关键因素,找出对指标体系构建、遴选机制完善的可借鉴之处。

第 2 章

新趋势：走向"有组织"的成果转化与技术转移

国家重点研发计划旨在探索有关社稷民生的重大问题，探索影响产业竞争优势的基础性、重大的、前沿性重要科学问题，按照重点专项的方式进行攻坚，并加强跨部门地区的协同创新，以引领和支撑现代经济和社会发展。国家重点研发计划是依据我国深化科技体制改革、健全中央财政科技计划专项和基金管理措施的要求，将原有的科技部管理的"863计划""973计划"国家科技支撑计划等24个科技计划和专项合并而成的五类科技计划之一，于2015年开始正式实施。

对于国家重点研发计划的实施效果与实际效用，主要有以下两方面的观点：第一种观点认为，国家重点研发计划中所体现的国家导向与实际科技进展脱节，国家科研布局没有发挥实际作用，企业承担了主要创新角色。比如某些城市没有国家主导的科研系统存在，创新是被作为经济活动安排在企业中进行的。这种观点对国家重点研发计划的实际效用有所怀疑。第二种观点却认为，国家重点研发计划起到了体制与机制上的宏观作用，且涉及省份多，影响范围大，推动了全国层面的技术创新。在国家重点研发计划2017年度实施情况报告中，对国家重点研发计划的效用给予了高度肯定，认为国家重点研发计划"突破产业发展瓶颈；支撑供给侧结构性改革和经济社会高质量发展；支持创新人才和科研团队，强化能力建设；提高军民协同创新能力；融入全球科技创新网络，推动创新能力开放合作"。同时，国家重点研究计划遍布祖国各地，承担单位众多，取得了广泛的成就。

综合以上两方面观点,作为国家科技体制的重要组成部分,国家重点研发计划发挥了国家科技导向作用,促进了我国科研实力和技术进步,脱离了技术创新的一线,并没有完全体现出国家科研体制的益处。这意味着我国科技产业化和技术转移现实图景之间或许存在着较大的裂缝,而这一裂缝是深入探析我国科研体制的切口。在当前中美科技联结脱钩的大时代背景下,中国该沿着怎样的路线完成自己的技术产业化,从而在国家层面获得技术竞争优势?

认识技术转移的新趋势离不开对创新模式的认识,以往科研导向的创新模式一直支配科技资源的配置,还会影响未来的科技资源配置,国家一直努力改革科研体制,然而科研系统的根本性问题没有解决,科技、经济"两张皮"的问题仍然存在。解决这个问题需要从宏观、中观和微观三个层次上来认识科研体制的协调问题。

2.1　成果转化和技术转移的创新体系背景

已有研究倾向于将我国技术转移政策按照时间顺序分为三阶段或四阶段,体现了我国的技术创新政策体系转变,本节将从宏观、中观和微观视角出发,重点介绍国家创新系统建立以来的总体趋势。

2.1.1　宏观上：整体推进科技体制改革

20 世纪 90 年代末期,中国科学院的报告中首次提及了国家创新体系概念。国家创新体系是以政府为主导,充分发挥市场配置资源的基础性作用,各类技术创新主体紧密联系且有效互动的社会系统。这个系统有企业、高等院校、科研院所、创新创业服务机构、政府部门等各主体,要素和主体协调配合、相互作用从而形成国家创新体系。国家创新体系涉及多个创新主体,企业在技术创新中处于核心地位,而高等院校和科研院所在国家创新体系中的知识创新作用更加突显。建设以企业为主体、以市场为导向、产学研相结合的技术创新体系,是我国创新体系建设的指导思路。我国的国家创新体系建设过程中,体现出如下三个特点。

第一,改进与完善科技管理体制,实施创新驱动发展战略。我国在技术创新的科技管理体制方面已发生了重大变化,以市场为导向而开展技术创新活动,成为我国技术创新管理体制的特点。虽然经过几十年的改革,科技管理体制仍然存在着分散重复、人员冗余、市场转化效率低等问题。因此，从宏观制度层面上进一步改进与完善科技管理体制，优化科技资源与力量结构，破除体制性障碍，推进政策创新，使管理创新和技术创新协调发展，鼓励企业成为技术创新主体、深化科研机构改革、推进科技管理体制改革等重点任务，一直是建设创新型国家、提升国际竞争力的战略选择。2015年《关于深化体制机制改革加快实施创新驱动发展战略的若干意见》指出，科技体制改革与建设技术创新环境、理顺市场机制与政府调控的关系、做好科技项目行政化等内容密切相关，是我国持续深化改革需要解决的问题。创新驱动发展要扫除影响技术创新能力提高的体制机制障碍，在管理创新上下功夫。国务院专门成立了"国家科技体制改革和创新体系建设领导小组"加强对科技改革发展的顶层协调与设计，使市场在资源配置中起到决定性作用，并要求大幅度减少政府对资源的直接配置，重新调整政府与市场的关系。

第二，政府职能转变。科技体制改革必然伴随着政府职能的转变。在重塑政府与市场关系上，让市场发挥作用，激发企业和个人的活力和创造力。特别是借助互联网、大数据、人工智能等先进的信息技术，实现高效的治理和服务。技术创新需要政府和市场相互协调。面临国际环境带来的竞争压力，政府考虑如何调整和完善新时期的技术创新政策，引导创新要素向企业集聚，将宏观调控作为一项重要手段，主要运用经济、法律手段，辅之以必要的行政手段，加强引导和调控，使市场在资源配置中起决定性作用。

第三，实施知识产权战略。2002年，科技部和财政部发布《关于国家科研计划项目研究成果知识产权管理的若干规定》，旨在提高我国科研计划项目成果转化的知识产权总量，允许科研项目承接主体拥有科研成果和其转化形成的知识产权，还可以通过有偿转让、入股等方式取得收益。2008年6月，国务院发布《国家知识产权战略纲要》，提出了实施国家知识产权战略的"激励创造、有效运用、依法保护、科学管理"的指导原则。从此，知识产权战略上升成为国家战略，引导中国逐步成为创新型国家。

2.1.2 中观上：成果转化与产学研协同

1999年8月召开的全国技术创新大会发布了《关于加强技术创新，发展高科技，实现产业化的决定》，为科研机构的转制及分类改革指出了明确方向，支持发展高等学校科技园区，培育一批具有市场竞争力的高新技术企业，使产学研紧密结合，旨在从根本上解决经济、科技与教育脱节的问题。同年发布的《中共中央关于国有企业改革和发展若干重大问题的决定》中明确企业在技术创新中的主导地位,推进产学研结合,鼓励科研院所和大专院校科研力量进入企业,促进科技成果向现实生产力的转化;明确提出要以提高技术创新能力为核心,建立以企业为中心,形成以市场为导向的研究开发体系和开放式风险共担的产学研合作机制;本着"风险共担、优势互补、利益共享、共同发展"的原则,开展企业、政府、高校和科研机构的合作;政府、中介机构、金融机构是产学研合作的辅助机构,政府为产学研合作提供政策支持和引导。

组织协作层面的创新体系具有以下四个特点。

第一,科技创新成果转化与产业化。技术创新想要对社会发展产生积极影响,就必须要转化为有价值的产品或者服务。为了实现技术成果转化,我国制定了一系列相关政策。比如,建立大学科技园、企业孵化器和各种科技中介服务机构,建立高新技术开发区等实体。此外,通过加强知识产权的保护和管理,制定各种科技奖励条例,来促进成果转化。2008 年国务院发布的《关于促进自主创新成果产业化若干政策的通知》,标志着提高产业核心竞争力成为创新成果转化的明确目标。

第二,科技中介服务机构发挥重要作用。产学研协作模式不仅仅局限于企业、高校和科研院所三方之间的合作,还涉及政府、中介服务机构、金融机构等主体的参与,特别是企业孵化器和科技中介服务机构,在技术转移过程中发挥了重要作用,成为各级成果转化中重要的第三方力量。科技部颁布了《关于大力发展科技中介机构的意见》(2002)、《关于进一步提高科技企业孵化器运行质量的若干意见》(2003)、《中国科技企业孵化器"十一五"发展规划纲要》(2006)等政策,推动企业孵化器和科技中介服务机构成为企业和高校、科研院所的沟通平台,成为国家创新体系的组成部分。

第三,强调产学研协同创新。2009 年《国务院关于发挥科技支撑作用促进经济平稳较快发展的意见》提出了"产业技术创新战略联盟"和"技术创新工程"的概念。2010 年发布的《关于加快培育和发展战略性新兴产业的决定》中提出了构建产学研相结合的技术创新体系,加强创新成果产业化,提升产业核心竞争力。

第四,强调基础研究创新源头供给。科技成果产业化和技术转移能否做好,不仅取决于中介机构等转移渠道,更关键的是要在源头上下功夫,增加创新的源头供给。2011 年 9 月,科学技术部、教育部、中国科学院等部门联合发布《关于进一步加强基础研究的若干意见》,从顶层设计到组织管理模式,再到优化布局、基地建设、评价机制等方面,都给出了相关意见。2016 年国务院发布的《"十三五"国家科技创新规划》,以及 2018 年国务院发布的《关于全面加强基础科学研究的若干意见》都在强调，加强基础科学研究，培育创新力量，提升原始创新能力，增强基础研究创新源头供给。

在中观层次上，技术转移和基础研究这两个问题仍然是密不可分的。我国在关键技术领域与世界科技强国还是有着不小的差距，一个重要的原因就在于我国在科学技术领域的突破大多在偏应用的领域，在纯基础科学领域的突破还是偏少。打造科技创新强国，就要逐步把国家政策支撑的重心从技术向产品和服务的转化，导向到投入更多力量加大基础研究上去。

2.1.3　微观上：创新创业与人才培养

科技创新的核心在于人才驱动，制度和政策要落脚到人才和人才的活动上，让愿意创新、有创新能力、取得创新成果的人得到社会的尊重。微观上，国家创新体系注重培养科技创新人才，试图以人才驱动的重要方式助力国家科技创新。主要有以下两点。

第一，完善高层次人才培养和引进，营造良好的人才生态环境。从 2002年出台的《2002—2005 年全国人才队伍建设规划纲要》提出"人才强国"战略，到 2011 年的《国家中长期科技人才发展规划(2010—2020)》；从 2014 年召开的中央财经领导小组第七次会议上，习近平总书记强调"创新实质上是人才驱动"，再到党的十九大报告提出"人才是赢得国际竞争主动的战略资源"，我国在国家创新体系中对人才特别是高端人才的培养和使用逐渐重视，"人才强国"战略逐步推进。通过《"长江学者奖励计划"实施办法》《留学人员回国"十二五"规划》，吸引国际高层次人才。通过建立科技人才管理体系以及政策服务体系，营造科技人才生长的良好生态环境，培养国内各个领域的高层次人才，领军人才。总之，科技人才成为创新驱动发展的核心关键要素，在人才生态环境中逐步形成崭新的局面。

第二，激发"双创"主体创新活力，培育创新型小微企业。我国人力资源丰富，让有意愿、有能力的社会公众参与创新，改革与完善创业创新发展中的制度、体制与机制束缚，推动更多的创新创业人才不断成为开办新企业、发现新市场、培育新兴产业的市场主体。2015 年《政府工作报告》中首次提出"大众创业、万众创新"的目标，推动双创成为社会经济发展的新引擎、新动力，走创新驱动发展道路。在此之后，国家先后出台了《关于加快构建大众创业万众创新支撑平台的指导意见》《关于共同推动大众创业万众创新工作的意见》等指导性文件，提出搭建双创活动平台，建设双创服务基地，拓展双创融资渠道，形成创业创新的新局面。2016 年 5 月，中共中央、国务院在《国家创新驱动发展战略纲要》中提出要鼓励孵化培育创新型小微企业,发展创客经济,进一步推动双创的发展。

2.2　国家战略引导下的技术转移过程

近几十年来,全球化进程的不断加快,科技方面的全球化表现日益凸显。新一轮科技革命和产业革命突飞猛进,科技创新成为国家战略博弈的主战场,围绕科技制高点的竞争空前激烈。而近期中美间在科技领域的交锋愈加激烈,美国出于对中国崛起的警惕与维护自身霸权的意图,竭力遏制中国科技的发展、阻碍中国对国际社会产生影响。在此背景下,如何加强中国科技创新能力、提升科技竞争力就成为关键的课题。这就迫切需要探索新时代适合科技创新的制度安排、组织方式,建立产业核心技术的持续市场化机制,突破"有技术无产品、有产品无产业"的问题,实现技术产业化。技术转移体系是复杂的系统工程,涉及创新主体、科技体制、组织机制并影响着产业结构和社会福利等多个主体和多层次的内容。

2.2.1　从市场拉动、技术推动到国家任务驱动

改革开放以来,市场的力量逐步受到重视,在资源配给上市场调节机制起到了决定性的作用,政府仅仅是用来弥补市场的不足。从政府主导到市场优先,政府的科技管理职能逐步向服务型转变;政策也从财政直接支持,向金融和税收等间接方式转变。

与此同时,我国科研机构、高等院校沉积了大量的科研成果,从供给侧出发推动科技成果转化,以科技成果转化法及实施细则为指导,释放科技成果转移和成果转化的活力,调整供给结构,矫正科技成果要素的不合理配置,扩大有效技术的供给,提高技术的供给质量,面对企业及相关方的需求,灵活地开展针对性研究,实现技术从实验室研发到企业、市场的应用,满足企业应用的现有需求,同时进一步创造潜在需求,制造增量,提高全要素生产率,驱动技术的转移转化,充分实现技术的使用价值。(靳宗振等,2021)

习近平总书记于2020年4月主持召开中央全面深化改革委员会第十三次会议指出,要从体制机制上增强科技创新和应急应变能力,加快构建关键核心技术攻关新型举国体制,实现"补短板、强弱项、堵漏洞",提升科技创新体系化能力。为我国建设世界科技强国,全力提升国家科技创新体系化能力

指明了进一步的战略方向。在该阶段，我国技术创新政策立足发展全局，遵循"整体渐进式"变迁逻辑的同时，国家科技体制综合改革试点城市（如北京、上海、深圳等一批创新型城市）、高新技术产业示范区、自主创新示范区和综合试验区（如北京中关村、上海张江和武汉东湖自主创新示范区等）的建设，在各地铺开并不断推进，成为我国创新政策的有益尝试。以试点示范为抓手的区域创新政策的实施，为其他地区的创新工作发展提供了宝贵经验。

2.2.2 "整体主义"趋势凸显

整体性治理的思想源于对新公共管理的反思，强调治理应以整体性运作为主，关注整体性，关注集中和整合。希克斯认为，整体性运作的一个中心的、正式的目标是更有效地处理公众最关心的一些问题（这与登力维的整体性治理以需要为基础同义），因此，考虑政策、顾客群体、组织和机构四个关键层面的每一个层面的目标是有益的。（竺乾威，2008）

传统的科技管理体制是单一的政府垂直管理。在计划经济时代，市场机制几乎没有发挥作用的空间，科技创新的计划、组织、生产和实施都完全由政府控制与调配，科技管理的主体仅有政府。政府主要采用行政手段，制定科技有关的政策，统一分配科技资源。政府管理的重点通常放在科研院所和高校等研究部门的内部，主要对于研发链条进行管理与控制，关注作为源头的发现与发明，对于科技成果的商业变现则关注比较少。在计划经济时代背景下，我国科技体制主要经历了几轮改革，逐渐形成了国家集中管理和计划配置科技资源的发展模式。

20世纪90年代，学术界围绕着政府失灵与市场失灵问题，在公共管理领域产生了一个新的概念——公共治理。与此同时，随着科技发展和时代环境变化，科技创新已经不再仅仅局限于单一的科技部门或领域，提升科技竞争力也不再只是政府与研究人员的工作。科技创新活动日渐具有跨领域、泛空间的特征，越来越多的利益相关者需要被考虑在内，由此对科技管理提出了新的要求。结合公共治理理论的发展，越来越多的学者开始探究如何以公共治理的概念来指导科技创新，科技管理开始向科技创新治理演变。

为了适应国家现代化的要求，在市场机制日渐成熟的背景下，科技创新治理应当更关注市场的作用，由市场来调配资源，从而对科技创新起到导向作用。在这样的背景下，就要求更多的主体参与到科技治理中来。除了政府以外，科技治理的主体还应该包括企业、科研院所、社会组织、社会公众等。科技治理的核心理念是多元参与、民主协商和依法治理，要求不同层级的治理中心以网络化的形态彼此协同,共同参与、决定科技创新的政策、机制、生产实施等重要环节。

从传统的科技管理到现代的科技治理,实施治理行为的主体从政府转变为了包括政府、社会组织、个人等的多元主体。从传统的科技管理的角度来看,政府主导的管理行为存在着一些难以克服的弊端:(1)将精力集中于行政领域,管理成为目的而非手段。即,政府中心的管理模式往往不可避免地走向形式化、官僚化,以至于管理最终成为要实现的目的,而不是有助于科技创新的手段。(2)缺少市场力量的刺激。除了军工等少数领域外,大多数科技产品要真正发挥其作用,就需要实现商业化。商业化的科技才能创造最大的价值空间,更好地便利人民生活,并成为刺激经济增长的重要极点。而政府控制下的科技将重点放在"发现""发明"上,较少关注到下游的科技变现的重要环节。(3)资源配置效率低。政府统一分配资源的做法使得很多资源难以得到最大化地利用,因此,政府控制手段不一定是最有效的手段,有可能造成资源的浪费或者缺乏。

从现实发展的角度看,多个治理中心是时代进步的必然选择。首先,我国的经济体制改革不断推进,计划经济已经成为过去,以市场为主体的现代经济体制对于科技创新提出了新要求,既强调技术的生产,也强调科技的商业变现,传统的配置资源-安排生产的科研模式已经不再符合现实需要。其次,政府的执政方式与理念也随着行政体制改革而不断变化,过去大包大揽式政府已经逐渐向简政放权的服务型政府转变,对科技的管理也应当随之精简,科技领域的很多职能不应由政府来承担,需要引入其他治理主体。最后,随着时代进步,人们的政治参与意识不断提升,参与热情也随之高涨,在公众眼中,科技创新已经不再完全依赖政府,企业、高校、社会组织等都应参与其中。

对于成果转化与技术转移,整体性治理不仅要考虑到技术本身成熟度的变化,或者技术在市场中实现的过程,也要将技术放在所处的经济、社会、政治系统当中来考察。特别是全球科技治理,在全球化的大背景和中美科技竞争环境下,中国应当如何更好地参与全球科技治理,如何实现世界科技合作与进步、科技成果的转化与问题应对。按照公共治理的划分,科技治理也包含基本的四个要素:主体、工具、结构、机制。另外,科学技术也作为社会治理的重要工具和支撑,科技的支撑能有效推动国家治理体系和治理能力现代化,能为公众参与赋能,促进治理体系的制度化、规范化、智能化。基于系统论和整体论,科技治理是全局的、整体的科技治理体系。实现产学研优势集成、资源整合、协同共生的内在要求，也是世界各国促进科技与经济紧密结合、提高技术创新能力的重要战略举措。

2.2.3 成果转化和技术转移中的国家力量

成果转化和技术转移中的国家力量是什么？是指国家作为主要力量促进科学的发展，也被称为"国家科学"，成果转化与技术转移中的国家力量主要有两个方面的特征：第一，国家是战略性科技的需求人，同时也是直接或间接的投资人。第二，国家关注的是有关国家安全和国计民生的战略性科技的整体性发展，同时也关注成果转化的路径和效率，以及可持续发展的基础与环境。此外，国家科学重视战略目标的实现，并不过分区分前沿科技领域中的基础研究和应用研究。

在科技领域里的政府与市场的关系亦如其他领域。任何国家都需要在政府和市场关系上找到平衡，科技先进如美国也是如此。早在 20 世纪 90 年代，美国就发布了《科学与国家利益》《技术与国家利益》两份政策报告，要求美国国家科学基金会审核项目要关注国家利益，确定了美国科技政策的国家利益导向，体现出了"国家科学"的特质。

在当今激烈的科技竞争中，美国又重新加强了国家力量。2020 年 5 月，美国参议院多数党领袖舒默向国会提交了《无尽前沿法案》，要求大幅增加对人工智能、量子计算、先进通信和制造等关键技术领域的投入，要求 5 年达到 1000 亿美元。《无尽前沿法案》后来演进形成指向性更明确、范围更广的《美国创新与竞争法案》，其中包括 6 个部分："芯片和 5G 通信紧急拨款法案、无尽前沿法案、战略竞争法案、国土安全和政府事务委员会规定、应对中国挑战法案，以及其他事务（包括教育和医学研究的竞争力和安全性）"，提议的金额增加到 2500 亿美元。这是"国家科学"的一次重要表现。

在我国的科技创新体系中，国家力量一直发挥重要作用。国家自主创新示范区是指经中华人民共和国国务院批准的，在推进自主创新和高技术产业发展方面先行先试、探索经验、做出示范的区域。从国家自主创新示范区到全球科技创新中心的转变，是我国在国际竞争和国内创新发展战略驱动下所做出的政策布局的转型升级。当前全球正在急速进行新一轮的科技革命和产业变革，正在孕育全球经济发展的新动能，必将推动全球科技创新局面的重新调整。新的技术革命是在以人工智能、数字制造等前沿技术为基础的前提下，对以往的工业制造范式的改造。新工业革命的到来也为我国的发展提供了重要机遇，同时面对我国国内社会主要矛盾的根本性变化，为了在关键技术领域取得优势地位,拓展科技领域国家合作关系,在客观上需要建设一批具有国际影响力的科技创新中心来引领我国在未来的发展,帮助我国巩固和提升在世界科技发展中的话语权和支配地位。也正是在国内外双重因素的驱动下,国家自主创新示范区向全球科技创新中心转变,实现了政策布局的升级转型,以更宽广的视野推动区域创新发展向更高层次迈进。

国家力量体现在有效的市场与有为的政府的统一,也是开放与共享的统一。科技资源是支撑科技创新发展、建设科技强国的重要基础,科技资源开放共享已成为国家创新体系建设的重要内容,是适应全球科技创新潮流的必然选择,是政府职能由研发管理向创新服务转变的重要抓手。

2.3 国家重点研发计划:成果转化与技术转移的生态场域

国家重点研发计划是将宏观、中观和微观协调起来,将技术推动和市场拉动统一起来的设计,具有大平台的特征。依托这个大平台,各种创新资源要素不断整合,各种成果转化和技术转移的主体不断磨合,各种利益相关者不断碰撞协同,逐渐形成一个创新成果转化和技术转移的场域,在这个场域空间中有着独特的"成果转化与技术转移生态"。

2.3.1 国家重点研发计划的"大平台"

随着移动互联网、大数据和云计算等技术的快速发展,工业经济时代走向"新经济"时代。在新经济形态的背景下,苹果、阿里巴巴、亚马逊等新兴平台型企业迅速崛起,平台型网络竞争的态势日益凸显,作为继市场、企业之后的第三种资源与组织方式,技术驱动的平台是互联网经济和实体经济融合发展的新引擎,在现代经济系统中的重要性愈加明显,成为引领"新经济"时代的重要经济体。

平台是一种思维。大平台的概念实质在于平台思维的兴起与应用。平台思维的应用最早可以追溯到福特公司研究汽车平台并借此开发了一系列车型,随后 IBM 公司又把产品平台引入 IT 产业,平台领导者一般是产品制造者或软件商。随着这些企业的成功,平台的内涵在延伸,学者库斯马诺(2010)提出了平台的三大特征:要有被众多公司应用的技术或产品;要把参与方集于一个共同目标;通过更多用户、产品和服务使价值几何增长。

平台也是一个中性生态组织，其本身并不生产产品和内容，而是聚集资源、响应需求，从而创造价值。2004年，我国有学者提出"平台经济"，认为企业间的竞争不再主要是核心竞争力的竞争，而是向体系竞争力的竞争转变，而体系竞争力则要依靠平台生态系统的建设，因为平台生态圈可以重组和打通产业价值链，从而发挥各个环节的价值（贺宏朝，2004）。"平台商业模式是一种多主体共享，产生网络效应，实现多主体共赢的一种商业生态系统"（徐晋、张祥建，2006）。其精髓在于形成一个不断成长，不断完善的"生态系统"，能够使得系统内的参与者能够良性互动，达成各自的目标，实现多赢。通过定义的比较发现，平台至少要包含两个基本元素，一是参与者的互动活动，二是价值的创造。

2.3.2 "大平台"成果转化与技术转移的生态场域构成

虽然创新驱动成为引领经济社会发展的新动力，但政府掌握稀缺的研究资源，大学、研究机构因组织自身资源和能力存在局限性，产学研合作主体之间存在目标差异性，科技创新及其成果产业化的复杂性等，迫切需要拓展和丰富创新的内涵，加强各种异质创新主体的协同，以构建共生互利的创新生态系统。（江诗松等，2011）

现实中，各种生态要素在不断积累，包括科技人才、研发资源、风险资本、经济政治环境、技术创新项目等。我国陆续出台了一系列的政策，来促进科技创新生态系统的逐步完善。2017年发布的《国家技术转移体系建设方案》（国发〔2017〕44号），明确提出发展技术转移机构，引导技术转移机构市场化、规范化发展。2020年发布的《关于进一步推进高等学校专业化技术转移机构建设发展的实施意见》（国科发区〔2020〕133号），提出了推进高校技术转移机构的高质量建设与专业化发展，试点建设一批高校技术转移中心。经过多年努力，科技创新生态建设取得了显著的效果，全国已经建立了多家科技成果转化示范区、技术转移区域中心、技术交易市场、技术转移人才培养基地以及大量的技术转移机构。

促进创新生态体系完善，还在于培养高质量的技术转移人才。2016年起，科技部结合国家技术转移区域中心建设，在北京、上海、深圳等创新资源集聚、技术转移需求旺盛的重点区域，布局了11家国家技术转移人才培养基地；2020年又新增了25家国家技术转移人才培养基地。此外，还出台了《国家技术转移专业人员能力等级培训大纲（试行）》，通过开展初级技术经纪人、中级技术经纪人、高级技术经理人能力等级培训，提升技术转移人才的专业化服务能力。

2.3.3 "大平台"成果转化与技术转移的生态特征

技术转移系统是一个开放的、自组织的生态系统,其中的各组成元素与外界环境相互作用,发生适应性变化,逐步形成一个稳定有序的结构,具有整体性、开放性、动态性、自组织性与耗散性等特征。除此之外,"大平台"成果转化与技术转移还具有如下生态特征:

首先,成果转化与技术转移的目标具有层级化特征。微观层面上市场实现与技术扩散实现"成果评价、技术转移、需求服务"的目标;中观层面上做好"企业、中介、科研"三个服务对接;宏观层面上推进市场工具化与战略先导。

其次,成果转化与技术转移的角色具有多元化特征。基于重点研发计划的技术转移生态系统的系统边界和整个系统的运行一直处于动态变化当中,外部环境要素不断流动、内部元素不断成长,因此技术转移主体的数量不断变化,角色也具有多元化特点。一般来讲,创新生态系统演变具有几个关键角色,包括领导角色("生态系统领导者"和"支配者")、直接价值创造角色("供应商""组装商""获取者"和"用户")、价值创造支持角色("专家""研究院"和"高等院校")以及创业生态系统角色("企业家""发起人"和"监管者")。

最后,成果转化与技术转移的过程具有协同化特征。一是决策上实现战略协同。战略协同性在科技攻关、区域协调发展、全球技术标准话语权争夺等方面起着举足轻重的作用,是国家创新战略实施的重要基础,也是"国家科学"软实力的重要体现。在"国家科学"时代,提高战略协同性是一个迫切需要解决的问题,而且应该成为我们制度优势发挥关键作用的地方。二是实施运行上也要实现协同。《美国创新与竞争法案》确有值得我们研究和借鉴的地方,它对战略实施的目标、措施、路径、责任人都有非常明确细致的规定。20世纪五六十年代,我们曾有举全国之力在重大科技工程和"卡脖子"项目上取得成功突破的诸多个案,如"两弹一星"工程等。在"国家科学"时代,我们不能心存幻想,指望我们曾经熟悉的国际科技与合作秩序、国际产业链分工协作机制能很快回归;也不能在我们市场机制还相对弱小的战略领域投鼠忌器,错失举国体制发挥作用、改变被动局面的良机。加强产学研协同创新是实施创新驱动发展战略和建设国家创新体系的客观需要,是实现产学研优势集成、资源整合、协同共生的内在要求,也是世界各国促进科技与经济紧密结合、提高技术创新能力的重要战略举措。

2.4 技术转移中的"有组织"整体性治理

"他组织"与"自组织"是系统论中的两个概念，我们用这两个概念来描述成果转化与技术转移在系统状态和机制上的一种变迁，尤其是政府在其中作用的一种变化。国家力量的增强和大平台的构建，使得国家重点研发计划成果转化和技术转移呈现出越来越明显的从"他组织"和"自组织"向"有组织"转变的整体性治理新趋势。

"他组织"强调组织力来源于系统的外部，在成果转化与技术转移系统中，体现为政府的管理控制；"自组织"强调组织力来源于系统的内部，在成果转化与技术转移系统中，体现为市场的自发调节。国家重点研发计划通过国家层面的方向性引导，运用知识创造和管理的价值链条，促进科技资源的有序流动和持续性创新，它既有被动发生的"他组织"系统特征，也有自然产生的"自组织"系统特征，这一复杂的系统是两者协同作用下的"有组织"系统。

2.4.1 技术转移治理：各主体的作用

科技治理主体呈现多元化的趋势，各主体对科技创新政策的制定与执行、科技创新的生产与商业化都会产生重要的影响。（1）政府。政府等公共部门在科技治理中应当发挥主导作用，但不能是唯一的管理者。政府应当从战略层面对科技创新进行指导，避免创新一味迎合市场而忽视社会价值。一方面，政府应当从科技战略、技术目标、关键政策、国防外交等方面进行科技治理。另一方面，政府应对科技创新进行监管，在科技领域维护法律的尊严，勒紧科技伦理的缰绳。（2）企业。市场经济背景下，企业是科技创新的重要主体与核心力量，企业间的竞争极大地激发了科技创新的活力。从科技的上游来看，企业是重要的技术研发者与革新者，在市场份额与利润的激励下不断地进行技术创新。从下游来看，以盈利为目的的每一个企业都积极地推动技术发明的商业化，有效地盘活了科技市场，提升科研成果的应用实施效果。然而，很少有企业能参与到科技创新的决策领域中来。（3）高校与科研院所。高校和科研院所担负的创新任务和企业有部分类似，但两者的根本目的不同，因此侧重的方向与价值取向也不同。对于高校和科研院所而言，最主要和根本的目标不是最大化创新成果的商业价值，而是社会价值。一方面，高校和科研院所的研究强调知识层面的开拓、创新，重视攀登人类科学高峰，推动国家科技水平的进步。另一方面,高校和科研院所的研究要为国家和社会整体作出贡献,要有助于国家战略目标的制定与实现、有助于人民生活水平的提高。(4)社会组织。社会组织是科技治理的重要参与者,发挥着重要的连接作用。一方面,那些非营利的学术组织、行业协会等,能够建立起科技创新的民间生产者与政府联络沟通的桥梁,推动官方与非官方力量的合作,互相取长补短,促进技术、知识的流动。另一方面,非营利组织也是推动科技治理民主化、公开化的重要力量。这些组织能凭借自身的影响力与凝聚力,整合民众对于科技治理的意见,并以此来影响政府决策。(5)社会公众。对于科技创新来说,社会公众既是重要的决策参与者,也可能是创新成果的生产者和使用者,抑或是科技创新的支持者、投资者。由于社会公众构成复杂、群体庞大,因此承担的角色也多有不同,是科技治理的重要利益相关者,也是科技决策合法性的来源。一方面,从科技决策的角度看,社会公众的参与有助于提高决策的民主性与正当性,能够使决策的执行更顺利。另一方面,从科技创新的成效看,民众的诉求与需要是科技创新的根本目的,是创新成果商业价值和社会价值的集合体。民众的反馈也能有力地影响科技创新的方向。

2.4.2 高质量技术转移的整体治理模式

要讨论各治理主体间的关系,可将其置于具体的治理模式之内进行分析,目前的研究提出了三种主要的治理模式:(1)多层级治理。该概念刚被提出时,主要是描述欧盟、国家、地区和地方政府之间的谈判体系。随着治理理论的发展,该模式后来主要指不同层级的政府部门之间的关系,这种关系不同于以往的科层制结构,更多地强调不同层级之间的协同。(2)多中心治理。该模式主要强调改变传统的以政府为绝对领导的管理方式,将广泛的第三方力量也纳入治理体系中,由多个主体共同进行公共物品的供给与公共事务的处理。(3)网络化治理。基于系统论、环境论的发展,有学者提出社会治理面临的环境是复杂多变的,各利益相关者彼此依赖,共同构成了一张协调互动、合作与信任的政策网络。三种主要的治理模式,反映了各个主体间在纵向与横向的关联。

不同层级、不同中心的治理主体之间,有着复杂紧密的联系,总体而言,这些联系可以被概括为三种类型:

(1)导向。现代化的科技治理体系要求多中心,强调多元主体。然而,一方面从现实来看,由于权力差距的客观存在,各个中心在治理中并不拥有同等的地位。另一方面,从全局的角度看,政府部门必须在某些关键领域占据主导地位，以维护法律的尊严、国家的长治久安。因此，在整体的科技战略制定、国家发展方向的层面，中央政府起着重要的导向作用。这种导向并不意味着政府的强制与官僚性质的权力，而是需要中央政府进行宏观的国家战略制定，构建一个稳定的、具有进步性的科技发展框架，并动员各方力量参与到科技创新治理中来。而地方政府则对于地方层次的目标起导向作用，横向上促进府际协同交流，纵向上与中央政府跨层级合作。

（2）依赖。由于力量与资源的差距悬殊，不同主体间不可避免地存在着依赖关系。首先，不同层级政府之间存在着客观上的权力与信息差距，地方政府需要通过各种渠道获取中央有关科技创新战略目标、发展方向和总体布局等方面的信息，以作为策略制定的重要依据。此外，对于一些相对不发达的地方来说，政府需要获取来自中央的资源以支持发展。地方政府从信息上、资源上都对中央政府存在依赖关系。其次，高校、科研院所等研发机构，经常需要政府的政策支持、资源倾斜或程序通过，对政府存在依赖。不过与此同时，高校和科研院所在进行具有社会价值的科技创新、关键技术研发等方面掌握着关键力量，政府对其技术权力存在着依赖。此外，企业也经常受惠于政府的税收补贴、放宽准入等政策。再次，从社会组织的角度看，我国社会组织目前普遍存在资金、人才等方面的不足，在其发展过程中，将不可避免地对拥有强势力量的政府产生依赖。最后，社会公众在参与治理的过程中，在信息的获取、政策的开放等方面都对政府有所依赖。而政府在治理时，也会对公众的意见反馈、政策配合、合法性提供上产生依赖。

（3）合作。合作，或者说协同，是现代化科技创新治理体系的关键词。首先，中央制定的大政方针、搭建的战略框架，需要地方政府、科研机构、大型企业、社会组织和公众的配合。中央与地方政府是一个整体，政府与非政府组织和公众也构成一个整体，科技治理体系的顺利运行需要多方主体的协同配合。其次，地方政府之间应当互通有无、实现资源的共享，共同开展区域治理。再次，政府与科研型企业、科研机构之间，应当构成产学研一体的合作模式，从而凝聚力量、最大化创新效率，兼顾科研的商业价值与社会价值。最后，社会组织应当发挥重要的纽带作用，联通民间与官方，从而协调各方力量，提高科技治理效能。

第 3 章

新模式：国家重点研发计划
成果转化的"超螺旋模型"

3.1 传统的创新研究理论模型

3.1.1 创新研究的缘起

美籍奥地利经济学家熊彼特 1912 年在著作《经济发展理论》中提出了"创新(innovation)"的概念,由此创立了一种新的经济发展理论,指出经济发展是创新的结果,创新是经济增长的核心,该理论被称为创新理论。根据熊彼特创新理论,所谓"创新",就是建立一种新的生产函数,即把一种从来没有过的关于生产要素和生产条件的新组合引入生产体系。所谓经济发展,就是指整个社会不断实现这种新组合。熊彼特创新理论把创新分为了五种情况：新产品、新方法、新市场、新原料来源、新组织,后来被解读为技术创新、市场创新、资源配置创新、组织创新。(张璐等,2016;薛光明,2017;王宁宁,2019)

20 世纪 50 年代以来,以微电子技术为主导的新技术革命的蓬勃兴起,推动了技术的进步和经济的增长,随着不断兴起的各种技术创新和科技革命,日益明显且作用突出的普遍创新现象推动形成了"新熊彼特主义"。新熊彼特主义把熊彼特创新理论发展成为当代西方经济学的两个重要分支：以技术变革和技术推广为对象的技术创新经济学,以制度变革和制度形成为对象的制度创新经济学。前者注重技术创新在经济增长中的作用,而后者更注重制度创新在经济增长中的作用,两者从各自不同的视角分析研究创新对经济增长的决定作用。二者的关系从本质上讲，制度创新与技术创新以及经济增长之间的关系是交互的，它们存在于相互支持和相互制约的关系网络之中。在这种关系网络中，制度创新为技术创新以及经济增长提供激励和秩序，技术创新为制度创新提供基础和工具。（王蕾，曹希敬，2012；文魁、徐则荣，2013；柳卸林等，2017）

科技创新、科技生产力与科技成果转化

1968 年，西方马克思主义法兰克福学派代表人物、德国著名哲学家哈贝马斯提出，科学技术是第一生产力，科学技术在社会中具有关键性作用，未来社会的发展取决于科技进步（倪伟波、任雪萍，2007）。科技进步的程度取决于科技与经济的结合，取决于科技成果积累和推广应用所产生的经济、社会效益。科学技术的研究成果在没有得到开发应用以前，只是一种潜在的生产力，只有得到开发应用，才能转化为现实生产力，充分发挥第一生产力的作用。这是科技成果转化的由来。由此可知，科技创新的目的是让科技形成生产力，而让科技形成生产力的手段是科技成果转化。科技成果转化与科技创新，是对同一问题的不同表述。

科技创新是多方主体通过协同创新机制的共生发展作用，以新产品、新方法、新市场、新材料、新组织的方式，实现科技成果的商业化、产业化，最终推动人类社会进步和经济社会发展。整个科技创新过程可分为科技成果形成阶段、科技成果转化阶段、科技成果应用推广阶段。（洪银兴，2017；钱学程等，2018）

成果形成阶段一般包括理论研究阶段以及技术开发阶段。理论研究阶段主要是对基本理论的研究，一般由研究机构、高校来完成；技术开发阶段主要是对市场需求信息、该成果相关发展情况进行分析，从而进行立项决策，再投入一定的资金、设备、人才进行成果的改进。该阶段基本完成了理论到技术的转换，这一阶段一般是由科研机构、高校以及企业的研发部门共同合作完成。

成果转化阶段是科技成果由理论向实际进行转化的一个阶段。首先根据市场需求信息进行可行性分析，对可行的成果投入一定的资金、设备、人才等，对其进行试验开发，形成实验样品，此时需再根据市场需求信息，对该样品的市场前景进行分析，向有市场前景的样品投入资金、设备、人才等资源，将其转化成符合市场需求的商品或服务。这个阶段一般是由科研机构、高校以及企业、中介机构等共同合作完成。

成果应用推广阶段是科技成果走向市场的一个阶段。首先将转化后形成的商品或服务交给企业,由企业进行一定的包装,再向其投入资金、设备、生产人员等资源将其批量生产,再投放市场获取相应的利益。这个阶段则主要由企业来完成,主要完成技术产品向商品产品的转化,并向市场进行输送,该阶段成果的表现形式为商品或服务。

科技创新的过程并不是单向进行的,在科技成果成功转化为市场所需的产品服务后,也需要对市场需求的情况进行分析,并将分析情况再反馈到科技成果的基础研究阶段,再进行技术的改进与创新,从而研发出更有价值的产品。

基于以上分析不难看出,科技创新是一个复杂的系统工程,科技成果转化是实现科技创新的关键环节。要做好科技成果转化工作,必须要从科技创新的全过程规划和布局着手。鉴于科技创新系统的复杂性以及各个主体之间的相互关联关系,国家不断在深化科技体制改革,强化科技与经济对接,遵循社会主义市场经济规律和科技创新规律,破除一切制约创新的思想障碍和制度藩篱,构建支撑创新驱动发展的良好环境,建立以企业为主体、市场为导向、产业和学研深度融合的技术创新体系,进一步促进科技成果转化。

3.1.2 创新研究理论模型的演进发展

根据熊彼特创新理论,创新有五种情况:引进新产品;开辟新市场;引用新技术,采用新生产方法;引用新原材料,控制原材料的新供应来源;实现企业本身的新组合,实现生产要素的新组合。后人将这五种情况解读为技术创新、市场创新、资源配置创新、组织创新。(张璐等,2016;薛光明,2017;王宁宁,2019)

在技术创新中,产品创新与工艺创新是无法割舍、互联互动的重要组成部分,技术创新过程的实质是产品创新与工艺创新,技术创新的成效由产品创新与工艺创新带来的市场价值作为评判依据。技术创新的终极目的是实现其成果的首次商业价值,获取垄断利润,保持企业竞争优势,其实现途径是创新成果必须获得足够数量消费者的认可,且消费者表现出支付意愿并乐意付出。消费者表现、市场认可度是技术创新成败的终极标准,也是技术创新赖以存在的基础。(徐国兴、贾中华,2010)

正是基于这样的理解和认识,国外没有"科技成果转化"的概念,因为技术创新成功与否的唯一衡量标准是商业化价值、消费者表现和市场认可度,对技术创新的研究完全涵盖了科技成果转化的研究,而对科技成果转化的研究也必须要从技术创新的全局着眼着手。因此，国外只有对创新研究的理论模型，而没有科技成果转化研究的理论模型。科技创新理论研究经历了一个演进发展过程。

（1）线性创新模式

线性创新模式认为创新过程的主线是：科学发现→技术发明→工程实现→制造产品→产品销售，而"创新"一般被视为科学发现与技术系统推动的结果，市场、消费者只能被动接受。这是第一代线性创新模式。（范洁，2017）

随着时间推移，经济行为主体陆续认识到市场需求也可被看成是创新的重要驱动力，能极大拉动创新活动，进入20世纪60年代，需求拉动模式作为第二代线性创新模式被提出，此种模式主要是以市场需求为初始点，认为创新过程的主线是：市场需求→研究开发→产品设计→产品制造→产品销售。（范洁，2017）

在线性范式阶段，创新范式的理论基础主要体现为新古典经济理论和内生增长理论，凸显线性模式以及封闭式创新的特点。基于创新主体来讲，多数创新资源集中于企业单体内部，注重在企业内部成立研发机构和进行自主研发，并通过出售产品而实现价值。

（2）交互式环链模式

国家创新体系

20世纪80年代，主张将需求拉动与技术推动有机结合的交互式环链模式陆续获得发展。在20世纪80年代末期，系统方法陆续被引入创新模式，并在此基础上国家创新体系得以形成与发展。（王凯、邹晓东，2016；薛光明，2017）

1987年，英国经济学家弗里曼在著作《技术政策与经济绩效：日本的经验》中首次使用了"国家创新体系"的概念，从制度和产业结构上剖析了创新主体构成、系统性和国家干预的重要性。国家创新体系是参与和影响创新资源的配置及其利用效率的行为主体、关系网络和运行机制的综合体系，在这个系统中，企业和其他组织等创新主体，通过国家制度的安排及其相互作用，推动知识的创新、引进、扩散和应用，使整个国家的技术创新取得更好绩效。（蔡翔等，2010；王蕾、曹希敬，2012；薛光明，2017）

国家创新体系的本质主要涉及的是企业与大学科研院所及其他相关组织间的密切技术合作，这期间政府在创新过程中基本上发挥"自上而下"的功能。该模式以开放式创新理论为重要理论支撑，注重尽可能地获取来自企业外部的创新源。

区域创新体系

国家创新体系的理论与实践不断取得丰富成果的同时也受到质疑。一个国家内的区域和产业存在多样性,技术进步过程中的大部分交互行为发生在区域层面,区域成为真正意义上的经济利益体,关键的商业联系集中于区域范围内。(王凯、邹晓东,2016)

1992年,英国学者库克提出了区域创新体系的概念,晚于国家创新体系概念的提出。库克指出,区域创新体系主要是由在地理上相互分工与关联的生产企业、研究机构和高等教育机构等构成的区域性组织系统,该系统支持并产生创新。(薛光明,2017)

（3）非线性网状创新模式

三螺旋创新模型

随着知识经济的发展,学者们在对知识创新的研究中发现,知识创新正在转向一个新的模型,其中知识生产者的边界变得越来越模糊,而已有的创新理论不能够解释这个现象。受生物学上DNA的双螺旋分子结构特征和分子生物学、结晶学中的三螺旋模型的启示,美国学者埃茨科瓦茨和荷兰学者雷德斯道夫提出三螺旋模型来分析知识经济时代大学、产业和政府的关系以及"大学—产业—政府"之间的动力学机制。(方卫华,2003;蔡翔等,2010)

三螺旋创新理论,是利用一个螺旋形非线性网状创新模型,描述在知识商品化的不同阶段、不同创新机构间的多重关系,即"大学—产业—政府"三方在创新过程中,以经济发展需求为纽带,在长期的正式和非正式的合作和交流中,密切合作、相互作用,形成三种力量相互交叉影响、螺旋上升的"三螺旋"新关系的一种创新理论。(李明珍、张洁音,2015)

三螺旋创新模式,强调"大学—产业—政府"三方在创新过程中的密切合作、相互作用,每个机构都能够扮演其他两者的角色。例如,大学将知识资本化,鼓励起源于大学学术研究的新公司成立,发挥着产业的作用;产业为了提高员工工作技能而对员工进行培训,并通过建立企业内部的教育机构等促进知识共享与转移,与大学的功能相似;政府则提供公共研究基金,如同一个创业投资家,并继续推进政府在创新方面的常规活动。如此仍保留自己的原有作用及独特身份,又扩大了每个机构的功能以实现动态平衡,而成为改进创新条件的关键。(董铠军、吴金希,2018)

三螺旋理论强调各创新主体之间的互动机制,认为政府、企业和大学的交叠是创新系统的核心单元,三方互动是推动知识生产和传播的重要因素,在知识和技术转化为生产力的过程中,三方参与者互相作用,从而推动创新螺旋的不断上升。与国家创新体系理论特别强调以产业为创新主体不同，三螺旋理论认为，大学、产业或者政府都可以成为创新的组织者、主体和参与者，无论以哪一方为主，最终都是要形成动态的三螺旋来推动各种创新活动深入开展。在这个过程中，三方相对独立但和谐地相互作用、协作创新，推动创新与区域经济的发展。（方卫华，2003）

创新生态系统

进入21世纪之后，系统论和整体论的思想陆续被引入到创新活动的研究之中，而创新范式也逐渐过渡到创新生态系统的发展阶段。创新生态系统概念的提出体现了研究范式的转变：由关注系统中要素的构成向关注要素之间、系统与环境间的动态过程转变。创新生态系统有别于传统意义上的创新体系，由强调政府主导下的资源投入发展模式转向依靠市场主体培育，以实现区域创新生态系统自组织成长为主要目标。（曾国屏等，2013；董铠军，2017；徐长春、杨雄年，2018）

创新生态系统由群落和环境构成。群落包括生产者群落、消费者群落和分解者群落。主体种群主要包括生产者种群、消费者种群和分解者种群。生产者群落指知识创造的各类主体集聚所形成的创新群落，主要包括开展知识和技术创新的高校、科研院所和研发型企业，这些生产者种群聚集而成生产者群落，能够产生规模效应，有效整合创新创业资源，提升知识创新、技术创新和新创意的生产效率。消费者群落指将技术和知识产品进行产业化的主体所形成的群落，主要包括创业者、产业技术生产者、将技术转化为产品的企业等，消费者种群集聚而成消费者群落，在现实中体现为产业集群、产业园区等形式。分解者群落主要指协助创新技术产品生产、中试及产业化落地等的组织和机构，主要包括政府和各类科技服务机构等，他们共同组成分解者群落，分解者功能的发挥，可以帮助创新创业过程中所释放的经济、技术、文化等效益返还给创新生态系统，并将各种价值反馈给社会，以促进创新生态系统良性运转。（曾国屏等，2013；陈健等，2016；范洁，2017；毕娟，2019）

环境是指创新支撑环境和宏观环境。支撑环境主要指各类创新资源和创新服务所形成的支撑条件。创新的支撑环境要素和各类主体种群的实践工作紧密联系，实践中体现为科技中介服务、金融支持以及文化教育等内容。宏观环境则指各类宏观政策法规。宏观的基础环境在实践中体现为：地区的经济环境、政治环境、法律环境、社会环境、资源环境、科技环境等。支撑环境要素和宏观环境要素对创新生态系统具有重要的支撑作用，为创新创业活动提供温床和条件。扶持创新有一套五要素核心价值观，即询问、冒险、开放、耐心与信任,这些价值观是创新的基础,它们共同决定个人、组织和国家的应变能力。由于创新性是一种文化特征,因此文化也是创新生态系统的一个变量因素并对生态系统产生着影响。以上要素共同构成了一个完整创新生态系统。(曾国屏等,2013;陈健等,2016;范洁,2017;毕娟,2019)

协同创新

20世纪70年代,德国著名理论物理学家哈肯构建了协同学理论基础。20世纪80年代后,协同思想在创新系统理论中得到应用。在协同理论的基础上,协同创新概念开始被使用。(张艺等,2018)

协同学理论认为:自然界和人类社会的各种事物普遍存在有序、无序的现象,在一定条件下,有序和无序之间会相互转化,无序就是混沌,有序就是协同。协同将使复杂性系统内部各子系统(要素)在相互作用过程中形成一个新变量,新变量会促使系统产生相变并且不断演化,形成新结构,其结果是导致事物间属性互相增强,向着更为高级有序的趋势发展,使事物双方或多方获益,共同发展。(解学梅、方良秀,2015;王新新,2017;张艺等,2018)

协同不同于一般的合作与组合,协同本身是一个过程,协同的生成要经历各要素从非协同关系走向协同关系的复杂过程。博弈论将这一过程描述为从非合作博弈到合作博弈的过程,在此过程中,博弈双方或多方,经多次博弈形成趋于合作的一个纳什均衡(在博弈中,对于每个参与者来说,只要其他人不改变策略,他就无法改善自己的状况)。参与博弈的企业创新各要素(各部门)从自身利益最大化出发,最终走向协同发展道路。每一个要素既接受别的要素的选择,同时也主动选择能与自己较好匹配的其他要素。协同最终表现出来的不是要素的最佳状态,而是系统整体的最佳功能,即既定资源条件下创新绩效的最大化。(王新新,2017)

依照协同学思想,协同创新并不是简单的拼凑合作,而是一个系统工程,要求系统内各要素和子系统之间相互配合,进而获得超越各部分原有功能总和的新功效。企业、大学、科研院所3个基本创新主体发挥各自资源优势与创新能力,在政府、科技服务中介机构、金融机构等相关主体支持下,实现"1+1+1>3"的协同效应。(王新新,2017)

从当代科技创新的发展趋势看,协同创新是企业、高校、科研机构、政府、科技中介机构等创新主体根据创新目标与任务,在发挥各自优势与能力的基础上,通过有效的运行机制,对创新资源和要素进行有效的汇聚、整合和共享,突破创新主体间的行业壁垒,充分释放彼此间"人才、资源、信息、技术"等创新要素活力,共同投入、共同参与、共享成果、共担风险,为了实现科技创新

的突破,加速技术推广应用和产业化而开展深度合作的一种创新模式。(王新新,2017)

协同创新运行机制是指各主体在实践协同创新过程中形成的动力、规则及程序总和,是各活动主体从最初萌发组建协同创新联盟意愿,到协同创新利益分配结束全过程各个环节的运行机理、相关制度与作用方式。协同创新包括许多子运行机制,如动力机制、信任机制、资源共享机制、利益分配机制、合作伙伴选择机制及风险分散机制等。在协同创新系统中,主体的功能与作用都是双向的,任何强调其中一方而忽视另一方的合作模式和机制均会对系统带来破坏,极大削弱整体协同效能。因此,协同创新系统的高效运行必须建立在互利互惠的利益共享机制之上,强调利益共享、风险分担。(张艺等,2018)

3.2 国家重点研发计划项目的"超螺旋模型"构建

国家重点研发计划由中央财政资金设立,面向世界科技前沿、面向经济主战场、面向国家重大需求、面向人民生命健康,重点资助事关国计民生的农业、能源资源、生态环境、健康等领域中需要长期演进的重大社会公益性研究,事关产业核心竞争力、整体自主创新能力和国家安全的战略性、基础性、前瞻性重大科学问题、重大共性关键技术和产品研发,以及重大国际科技合作等,加强跨部门、跨行业、跨区域研发布局和协同创新,为国民经济和社会发展主要领域提供持续性的支撑和引领。

国家重点研发计划的以上特性,使其显著区别于一般意义的科技创新,传统的创新研究理论模型无法很好地支撑和解读。"超螺旋模型"是在对国家重点研发计划项目调研的基础上,通过对实际项目案例做法的分析、提炼、归纳、总结,借鉴分子生物学中最常见、最稳定的 DNA 双螺旋分子结构,凝练出的一种新模型。

传统创新研究理论中的三螺旋模型是受 DNA 双螺旋分子结构特征和分子生物学、结晶学中的三螺旋模式启示提出的(蔡翔等,2010)。三螺旋模型不能很好地解释国家重点研发计划的科技创新模式,主要有两个原因:一是在国家重点研发计划中,政府的作用发生了变化;二是三螺旋结构并不是自然界 DNA 分子最常见和最稳定结构,在自然界中,绝大多数 DNA 分子结构都是双螺旋,这种结构最稳定,不容易受到外界影响因素的干扰。

超螺旋模型中之所以要突出"DNA",是因为国家重点研发计划聚焦的都是战略性、基础性、前瞻性、重大社会公益性等问题,这些问题都具有中国特色社会主义制度的红色基因,是新时代中国特色社会主义经济的骨干支柱,如果把中国经济社会比作一个生命体,这些国家重点研发计划项目就是构成这个生命体的 DNA 分子,通过国家重点研发计划项目所形成的科技创新能力、科技创新团队、科技创新模式、科技创新经验能够像 DNA 分子所承载的遗传信息那样持续稳定地传承下去,在中国经济社会发展中发挥重要作用。

基于 DNA 双螺旋分子结构构建的超螺旋模型,具备普遍性和稳定性的特点,一旦通过国家重点研发计划项目发展形成这样的结构,能大大提高对外界影响因素干扰作用的抵抗能力,提升协同创新效率。DNA 超螺旋模型结构在自然界中真实存在,利用这样的结构模型,能够使社会科学抽象的知识信息更加直观、形象,易于理解。同时,许多问题并不是越复杂越好,自然界已经给了人类提示,简单的结构更稳定、更持久、更有效。"超螺旋模型"就是这样的一种理论探索。

"超螺旋模型"中的"超"是指"超越",即超螺旋模型结构超越了单一的双螺旋结构或三螺旋结构,而是以双螺旋结构为主体,把 DNA 分子做螺旋式运动所围绕的中心方向进行具体化和实体化,同时根据内外部因素的影响,双螺旋结构也会发生局部结构异变,形成局部三螺旋结构或局部吸附外部新分子结构。这样的超螺旋模型结构,强化了中心方向轴的地位作用,能够适应不同项目的具体情况而发生动态调整变化,能够比较好地解释国家重点研发计划项目的科技创新活动。

构建超螺旋模型的根本目的,是为了揭示和解释产业和学研之间通过何种方式和形式建立起合作关系,而这种合作关系的稳健程度决定着成果转化的效率和效果。由于自然界中 DNA 分子双螺旋结构最稳定,因此当产业链和学研链之间形成这种双螺旋主结构时,产业与学研之间的合作最稳固,成果转化效率越高,成果转化效果越好。当产业与学研之间的关系越持续稳固,彼此之间就能实现"$1+1>2$"的协同创新效果。

3.2.1 "超螺旋模型"的分子生物学原理

3.2.1.1 DNA 分子的双螺旋结构

DNA(Deoxyribonucleic Acid,脱氧核糖核酸)是分子结构复杂的有机化合物,作为染色体的一个成分而存在于细胞核内(染色体由 DNA 和蛋白质组成,如图 3-1 所示),功能为储藏遗传信息。DNA 分子巨大,由核苷酸组成。核苷酸的含氮碱基为腺嘌呤、鸟嘌呤、胞嘧啶及胸腺嘧啶;戊糖为脱氧核糖。1953 年美国的沃森(Watson)和英国的克里克(Crick)描述了 DNA 的结构,由此奠定了分子生物学及分子遗传学的基础:由一对多核苷酸链围绕一个共同的中心轴盘绕构成。糖-磷酸链在螺旋形结构的外面,碱基朝向里面。两条多核苷酸链通过碱基间的氢键相连,形成相当稳定的组合。(郭海学,1999;卢龙斗等,2012;范平等,2014)

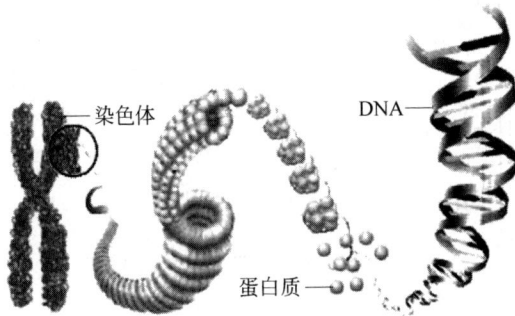

染色体由DNA和蛋白质组成

图 3-1 染色体的组成

图片来源:初中生物教材课件(人教版八年级下册 7.2.2 基因在亲子代间的传递)。
https://www.21cnjy.com/H/11/5449/9107282.shtml.

螺旋状的 DNA 分子盘绕形成染色体。染色体是遗传信息的主要携带者,是遗传基因的载体,存在于细胞核内。基因是 DNA 分子上具有遗传效应的特定核苷酸序列的总称,是具有遗传效应的 DNA 分子片段。基因位于染色体上,并在染色体上呈线性排列。如图 3-2 所示。指导细胞制造特殊蛋白质的指令称为遗传密码,用字母表示为 A、T、G 和 C,对应着由四种化学物质组成的碱基,即腺嘌呤、胸腺嘧啶、鸟嘌呤、胞嘧啶。

DNA 双链的结构特点:由两条反向平行的核苷酸链组成,每条链上亲水的"-糖-磷酸-"骨架位于分子的外侧,而与糖相连的疏水性碱基则伸向双链的中心。使双链相连的主要力量是氢键,既配对碱基之间形成氢键,又称碱基配对沃森-克里克(WC)氢键。碱基配对的规律是:A 和 T 配对,G 和 C 配对。A 和 T 之间形成 2 个氢键,G 和 C 之间形成 3 个氢键。

要形成和维持碱基配对,需要碱基之间有某种吸引力作用,这就是 WC

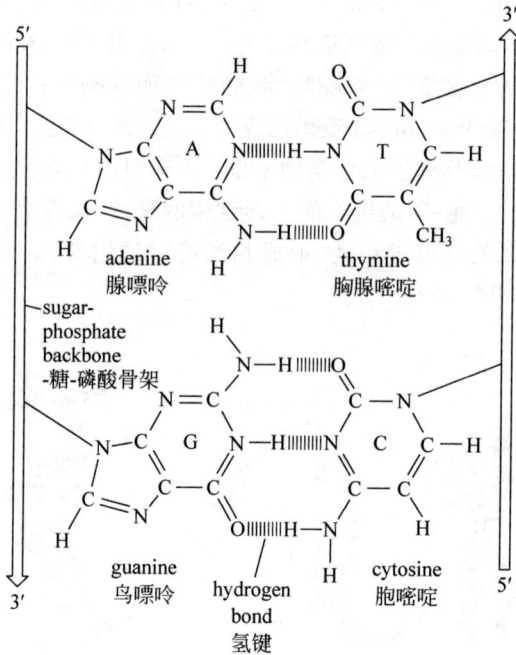

图 3-2　DNA 分子的碱基与双链结构

图片来源：百度百科. 碱基。https://baike. baidu. com/item/%E7%A2%B1%E5%9F%BA 在原图基础上有所改编。

氢键。氢键是一种分子间的吸引力，是自然界中最重要的分子间相互作用形式之一，在自然界普遍存在的，对水的三态、生物大分子的结构、性质及功能有着至关重要的影响。从某种意义上讲，氢键是地球上生命得以延续的关键。

DNA 的结构具有特殊的对称性，这意味着 DNA 分子是由反向的两条链组成。DNA 的双螺旋结构像两条铁链组成的云梯扭曲成螺旋状，盘旋而上。如图 3-3 所示。其实不只是 DNA 分子是螺旋结构，几乎所有的生物大分子都是以螺旋的形式存在。根据科学家对微观粒子的行为的分析，微观粒子在不受外力影响时，除了会不停地自转，还会绕着某个轴线、以一定的速度和旋转半径不停地公转。粒子本身朝某个方向还有一定的直线运动，自然就形成了一种螺旋式的运动。（李彦明等，2004；俞敏，2011；王彩飞等，2011）

　　启示：微观粒子运动除了自转还要公转，这个公转的轴心是客观存在的，此处可以很好地解释政府在超螺旋模型中的位置，政府位于螺旋结构的中间，企业、高校、科研院所等所有单位机构都围绕政府，按照政府制定的政策

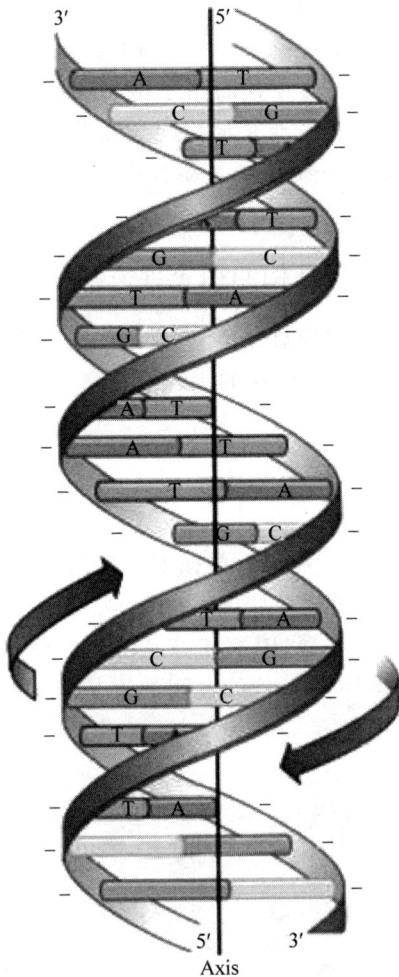

图 3-3 DNA 分子的螺旋运动

图片来源：BrainKart. com. The Structure of DNA. https://www. brainkart. com/article/The-Structure-of-DNA_27533/，在原图基础上有所改编。

规划进行发展，政府发挥着重要的战略引领作用。

DNA 复制的基本机理：DNA 由两条螺旋的多核苷酸链组成，两条链的碱基通过 A-T 和 G-C 之间的氢键联结在一起。腺嘌呤总是与胸腺嘧啶配对，鸟嘌呤总是与胞嘧啶配对。这说明两条相互缠绕的链上碱基序列是彼此互补的。只要确定其中一条链的碱基序列，另一条链的碱基序列也就自然确定了。在复制过程中首先两条链间的氢键破裂并使双链解旋和分开,然后以每条链为模板,按碱基互补配对原则(A-T,G-C),由 DNA 聚合酶催化合成新的互补链,结果由一条链成为互补的两条链,这样新形成的两个 DNA 分子与原来的 DNA 分子的碱基序列完全相同。在此过程中,每个子代 DNA 的一条链来自亲代 DNA,另一条链则是新合成的。这种复制方式称为半保留复制。

3.2.1.2 DNA 分子结构的稳定性

沃森和克里克提出的双螺旋结构,是 DNA 在细胞内最常见(约占 99%)也是最稳定的构象,是 DNA 存在的天然状态。(郭海学,1999;李彦明等,2004)

DNA 一级结构稳定的因素

共价键

DNA 的一级结构即是 4 种核苷酸按照一定的排列顺序,通过 $3',5'$-磷酸二酯键连接形成的多核苷酸链。如图 3-4 所示。参与 DNA 一级结构形成的每一个脱氧核苷酸由脱氧核糖、磷酸和碱基组成。糖和磷酸组成的 DNA 的骨架是非常稳定的,在糖环中的 C-C 之间的键是非常稳定的,除了强酸和高温外,其他环境不能破坏它们。(卢龙斗等,2012)

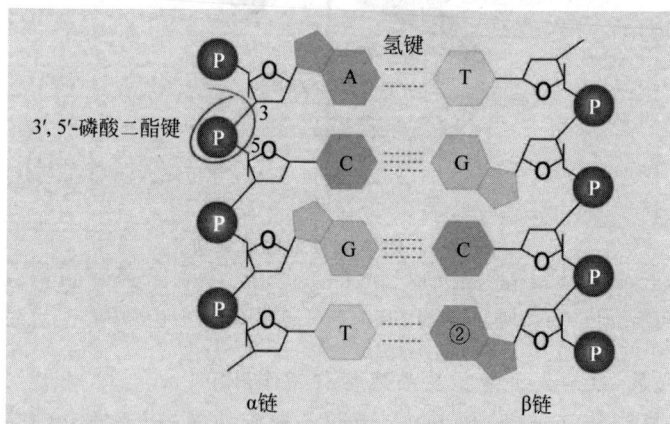

图 3-4 DNA 分子结构的共价键

图片来源:知乎.“Gold standard” of DNA sequencing——Sanger 法测序、双脱氧末端终止法. https://www.zhihu.com.

因为,糖环结构中 C-C 之间的键属于共价键。核糖与磷酸之间、核糖与碱基之间相连的键也都是共价键。共价键具有较高的键能,这就保证了参与 DNA 分子一级结构形成的各个脱氧核苷酸是比较稳定的,在一个适宜的环境中不容易被分解。因此,仅从参与 DNA 分子一级结构形成的每个单元看,已经为 DNA 结构的稳定性奠定了坚实基础。在 DNA 分子中,不同的核苷酸以磷酸基与糖基间的共价连接形成长链多聚物。即 DNA 分子一级结构中每一个核苷酸,其糖基 5′位羟基上所连的磷酸基连接到下一个核苷酸的糖基的 3′位羟基上,2 个核苷酸之间的这种连接称为 3′,5′-磷酸二酯键,磷酸二酯键也属于共价键。共价键比氢键稳定 10 倍或者更多倍,需要相当大的能量输入才能打开,所以,许许多多的共价键赋予了 DNA 一级结构的稳定性。(卢龙斗等,2012)

启示：共价键相当于产业链中的供应商彼此之间的关系,许多大企业都有内部的供应商认证体系,通过认证获得资格的供应商能够保持长期稳定的合作关系。

缺乏自由羟基

DNA 分子一级结构中的每一个核糖的 2′-C 原子位上没有自由羟基,使其对碱的抵抗力特别强,即使在 pH 11.5 时,其一级结构几乎没有什么变化。这是 DNA 作为主要遗传物质极其稳定的重要原因之一。而 RNA 分子中由于含的是核糖,2′-C 原子位上有自由羟基,使其处于极端不稳定状态。因为,自由羟基是最活泼的一种活性分子,也是进攻性最强的化学物质之一,它几乎能和所有的生物大分子、有机物或无机物发生不同类型的反应。DNA 和 RNA 对酸或碱的耐受程度有很大差别,在一定酸碱环境中,RNA 几乎可以完全被水解,生成 2′-或 3′-磷酸核苷,而 DNA 则可能不受影响。因此,在提取 RNA 时需要考虑许多影响其稳定性、导致其分解的因素。(卢龙斗等,2012)

启示：引入风险资本的问题也是如此,风险资本相当于自由羟基,当过度引入风险资本并被掌控之后,企业的风险也就变大了,特别是会被股市波动等那些金融大鳄们攻击；华为和格力就是很好的不上市不引入外部风险资本的例子,甚至连银行信贷都不用,全部是自己的资金,这样企业的命脉就不会被外部力量所掌控。

DNA 二级结构稳定的因素

氢键

通常所说的 DNA 结构就是沃森和克里克提出的 Watson-Crick 双螺旋结

构,也是DNA存在的天然状态。在DNA分子双链形成时总是A与T配对、G与C配对,这种碱基互补配对规则使大的双环的嘌呤与一个较小的单环的嘧啶配对,2个碱基能整齐地插入糖基-磷酸基链间的"空隙",这使DNA分子形成互补双链在空间上成为可能。(卢龙斗等,2012)

在二级结构中的每一个碱基上都有适于形成氢键的供氢体,如氨基和羟基;有受氢体,如酮基和亚氨基,这些是形成氢键的基本条件。加之嘌呤碱基与嘧啶碱基互补配对规律所形成的最适合的"空隙",这些都使碱基间氢键的形成实现最大化。因此,A与T,G与C配对无论从立体效应考虑或是从形成最多的氢键考虑都是最稳固的构型。(卢龙斗等,2012)

虽然单个氢键不太稳定,但当DNA分子中有几十个氢键时就会使其非常稳定,而DNA分子中常常有许多的氢键,足以使DNA分子的结构在横向上处于非常稳定的状态。(卢龙斗等,2012)

启示:氢键相当于产业和学研之间建立的合作关系,这种合作越多,彼此之间的关系就越稳固;合作单一或者比较少,就容易受到内部因素影响而破裂。

碱基堆积力

碱基堆积力指同一条链中相邻碱基之间的疏水作用力和范德华力。疏水作用力指疏水或难溶于水的2个分子(相同或不相同)在水中具有相互联合,成串结合在一起的趋势。位于DNA分子同一条链上的嘌呤环和嘧啶环都带有一定程度的疏水性,它们之间虽然不能形成氢键,但这些疏水分子层层堆积时,使DNA分子内部形成一个疏水核心,与分子表面的介质水分子隔开,即在DNA双螺旋结构的内部不存在自由的水分子,这样更容易在互补碱基间形成氢键。由于双链之间氢键的形成,使双链DNA分子中碱基的堆积程度更高,而当所有碱基处于堆积状态时又更有利于双链之间氢键的形成。碱基的疏水作用不仅是核酸遗传信息传递的基础,也是核酸复性的一个重要因素。(卢龙斗等,2012)

启示:可以解释产业联盟、科学共同体的作用,当产业联盟或科学共同体存在时,联盟或共同体的内部分享和外部保护,能够让成员有更多的机会与外部建立合作关系。

范德华力指原子间或分子间很弱的短距离吸引力。当把不溶于水的(即不能与水形成氢键)有机分子放入水中时这些分子便靠范德华力彼此附着。任何2个彼此非常靠近的原子,由于它们波动的电荷而表现出的一个弱吸引结合的相互作用,直到它们变得极度靠近时彼此非常强烈地排斥。虽然单个的范德华力吸引非常弱,但是当2个大分子表面之间非常适合时,范德华力吸引可变的很重要。DNA 分子中各个分子间的距离正好处于一个适宜的距离。因此,碱基堆积力是在纵向上维持 DNA 分子结构稳定性的非常重要的原因。(卢龙斗等,2012)

启示：可以解释企业与企业之间,学研成员之间,内部也是有竞争关系的,联盟与竞争是共存的,同行是对手的道理永远存在,这就需要保持适当的距离,以维持一种平衡。在本书第五章的案例中,四川大学赵长生就妥善处理了这个问题,成都欧赛与山东威高之间是竞争对手,在申请国家重点研发计划项目时也是各自组队,彼此是竞争关系;但赵长生在成立血液透析材料学会时,把山东威高也吸纳进来了,并没有存在竞争关系而排斥。这就是一种关系的巧妙平衡。

正负电荷的作用

在 DNA 分子中也存在一些不利于稳定的因素,如 DNA 分子中磷酸基的静电斥力。因为每一个核苷酸的磷酸基上都带有一个负电荷,因此,双链之间会产生强有力的静电排斥作用使双链分开而不稳定。但是,磷酸基团上带负电荷的氧原子,能够与介质中的金属阳离子、带正电荷的碱性蛋白质、阳离子表面活性剂、聚阳离子、精胺类等阳性离子物质形成离子键,离子键的产生减少了每条链上负电荷的总量,从而减少了 DNA 分子 2 条链间的静电斥力,加强了 DNA 分子的稳定性。即在一定的钠盐环境中,这些负电荷会被中和,从而使静电排斥作用丧失。DNA 分子中的其他弱键在维持双螺旋结构的稳定上也起一定的作用。(卢龙斗等,2012)

启示：科学家与企业家的身份特性,就像是正负电荷;当科学家与企业家越接近,合作关系越稳定,如长春应化所的科学家到山东威高兼任总工程师,无限拉近了科学家与企业家之间的距离,因此合作非常稳固。近年来企业不断设立院士工作站,把院士吸引到企业,是同样的道理。

双螺旋结构本身的特征

氢键和碱基堆积力作用形成的 DNA 分子的双螺旋结构,本身具有维护其稳定的特征。两条脱氧核苷酸长链相互盘旋成粗细均匀、螺距相等的规则双螺旋空间结构,这样的结构就像两根稻草绳螺旋缠绕在一起一样,其牢固度(稳定性)大大提高；DNA 分子的双螺旋结构不是完全对称的,DNA 的两个螺旋骨架在其外侧形成了两个一宽一窄、深度大约相同的凹槽,一些小分子可以被吸附在两个骨架的凹槽中。(卢龙斗等,2012)

启示：此处可以说明技术和知识的溢出,除了主要的企业和学研单位,可以吸引一些小的机构单位参加项目；同时也为超螺旋结构的变异提供了基础,如一些国家重点研发计划项目的团队,除了企业和高校科研院所之外,还加入了检测检验机构等,从 DNA 的螺旋架构中具有这样的空间和对接可能。

一宽一窄的凹槽即大沟和小沟,在这些沟内碱基对的边沿是暴露给溶剂的,所以,与特定碱基对有相互作用的分子如一些调节蛋白,可以通过这些沟去辨认识别,而不必要将双螺旋结构破坏;碱基对位于双螺旋内部,处于一个疏水的环境中,避免了遭到水溶性活性小分子的攻击,保证了组成 DNA 分子最重要的元素碱基的稳定性;带有大量负电荷的磷酸残基位于双螺旋的外侧,形成一个亲水的环境,使 DNA 分子容易与外界环境中的一些阳离子结合,中和 DNA 分子的静电斥力,对二级结构的稳定也起一定作用。(卢龙斗等,2012)

启示:碱基对的内部朝向,也说明了建立产业与学研联盟之后,所有的关系都变成了内部关系,这样就大大提高了稳定性。DNA 的骨架链本来就很稳定,当碱基对之间的氢键也很稳定时,DNA 分子结构就非常稳定。在科技创新过程中,信任、风险、交易成本、利益分配等都是影响合作关系和合作效率的重要因素,如果这些因素都是外部的,则不可控;如果都变成内部的,则很容易把控。

3.2.1.3 DNA 分子的其他螺旋结构

随着 DNA 结构和功能研究的迅速发展,人们发现 DNA 结构不仅是双螺旋形式,当环境条件发生变化时,特别是在实验室人工合成条件下,DNA 不仅能形成右手双螺旋,也能形成左手双螺旋,甚至还能形成三股螺旋和四联体螺旋等多种形式。

左手双螺旋结构

Watson 和 Crick 提出的 DNA 双螺旋结构旋转方向为右旋,这种结构的 DNA 又被称为 B 型 DNA。虽然 DNA 中有 99% 都属于 B 型,但少量 DNA 也会表现为多种其他结构,如左旋的螺旋结构被称为 Z 型 DNA。(郭海学,1999)

1979 年美国麻省理工学院的 Alexander Rich 和他的研究小组在研究人工合成的 CGCGCG 单晶时,发现该单晶呈向左的螺旋,且它的两条主链呈 Z 字形环绕分子,Rich 就将这种独特的结构称为 Z-DNA。后来发现在细胞 DNA 分子中也存在有 Z-DNA 结构。在细胞内尽管 DNA 上具有这样的区段,但在正常情况下,DNA 仍形成稳定的 B-DNA 结构。只有当胞嘧啶的第 5 位碳原子甲基化时,在甲基的周围形成局部疏水区,这一区域扩展到 B-DNA 大沟中,使 B-DNA 不稳定而转变成 Z-DNA。Z-DNA 被证明能够参与基因调节,控制基因的启闭。因为 Z-DNA 的形成,使局部 DNA 双链处于不稳定状态,这就有利于 DNA 双链解开,而 DNA 解链是 DNA 复制和转录的必要环节。

启示：可以用来解释一个成熟的产业和学研科技创新团队在吸纳新成员或开辟新合作时的情况,首先需要局部的变化,才有可能吸收新成员或者与寻找新伙伴开辟新合作。

三链 DNA 螺旋

1957 年,Felsenfeld 等提出了三链核酸的概念,并且在含二价金属离子的溶液中合成了 RNA 三螺旋。现在所沿用的核酸三螺旋的定义基本上是 Felsenfeld 所提出的。如图 3-5 所示。三股螺旋结构是在 DNA 双螺旋结构的基础上形成的三链区的三条链均为同型嘌呤或同型嘧啶,即整段的碱基均为嘌呤或嘧啶。(郭海学,1999)

根据第 3 条核苷酸链的氢键配对方式结合到双螺旋上可产生至少两种三螺旋的结构类型："嘧啶型(Py-Pu-Py)"和"嘌呤型(Pu-Pu-Py)"(Py 代表嘧啶链,Pu 代表嘌呤链)。(郭海学,1999)

"嘧啶型"三螺旋中,第 3 条嘧啶链以平行于 Watson-Crick 双螺旋中嘌呤链的方向,缠绕到双螺旋的大沟上,专一性地与嘌呤链结合。"嘧啶型"最常见,其三条链中有两条为正常的双螺旋,第三条嘧啶链位于双螺旋的大沟中,它与嘌呤链的方向一致,并随双螺旋结构一起旋转。三链中碱基配对的方式与双螺旋 DNA 相同。(郭海学,1999)

"嘌呤型"三螺旋中,第 3 条嘌呤链以反平行于 Watson-Crick 双螺旋嘌呤链的方向缠绕到双螺旋的大沟上,专一性地与嘌呤链结合。

三链 DNA 螺旋出现的机会比较小,所以 DNA 的三螺旋结构难以在自然界被观测到。不过,科学家可以轻易拼接,在实验室里制造出这种特点的 DNA 三螺旋,而在生物体内,这种三螺旋结构只是出现在 DNA 的局部部位,如 DNA 的折叠部位。

启示：DNA 的局部三螺旋结构为超螺旋模型提供了一种开放的可能,当科技创新过程中除了企业和高校科研院所,还必须要引入新的单位机构时,局部三螺旋结构可以提供相应的解释,比如医疗器械设备项目对医院的引入,医院是临床试验的单位,缺少医院是不行的。如果超螺旋只有两链,则无法解释这种特殊情况；当超螺旋把局部三螺旋结构也涵盖时,就很好地解决了这些问题。局部三螺旋并不是完全的三螺旋,主体还是双螺旋,只有局部需要引入新单位机构成为三螺旋。

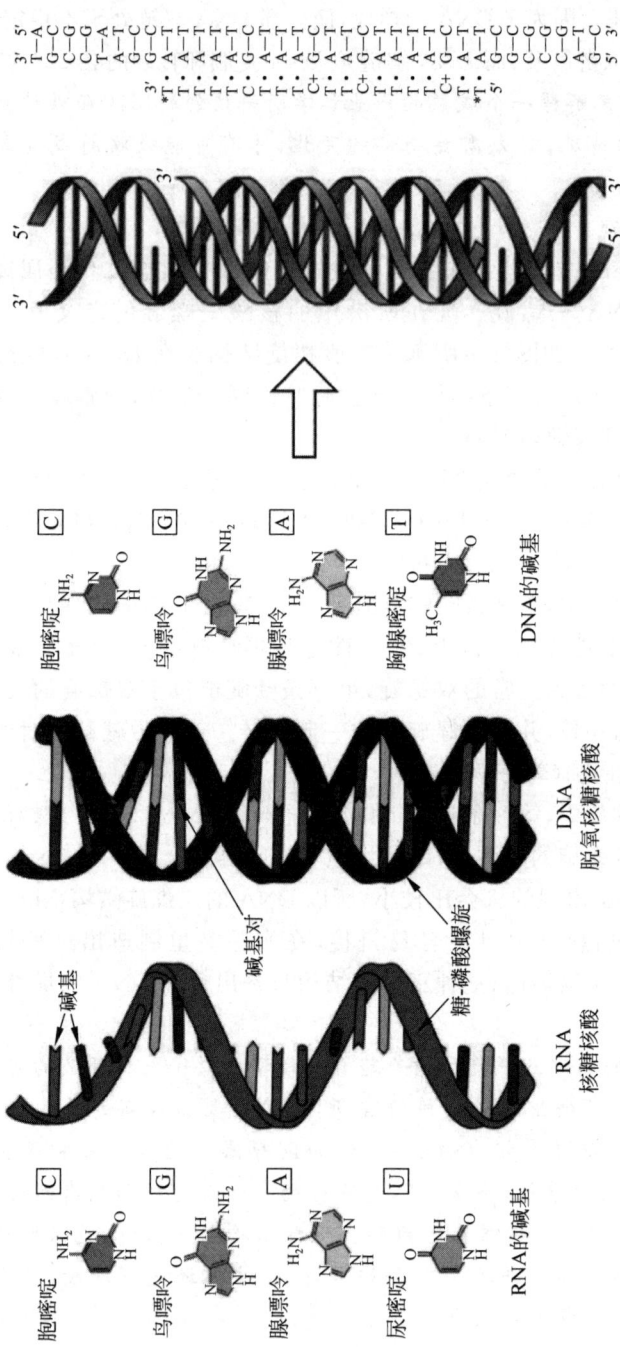

图 3-5 DNA 分子的局部三螺旋结构

图片来源：知乎．基因、染色体、位点、SNP 位点，都是什么，它们之间有什么关系？https://www.zhihu.com/question/4817502
BrainKart.com. What Makes a Triple Helix Useful in Drug Design? https://www.brainkart.com/article/What-Makes-a-Triple-Helix-Useful-in-Drug-Design-_27538/.

3.2.2 国家重点研发计划的"超螺旋模型"构建

3.2.2.1 国家重点研发计划的特性分析

"十三五"期间，根据国家战略需求、政府科技管理职能和科技创新规律，国家将中央各部门管理的近百个科技计划（专项、基金等）整合形成五类科技计划（专项、基金等），全部纳入统一的国家科技管理平台管理，加强项目查重，避免重复申报和重复资助。中央财政加大对科技计划（专项、基金等）的支持力度，加强对中央级科研机构和高校自主开展科研活动的稳定支持。（马新等，2018）

国家自然科学基金，旨在资助基础研究和科学前沿探索，支持人才和团队建设，增强源头创新能力；国家科技重大专项，旨在聚焦国家重大战略产品和重大产业化目标，发挥举国体制的优势，在设定时限内进行集成式协同攻关；技术创新引导专项（基金），旨在通过风险补偿、后补助、创投引导等方式发挥财政资金的杠杆作用，运用市场机制引导和支持技术创新活动，促进科技成果转移转化和资本化、产业化；基地和人才专项，旨在优化布局，支持科技创新基地建设和能力提升，促进科技资源开放共享，支持创新人才和优秀团队的科研工作，提高我国科技创新的条件保障能力。（马新等，2018；陈白雪等，2019）

2015年设立的国家重点研发计划，聚焦国家重大战略任务，遵循研发和创新活动的规律和特点，整合了原科技部管理的国家重点基础研究发展计划（973）、国家高技术研究发展计划（863）、国家科技支撑计划、国际科技合作与交流专项，国家发展改革委、工业和信息化部共同管理的产业技术研究与开发资金，原农业部、卫计委等13个部门管理的公益性行业科研专项等，作为国家科技计划布局构架改革的重大举措和五类计划中最早启动的一项改革，肩负着为其他四类计划的优化整合和管理改革"架桥铺路"的重要使命。（侯婉莹等，2017）

国家重点研发计划由中央财政资金设立，面向世界科技前沿、面向经济主战场、面向国家重大需求、面向人民生命健康，重点资助事关国计民生的农业、能源资源、生态环境、健康等领域中需要长期演进的重大社会公益性研究，事关产业核心竞争力、整体自主创新能力和国家安全的战略性、基础性、前瞻性重大科学问题、重大共性关键技术和产品研发，以及重大国际科技合作等，加强跨部门、跨行业、跨区域研发布局和协同创新，为国民经济和社会发展主要领域提供持续性的支撑和引领。

国家重点研发计划根据国民经济和社会发展重大需求及科技发展优先领域,凝练形成若干目标明确、边界清晰的重点专项,从基础前沿、重大共性关键技术到应用示范进行全链条创新设计,一体化组织实施,是五类科技计划中最核心、最重要的科技计划。

国家重点研发计划按照重点专项实行项目分层次管理。重点专项是国家重点研发计划组织实施的载体;项目是国家重点研发计划组织实施的基本单元,项目可根据需要下设一定数量的课题;课题是项目的组成部分,按照项目总体部署和要求完成相对独立的研究开发任务,服务于项目目标。

总体来说,战略性、基础性、前瞻性、公益性是国家重点研发计划的显著等特点。国家重点研发计划项目的全链条设计和一体化实施要求,决定着对国家重点研发计划项目成果转化和转移的研究应该从项目的整体进行把握,不能局限于其中的某个链条环节。

国家重点研发计划管理改革特点

新科技革命的一个重要特征是从"科学"到"技术"到"市场"的演进周期大为缩短,基础研究、应用研究、技术开发和产业化等阶段的边界日趋模糊,科技创新链条更加灵巧,技术更新和成果转化更加快捷。为了适应这一新特征,新设立的国家重点研发计划,将针对事关国计民生的农业、能源资源、生态环境、健康等领域中需要长期演进的重大社会公益性研究,以及事关产业核心竞争力、整体自主创新能力和国家安全的战略性、基础性、前瞻性重大科学问题、重大共性关键技术和产品、重大国际科技合作,以重点专项的方式,组织产学研优势力量协同攻关,提出整体解决方案。(侯婉莹等,2017;马新等,2018)

政府管理职能的转变:国家管统筹,中介管项目

国家重点研发计划的项目不再由政府部门直接管理,而是交由专业机构管理。政府部门重点管"重点研发计划"这项工作本身,而专业机构负责帮助政府部门管理具体的项目实施。政府部门负责制定重点研发计划的工作机制规则,负责管理"两头",一头是开头,即任务的确定、资金的匹配;另一头是结尾,即督促专业机构管理项目产出成果。专业机构负责管理"中间",即组织具体研发项目的申报、评估、资金下达、验收和监督检查。(侯婉莹等,2017;刘瀛弢、高文洪,2017)

国家重点研发计划的实施,形成了政府决定"做什么",专业机构决定"谁来做"的新科研管理模式;完善了指南编制工作,指南内容通过公共服务网络

平台公开征求各方面意见和建议，也让广大科技人员早日知晓主要内容；由第三方机构审核指南内容是否存在交叉重复、限定技术路线等问题；按照"全链条创新设计、一体化组织实施"的要求，鼓励"组团"申报项目，打破科研"小圈子"，促进产学研用创新大协作；推行"预申报＋正式申报"的两轮申报制度，有效减轻了科研人员的申报负担。（侯婉莹等，2017；刘瀛弢、高文洪，2017）

财务管理制度的改革：简政放权

项目承担单位在项目预算申请阶段被赋予一定的自由空间。过去的国家科技计划项目预算通常被提前预设了项目经费预算额度，被不少科学家认为不符合科研规律。《国务院关于改进加强中央财政科研项目和资金管理的若干意见》要求改进科研项目资金管理，除了定额项目以外，不得在预算申请前先行设定预算控制额度。国家重点研发计划改革了原有的科研项目预算管理方式，采取专项概算与项目预算结合的方式，即项目预算不预先设定额度，但是专项有概算额度约束，在重点专项年度申报指南中公布专项概算。专项概算是对专项任务实施所需总费用的估算。这种管理方式一方面有利于财政主管部门掌握年度经费需求，并根据财力匹配资金；另一方面给予项目承担单位在专项概算额度内具有相对的自由申报预算的机会，同时也防止项目承担单位漫无天际地申报预算。（侯婉莹等，2017；刘瀛弢、高文洪，2017）

项目经费可以开支在编人员工资，且比例大幅提高，最高可达到 20％。关于国家科技计划经费中在职在编人员工资支出经费的改革措施，中央财政科技科研项目管理逐步放权，得到了广大科研人员的欢迎。在 2011 年以前的一段时间，国家科技计划经费只能用于科研支出和少量的单位管理费支出。2011 年 9 月国家财政和科技主管部门根据科研活动规律需要，调整了国家科技计划和公益性行业科研专项经费开支范围，将支出划分为直接费用和间接费用，相比原"管理费"比例，大幅提高了可以用于承担单位管理费用的比例；突破性地允许在间接费用中列支可以用于单位人员的"绩效支出"，但是限定比例为"不超过直接费用扣除设备购置费后的 5％"。为适应激发广大科研人员积极性、促进形成充满活力科技运行机制需要，2016 年 7 月，国家进一步完善中央财政科研项目资金管理政策，进一步提高了"间接费用"比重，加大对科研人员的激励力度，取消了绩效支出的比例限制。根据中央财政科研项目资金管理改革统一要求，相比于原国家科技计划经费，在新设的国家重点研发计划项目预算中可以开支在编人员工资的经费比重大幅提高。改革后的国家重点研发计划经费可以用于单位绩效支出的比例,最高可以达到项目直接费用扣除设备购置费后的20％。(侯婉莹等,2017;刘瀛弢、高文洪,2017)

改革经费支出范围,简化预算编制,更加贴近科研活动需要。根据国家进一步完善中央财政科研项目资金管理要求,国家重点研发计划资金支出范围从原来的11项调整为9项,主要是将原科技计划经费范围中的"会议费""差旅费""国际合作交流费"合并,且"会议/差旅/国际合作交流费"如果不超过直接费用预算10％,则不需要编制测算依据。改革劳务费的支出范围,适应了当前人员聘用实际,有利于创新人才流动,也有利于鼓励科研单位人员之间的协作创新活动。劳务费支出范围,不再限定于原科技计划经费支出范围中支付给"没有工资性收入"的人员,且特别增加了"项目聘用研究人员"。这样做,使得承担单位不仅可以聘用"社会招聘"人员,还可以结合研究需要聘用部分"在编""有工资性收入"的人员,从而可以促进国立科研院所和高校科研人员组成合作团队完成创新研究任务。解决了经费支出"发票难题"。科研人员在组织科研活动时遇到无法取得正规发票或财政票据的情况是现实存在的,在农业科研活动中更是常见。例如,在偏远地区组织的考察、农田试验,在紧急情况下收集样本或购买实验物资,在心理测试、入户调查、临时短时聘请劳务人员等行业特性科研活动中,有时仅能取得简单的收据,有时仅能取得经费收取人的签字,甚至可能没有文字性记录。现实中,科研人员遇到没有发票的情况时,有的是自己掏腰包,这样会相应减少相关科研活动;有的是到当地税务局购买发票,这样会占用宝贵的科研时间。为适应科研活动的真实需要,中央财政科研项目资金改革提出了相关要求,重点研发计划管理办法也明确指出,科研活动中无法取得发票或者财政性票据的,在确保真实性的前提下,可按实际发生额予以报销。(侯婉莹等,2017;刘瀛弢、高文洪,2017)

权责对等,将部分支出科目预算调剂权下放给项目承担单位,解决预算调整困境,同时也对单位提出管理责任要求。原国家科技计划专项赋予课题承担单位一定限额标准的课题预算科目调剂权。例如国家高技术研究发展计划(863计划)专项,除劳务费、专家咨询费、管理费之外的9项支出科目允许课题承担单位根据需要调整,限额标准是不超过该科目预算10％,或超过10％但调整金额不超过5万元。根据原科技计划管理办法,限额以上的预算调整,应由课题承担单位按程序报"组织实施部门"批准。事实上,这类超过限额的预算调整因"批准"程序复杂、申请层级多,各课题承担单位基本就望而却步了,极少数面对财务验收或财务审计需求而发生的预算调整申请,也没有得到有效的"批准"。国家重点研发计划下放预算调剂权，可以解决过去管理中在限额以上预算调剂"无人"批准的困境。根据中央财政科研项目资金管理改革要求，国家重点研发计划将5项支出科目预算调剂权全部下放给了课题承担单位，包括材料费、测试化验加工费、燃料动力费、出版/文献/信息传播/知识产权事务费、其他支出。其他4项支出科目预算一般不予调增，如需调减用于前述科目，则提出申请，报专业机构批准。这样的改革措施，使此前管理中的预算调剂困境不复存在了。国家重点研发计划赋予了项目承担单位预算调剂权，同时也提出了管理要求。承担单位应制定相关制度，一方面落实调剂权，提高对科研活动的服务水平；另一方面要管好调剂权，完善内控机制，确保资金安全。（侯婉莹等，2017；刘瀛弢、高文洪，2017）

项目结余资金可以留用，提高资金使用效益，助力创新活动持续开展。原国家科技计划项目通过验收后，项目经费如有结余，应"全额上缴组织实施部门"，按照财政结余资金管理规定执行。这种安排往往导致两种情况：一是突击花钱，在项目验收前争取把可能结余的资金用完，购买试剂耗材等以利于后续研究使用，这可能会导致部分物资闲置或浪费；二是实事求是，结余资金上缴，但是可能导致项目验收后，该研究方向因缺少持续资金支持而科研活动停滞、科研团队解散。根据中央财政科研项目资金管理改革要求，国家重点研发计划允许结余资金留用。这种安排顺应了科研活动规律，一方面可以提高科研资金使用效益；另一方面为项目承担单位提供了一定的后续研发资金，有利于研究活动持续深入开展，促进科技成果转化，也有利于创新团队和研究方向的稳定。（侯婉莹等，2017；刘瀛弢、高文洪，2017）

3.2.2.2 国家重点研发计划的"超螺旋模型"构建

"超螺旋模型"是基于DNA分子螺旋结构和国家重点研发计划自身特点构建的。所谓超螺旋，就是指以双螺旋结构为基础，把原来DNA分子做螺旋式运动所围绕的中心方向进行具体化和实体化，同时根据内外部因素的影响，双螺旋结构也会发生局部结构异变形成局部三螺旋或局部新分子结构。超螺旋，是指超越了双螺旋或三螺旋，既涵盖了双螺旋也涵盖了三螺旋，同时又强化了中心方向轴的地位作用。这样的超螺旋模型架构，能够比较好地解释国家重点研发计划项目的科技创新活动。

为什么要借鉴DNA分子螺旋结构呢？因为DNA承载了基因遗传，而国家重点研发计划也带有这样的性质，是中国特色社会主义经济的内在基因。国家重点研发计划的持续健康发展，中国特色社会主义市场经济就能不断传承发展下去。

（1）"超螺旋模型"的主架构：双链＋中心方向轴

自然界中最常见的 DNA 分子（大分子）是由反向的两条核苷酸链组成，每条核苷酸链由 4 种核苷酸（微观粒子）按照一定的排列顺序，通过 $3'$,$5'$-磷酸二酯键连接形成。在自然界中，几乎所有的生物大分子都是以螺旋的形式存在，这是因为微观粒子在不受外力影响时，除了会不停地自转，还会绕着某个轴线、以一定的速度和旋转半径不停地公转。粒子本身朝某个方向还有一定的直线运动，自然就形成了一种螺旋式的运动。这是 DNA 分子主要结构特点：两条核苷酸链，反向螺旋状缠绕在一起；一个微观粒子公转围绕的中心轴，形成 DNA 结构的特殊对称性。

在国家重点研发计划的"超螺旋模型"中（如图 3-6 所示），两条反向螺旋链分别是由企业组成的"产业链"和由高校和科研院所组成的"学研链"，中心方向轴是指以中央政府部门为核心的国家科技管理体系。

国家重点研发计划 "超螺旋模型" 核心架构

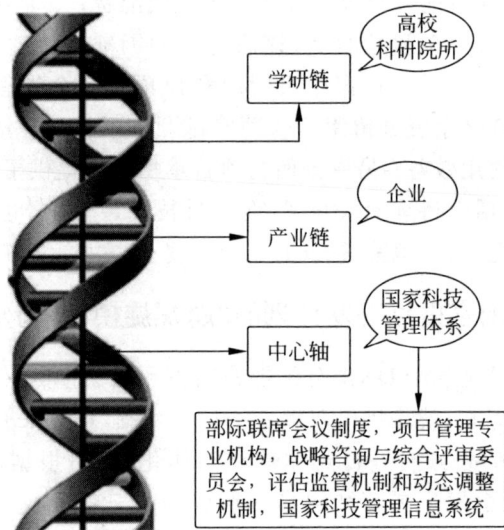

图 3-6　国家重点研发计划"超螺旋模型"核心架构

按照产业链和学研链来划分，原因如下：高校和科研院所的体制是相同的，都是国家事业单位（转制成为企业的科研院所属于企业），高校和科研院所内部是按照科学的规律划分部门和进行管理的（即按照学科门类），并且以科学研究和人才培养为主要目的。企业以盈利为目的，其架构设计和管理都是围绕这个中心进行的。边界是比较清楚的。跨界的科研人员具备了企业家的特质，只是人员的跨界，不是单位的跨界。在科技创新的全过程中，高校和科研院所主要负责科技成果的创造，企业主要负责科技成果的转化和应用推广，分别处于科技创新全链条的两端，具有反向互补性需求，正好符合DNA分子两条反向螺旋链的互补特性要求。

学研链：高校、科研院所

科研院所一般是指为解决某些方面科研学术及实践问题而开展研究的科学院、研究院、研究所等科研单位，具有明确的研究方向和研究任务，具备一定水平的学术带头人及一定数量、质量的科学研究人员，具备开展研究工作的基本实施条件，长期有组织地有目的地从事研究与开发活动的机构。根据所从事工作的性质，科研院所大致可以分为四类：基础研究类，技术开发类，社会公益事业/技术基础/农业科学研究类，综合类型。

从世界范围来看，高校的使命是"人才培养、科学研究、服务社会"。国务院印发的《统筹推进世界一流大学和一流学科建设总体方案》对新时代中国大学的使命提出了新的部署和要求：建设一流师资队伍、培养拔尖创新人才、提升科学研究水平、传承创新优秀文化和着力推进成果转化是新时代赋予中国高校的新使命。

高校和科研院所共同组成了学研链，负责知识的创造，学研链内部之间的联系是按照科学知识创造的规律建立起来的，主要表现为学科联系和科学联盟，目的是通过知识交流和知识交换来支撑人才培养和科学研究，进而服务社会。

在科技创新的全过程中，高校和科研院所负责成果形成阶段的工作，包括理论研究和技术开发。理论研究主要是对基本理论的研究。技术开发主要是对市场需求信息、该成果相关发展情况进行分析，从而进行立项决策，再投入一定的资金、设备、人才进行成果的改进。技术开发基本完成从理论到技术的转换。技术开发除了主要由高校和科研院所完成之外，有时还需要企业研发部门的参加。

科技创新的成果转化阶段是科技成果由理论向实际进行转化的一个阶段。首先根据市场需求信息进行可行性分析，对可行的成果投入一定的资金、设备、人才等，对其进行试验开发，形成实验样品，此时需再根据市场需求信息，对该样品的市场前景进行分析，向有市场前景的样品投入资金、设备、人才等资源，将其转化成符合市场需求的商品或服务。这个阶段需要由科研院所和高校与企业密切配合，共同合作完成。

产业链：企业

企业，是指依法设立的在生产、流通、服务等领域中从事某种相对固定的商品经济活动，通过提供某种满足社会需要的商品或劳务来实现盈利，进行自主经营，实现独立经济核算的经济组织。企业是与资本主义生产相联系的组织形式，企业以协作劳动为纽带而从事生产经营活动，并向社会提供商品或服务。企业制度是指以产权制度为基础和核心的企业组织制度。

企业以盈利为目的，运用各种生产要素（土地、劳动力、资本、技术和企业家才能等），向市场提供商品或服务，实行自主经营、自负盈亏、独立核算。现代经济学理论认为，企业本质上是"一种资源配置的机制"，其能够实现整个社会经济资源的优化配置，降低整个社会的"交易成本"。企业是社会发展的产物，因社会分工的发展而成长壮大。企业是市场经济活动的主要参与者。

"产业链"的概念起源于马歇尔的企业间分工协作理论，是指以完成某项生产任务为目标，不同企业或组织在上、中、下游不同生产环节建立业务关系的过程。产业链是通过产业化活动施加规模性、结构性和转化性，在多个产业部门之间形成的一条关系链，是从基础产业到产成品销售的全过程生产的集合。产业链的本质是各企业间的供需关系，产业链的载体是企业和产品，产业链的核心是上下游企业之间形成的内在关联结构和价值流动机制。

长期稳定的产业链，核心企业有着自己的供应商名单，信誉良好，合作密切，关系稳定，因而构成了产业链。

在科技创新的全过程中，成果应用推广阶段是科技成果走向市场的一个阶段。首先将转化后形成的商品或服务交给企业，由企业进行一定的包装，再向其投入资金、设备、生产人员等资源将其批量生产，再投放市场获取相应的利益。这个阶段则主要由企业来完成，主要完成技术产品向商品产品的转化，并向市场进行输送，该阶段成果的表现形式为商品或服务。

中心方向轴：国家科技管理体系

国家重点研发计划由中央财政资金设立，面向世界科技前沿、面向经济主战场、面向国家重大需求、面向人民生命健康，重点资助事关国计民生的农业、能源资源、生态环境、健康等领域中需要长期演进的重大社会公益性研究，事关产业核心竞争力、整体自主创新能力和国家安全的战略性、基础性、前瞻性重大科学问题、重大共性关键技术和产品研发，以及重大国际科技合作等，加强跨部门、跨行业、跨区域研发布局和协同创新，为国民经济和社会发展主要领域提供持续性的支撑和引领。

国家重点研发计划依靠国家科技管理体系进行方向引领和调控。国家科技管理体系的架构包括"一个制度，三根支柱，一套系统"。如图3-7所示。

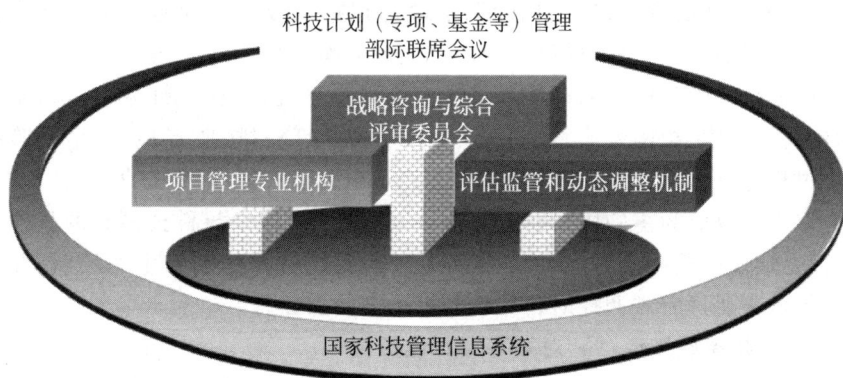

图 3-7 国家科技管理体系

部际联席会议制度。由科技部牵头，财政部、发展改革委等33家相关部门参加。联席会议负责制定议事规则，负责审议科技发展战略规划、科技计划(专项、基金等)的布局与设置、重点任务和指南、战略咨询与综合评审委员会的组成、专业机构的遴选择优等事项。在此基础上，财政部按照预算管理的有关规定统筹配置科技计划(专项、基金等)预算。各相关部门做好产业和行业政策、规划、标准与科研工作的衔接，充分发挥在提出基础前沿、社会公益、重大共性关键技术需求，以及任务组织实施和科技成果转化推广应用中的积极作用。

项目管理专业机构。由现有具备条件的科研管理类事业单位等改建而成，负责受理各方面提出的项目申请，组织项目评审、立项、过程管理和结题验收等，对实现任务目标负责。专业机构具备相关科技领域的项目管理能力，按照联席会议确定的任务，接受委托，开展工作。

战略咨询与综合评审委员会。由科技界、产业界和经济界的高层次专家组成，对科技发展战略规划、科技计划(专项、基金等)布局、重点专项设置和任务分解等提出咨询意见，为联席会议提供决策参考；对制定统一的项目评审规则、建设国家科技项目评审专家库、规范专业机构的项目评审等工作，提出意见和建议；接受联席会议委托，对特别重大的科技项目组织开展评审。

评估监管机制和动态调整机制。科技部、财政部对科技计划(专项、基金等)的实施绩效、战略咨询与综合评审委员会和专业机构的履职尽责情况等统一组织评估评价和监督检查,进一步完善科研信用体系建设,实行"黑名单"制度和责任倒查机制。科技部、财政部根据绩效评估和监督检查结果以及相关部门的建议,提出科技计划(专项、基金等)动态调整意见。

国家科技管理信息系统。通过统一的信息系统,对科技计划(专项、基金等)的需求征集、指南发布、项目申报、立项和预算安排、监督检查、结题验收等全过程进行信息管理,并主动向社会公开非涉密信息,接受公众监督。

以中央政府为主的国家科技管理体系,并不直接参与科技创新的具体活动,而是通过科技政策和产业政策创造一种促进科技创新的生态场域,并在这个场域中通过宏观调控对科技创新进行方向引领。

(2)"超螺旋模型"的"对接基"和"连接键"

DNA 分子是 4 种核苷酸按照一定的排列顺序,通过 $3'$,$5'$-磷酸二酯键连接形成的多核苷酸链。每一个脱氧核苷酸由脱氧核糖、磷酸和碱基组成。脱氧核糖和磷酸组成 DNA 的骨架;核苷酸的含氮碱基为腺嘌呤(A)、鸟嘌呤(G)、胞嘧啶(C)及胸腺嘧啶(T),4 种碱基之间按照一定规律形成氢键,从而把两条多核苷酸链连接在一起,形成相当稳定的组合。

基于以上机理,"超螺旋模型"中由企业组成的"产业链"与由高校和科研院所组成的"学研链",也是通过四种"对接基"按照一定的规律形成"连接键",进而形成连接在一起的稳定组合,如图 3-8 所示。

"超螺旋模型"的四种"对接基"

综合分析企业、高校和科研院所,其共性的东西可以分为四种:人才人员(人才)、资金设备(资本)、知识信息(知识)、价值利益(价值)。

人才人员(人才对接基,P)

2016 年中共中央发布的《关于深化人才发展体制机制改革的意见》指出,人才是经济社会发展的第一资源,人才发展体制机制改革是全面深化改革的重要组成部分,是党的建设制度改革的重要内容。创新驱动实质上是人才驱动。

无论企业还是高校和科研院所,人才人员永远都是最核心的组成部分。对企业来说,人才人员包括企业家、职业经理人、技术人员、生产人员、销售人员、管理人员等。对高校和科研院所来说,人才人员包括战略科学家、科研人员、实验员、博士后、研究生、本科生,以及专门负责科技成果转化的技术转移管理人员、技术经理人等。

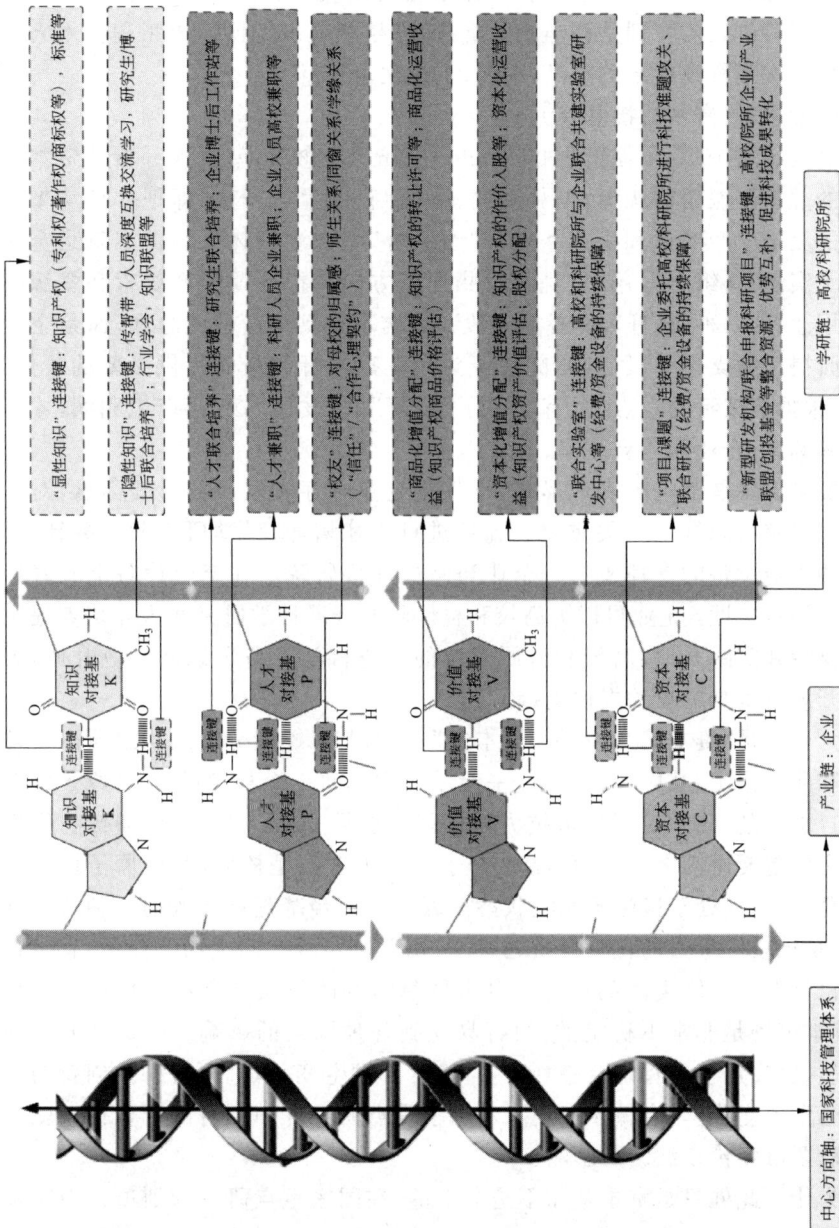

图 3-8　国家重点研发计划"超螺旋模型"架构体系

企业与高校和科研院所的使命各有不同,分属于科技创新全过程链条的两端,其所属人才人员也各自承担着相应的职责任务,具有典型的对接性。企业需要科研人才特别是科学家的支撑,高校和科研院所需要工程技术人员的支撑以实现科技成果的小试、中试、工艺化、产品化。

资金设备(资本对接基,C)

熊彼特在 1912 年提出"创新(innovation)"概念时,就深入分析了资本与创新的关系。熊彼特认为,创新是建立一种新的生产函数,即把一种从来没有过的关于生产要素和生产条件的"新组合"引入生产体系。资本就是企业家为了实现"新组合",用以"把生产指向新方向""把各项生产要素和资源引向新用途"的一种"杠杆"和"控制手段",资本不是具体商品的总和,而是企业家随时提用的支付手段,其职能在于为企业家进行创新而提供必要的条件。此外,根据熊彼特的观点,只有实现了"创新"的"发展",才会产生利润,才有资本和利息,企业家才会存在。

资金设备是资本的表现形式,不仅是企业生存和发展的重要因素,对高校和科研院所同样是至关重要。高校进行人才培养、科学研究和服务社会,都需要资金设备的支撑支持。企业与高校和科研院所在资金设备上有着良好的互补对接性:企业可以为高校和科研院所开展科学研究和人才培养提供经费支持和实践基地,高校和科研院所的先进科学设备可以向企业开放,为企业开展技术难题攻关提供支持。

为什么是"资本基"而不是"资本链"? DNA 双螺旋分子结构之所以非常普遍和非常稳定,其中 DNA 分子一级结构中的每一个核糖的 $2'$-C 原子位上没有自由羟基,使其对碱的抵抗力特别强。这是 DNA 作为主要遗传物质极其稳定的重要原因之一。而 RNA 分子中由于含的是核糖,$2'$-C 原子位上有自由羟基,使其处于极端不稳定状态。因为自由羟基是最活泼的一种活性分子,也是进攻性最强的化学物质之一,它几乎能和所有的生物大分子、有机物或无机物发生不同类型的反应。自由羟基的特性与风险资本的特性非常相似,资本市场是非常不稳定的,很容易受到各种因素的影响。而资本的逐利性本质,也决定着其肯定会趋利避害,经常会发生变化,进而对科技创新的投入也会发生变化。(吉林亚泰集团对国家重点研发计划项目的资金投入就受到了股票市场价格波动的影响)

为什么此处只是资本基而不是资本链,在国家重点研发计划项目中有客观原因。企业、高校、科研院所所追求的都是实体经济的发展,通过长期投入推动可持续发展。但资本的目的是逐利,风险投资追求短期逐利和获利退出,不追求长期的实业发展,这与国家重点研发计划项目的设立目的是不一致的。资本只是资源调配手段,不能成为主体。国家重点研发计划项目中的技术持有方都不愿意引入风险投资,不愿意失去对技术发展的掌控权。大企业都有自己的自有资金,还可以通过银行信贷,或者上市融资,上市公司追求资本规模的扩大,但缺乏对产业的深耕。国家重点研发计划项目中都没有使用风险投资;而上市公司的亚泰集团,因为股市价格的波动,而减少了对研发项目的投资,恰恰说明,外部风险资本与国家重点研发计划项目的执行是有冲突的。

知识信息（知识对接基，K）

在知识经济社会中,科学知识越来越多地取代了土地、劳动力和资本等传统要素,而成为经济发展新的发动机。

在过去很长的时期内,科学家组成的科学共同体承担着知识的生产,科学家既是知识的生产者又是知识的使用者和消费者,科学共同体对现有的知识加以使用,可以生产出更多的知识,进而增加人类的知识总量。进入知识经济时代以后,知识的创造主体和使用主体都发生了变化（程强等,2017）。除了科学共同体创造知识和使用知识之外,企业、政府、公民、社会等也都在一定程度上成为知识的创造主体和使用主体,并且在对知识的使用中越来越关注知识的经济价值,以及通过知识增值获得的竞争优势。

在知识经济时代,一个组织的持续竞争优势的获得,取决于其对内外资源的融合能力,而对外部知识资源的吸收能力很大程度上决定了组织的持续竞争优势。随着知识的更新速度不断加快,组织自身所拥有的知识资源有限,为了获取持续竞争优势,企业、大学、科研院所、供应商、客户甚至竞争对手之间纷纷结成战略伙伴关系,促进彼此之间的知识流动、交互学习、知识共享和知识创造,从而形成知识优势。

2016 年中共中央办公厅、国务院办公厅印发《关于实行以增加知识价值为导向分配政策的若干意见》指出,为加快实施创新驱动发展战略,激发科研人员创新创业积极性,在全社会营造尊重劳动、尊重知识、尊重人才、尊重创造的氛围,实行以增加知识价值为导向的分配政策。这从国家层面确立了知识在经济社会发展中的重要性。

企业与高校和科研院所分属于科技创新全过程链条的两端,都有着各自独有的知识信息,高校和科研院所在科学知识的积累和创造方面有着先天的优势,企业在技术工程化、工艺化、产品化、商业化、产业化等方面积累了丰富的实践经验和知识信息。两者之间有着紧密的互补对接性。

价值利益(价值对接基,V)

价值与人们的日常生活密切相关,人的一切行为、思想、情感和意志都以一定的利益或价值为原动力,不同的价值思维和价值取向将对人的思想和行为产生巨大的影响。

人类主体之间所建立的社会关系是多种多样,但最根本的关系是利益关系,尤其是经济利益关系,其他社会关系都是利益关系所派生出来的,并在本质上都是为利益关系服务的。人们之间的利益关系实际上就是一种价值关系,因此,价值关系是人类一切社会关系的基础和核心。

2016年中共中央办公厅、国务院办公厅印发《关于实行以增加知识价值为导向分配政策的若干意见》指出,加快实施创新驱动发展战略,实行以增加知识价值为导向的分配政策,充分发挥收入分配政策的激励导向作用,激发广大科研人员的积极性、主动性和创造性,鼓励多出成果、快出成果、出好成果,推动科技成果加快向现实生产力转化。充分发挥市场机制作用,通过稳定提高基本工资、加大绩效工资分配激励力度、落实科技成果转化奖励等激励措施,使科研人员收入与岗位职责、工作业绩、实际贡献紧密联系,在全社会形成知识创造价值、价值创造者得到合理回报的良性循环,构建体现增加知识价值的收入分配机制。这从国家层面确立了以知识价值增值为导向的利益分配的根本地位。

在知识经济社会中,企业与高校和科研院所都在通过知识创造价值,并且按照知识价值增值导向进行利益分配,彼此之间有着良好的对接性。

"超螺旋模型"的多样"连接键"

如同DNA分子核苷酸链的碱基一样,超螺旋模型产业链和学研链的人才基、资本基、知识基、价值基之间也需要按照一定的规律形成连接键,只有这样两条链才能连接在一起,形成稳定的组合。

"人才对接基"之间的3种连接键(人才联合培养、人才兼职、校友)

企业、高校、科研院所自身的定位和使命,以及在科技创新全链条中所处阶段,决定着其所属的人才具有很强的互补性。高校和科研院所以科学家和科技人才为主,主要从事人才培养和科学研究工作,这些人才对技术的产品化开发、对产品的精益制造、市场需求和市场销售不太了解;企业以企业家、职业经理人、技术工程师等生产和经营人才为主,主要从事对技术的产品化开发、对产品的精益制造、对商品的市场销售等,他们对面向科学原理的基础性研究不太擅长。

人才是第一资源，是保持竞争优势所需要的知识信息的重要载体，因此，企业与高校和科研院所之间的对接合作，首先是人才方面的合作。产学研之间的人才合作对接连接方式主要有：人才联合培养、人才兼职、校友等。

人才联合培养

2016年中共中央发布的《关于深化人才发展体制机制改革的意见》指出，"统筹产业发展和人才培养开发规划，加强产业人才需求预测，加快培育重点行业、重要领域、战略性新兴产业人才。注重人才创新意识和创新能力培养，探索建立以创新创业为导向的人才培养机制，完善产学研用结合的协同育人模式。"

人才联合培养又分为研究生联合培养和企业博士后工作站。

研究生的联合培养。在产学研合作中，人才的联合培养往往是整体产学研合作的一个部分。对于研究生的联合培养，其前提和基础通常是企业与导师之间的合作项目。企业成为研究生工作站或高校实践基地，对他们获得政府支持和申报项目有潜在的好处。在投入方面，企业经费投入不是太大的问题，企业会根据学生的绩效给予补贴，学生使用设备和原材料对企业基本不是负担。在收益方面，企业比较看重的是人力资源和人才招聘。研究生的使用成本较低，可探索方案和材料可以让学生去尝试，失败了也没什么损失。高新研发企业在招聘市场上往往很难找到合适的员工，人才的联合培养能够解决企业自身发展所需要的特定人才。

企业博士后工作站。按照主体参与程度，产学研协同创新模式演进可以归纳为技术转让、联合研发和共建实体三个主要阶段。在前两个阶段中，学研机构与企业之间界限明确，尽管构建了"关系契约"，但两者的核心目标存在显著差异，有限共同责任导致成员间存在潜在的机会主义和利己主义行为，由此而引发的信任缺失危机会影响产学研合作的稳定性，并给联盟带来风险。在这一背景下，建立长效合作机制是实现交互关系、维持产学研持续协同的关键。共建实体模式，即学研机构主要以知识、技术、人才及部分资金为资本，企业主要以资金、市场信息、产品及管理经验为资本，共同投资构建一个独立组织，是产学研协同创新中最高级、最紧密的合作模式。而成立企业博士后工作站就是这一模式的基本实现形式，也是产业界和学术界紧密结合的直接表现。通过成立企业博士后工作站，企业与大学、科研院所建立了长期稳定的交互和协同关系，并逐步形成了具有集聚优势、知识溢出优势和技术转移优势的开放式创新网络，企业的创新能力得到提升。

人才兼职

2016 年中共中央发布的《关于深化人才发展体制机制改革的意见》指出，"高校、科研院所科研人员经所在单位同意，可在科技型企业兼职并按规定获得报酬。允许高校、科研院所设立一定比例的流动岗位，吸引具有创新实践经验的企业家、科技人才兼职。"

2016 年中共中央办公厅、国务院办公厅印发《关于实行以增加知识价值为导向分配政策的若干意见》指出，允许科研人员和教师依法依规适度兼职兼薪，允许科研人员从事兼职工作获得合法收入。科研人员经所在单位同意，可以到企业和其他科研机构、高校、社会组织等兼职并取得合法报酬。兼职取得的报酬原则上归个人，建立兼职获得股权及红利等收入的报告制度。担任领导职务的科研人员兼职及取酬，按中央有关规定执行。经所在单位批准，科研人员可以离岗从事科技成果转化等创新创业活动。兼职或离岗创业收入不受本单位绩效工资总量限制，个人须如实将兼职收入报单位备案，按有关规定缴纳个人所得税。

校友

校友是高校和科研院所与企业之间对接合作的另一种重要的连接键。在高校的社会关系网络中，校友是高校人才培养的成果，与学校紧密相连，休戚相关，是重要的外部主体。从关系层面来看，校友是高校的利益相关者，由于对母校品牌和文化的认同和共享，校友群体对母校有着割舍不断的深厚感情，在母校文化基因的驱动下往往带有强烈的归属感，关心母校、帮助母校也就成为校友群体分内之事。同时，由于校友与校友、校友与母校的共同"学缘"关系，师生关系和同窗关系构建了合作的"心理契约"，校友之间、校友与母校之间的合作可以快速地建立信任，协调利益分配和知识产权保护等方面的具体事宜，解决产学研协同创新联盟常常遇到的稳定性和可持续性问题。

"资本对接基"之间的 3 种连接键（联合实验室，委托课题，新型研发机构）

资金设备是企业与高校和科研院所合作的另一个重要方面，对接合作的模式主要有：联合实验室，企业委托课题，新型研发机构/联合申报科研项目等。

联合实验室

高校和科研院所开展人才培养和科学研究需要实验室作为支撑平台，但由于国家财政和学校拨款有限，高校需要寻找其他资源来保障实验室建设。

而在知识经济时代，企业要想保持长久的竞争优势，需要最新的科研成果作为支撑。因此，高校和科研院所与企业共建实验室无疑能同时满足双方各自的利益诉求。通过高校和科研院所与企业共建实验室，既满足了高校和科研院所对实验室的需求，解决了高校和科研院所对实验室投资不足以及实验室高成本运行等问题，又满足了企业对先进仪器设备和最新研究成果的需求，实现了校企双方资源共享、优势互补。对于拥有研发中心的一些大型企业，也会在企业内设立国家级实验室，邀请高校和科研院所的科技人员兼任实验室管理职务，同时也承担与高校和科研院所联合培养人才的基地。

委托课题

企业在经营发展中经常会遇到一些难题和技术难关，为了解决这些问题，企业通过提供项目经费与研发酬劳的方式，委托高校和科研院所进行科技难题攻关。这种方式，既可以解决高校和科研院所资金短缺的问题，同时也能帮助企业解决困难和保持技术领先的竞争优势。

在国家重点研发计划项目中，牵头单位负责中央财政经费支持的项目总经费，然后根据与合作单位的协议，委托合作单位进行项目下设课题的研究，并从项目总经费中分拨给合作单位部分经费支持课题研究。这种机制也属于委托课题方式。

新型研发机构/联合申报科研项目

根据2019年科技部印发的《关于促进新型研发机构发展的指导意见》，新型研发机构是聚焦科技创新需求，主要从事科学研究、技术创新和研发服务，投资主体多元化、管理制度现代化、运行机制市场化、用人机制灵活的独立法人机构，可依法注册为科技类民办非企业单位（社会服务机构）、事业单位和企业。

新型研发机构大多以市场为导向，产业化为目标，其研究方向和业务方向一般会瞄准新兴技术，将科研开发、市场需求有效结合，将源头性技术创新与产业发展需求相融合，创新技术发展、促进成果转化，从而推动产业升级和提升经济发展质量；在建设和投资主体上呈现多样化，包括政府、高校、院所、企业、产业联盟、创投基金等，在建设初期依靠政府的扶持资金，后期更多依靠吸引社会资本参与。

新型研发机构是开展基础研究、应用基础研究、产业共性关键技术研发的功能平台。在研究开发功能的基础上，还提供基础设施、科技成果转移转化、研发服务等配套服务。其高度协作而又分工明确的产学研合作模式，能够有效整合政府、高校院所、企业等各方资源，提升产学研合作效率，促进科技成果转化。

共建新型研发机构属于建立合作组织机构实体,在没有合作组织机构实体的情况下,产业和学研也可以通过联合申报科研项目的形式进行资源整合,优势互补,促进科技成果转化。

"知识对接基"之间的 2 种连接键(显性知识,隐性知识)

知识经济时代,科学知识越来越多地取代了土地、劳动力和资本等传统要素,而成为经济发展新的发动机。科技创新和科技成果转化就是要实现知识的经济价值,2016 年中共中央办公厅、国务院办公厅印发《关于实行以增加知识价值为导向分配政策的若干意见》指出,加快实施创新驱动发展战略,激发科研人员创新创业积极性,在全社会形成知识创造价值、价值创造者得到合理回报的良性循环,构建体现增加知识价值的收入分配机制。

知识是企业、高校、科研院所创造价值的重要资源,也是产学研合作的重要对接内容。产学研合作的知识分为显性知识和隐性知识。

显性知识和隐性知识

隐性知识是迈克尔·波兰尼(Michael Polanyi)在 1958 年从哲学领域提出的概念。他在对人类知识的哪些方面依赖于信仰的考查中,偶然地发现这样一个事实,即这种信仰的因素是知识的隐性部分所固有的。波兰尼认为:人类的知识有两种。通常被描述为知识的,即以书面文字、图表和数学公式加以表述的,只是一种类型的知识。而未被表述的知识,像我们在做某事的行动中所拥有的知识,是另一种知识。他把前者称为显性知识,而将后者称为隐性知识,按照波兰尼的理解,显性知识是能够被人类以一定符号系统(最典型的是语言,也包括数学公式、各类图表、盲文、手势语、旗语等诸种符号形式)加以完整表述的知识。隐性知识和显性知识相对,是指那种在行动中所蕴含的未被表述的知识。隐性知识是高度个人化的知识,具有难以规范化的特点,因此不易传递给他人;它深深地植根于行为本身和个体所处环境的约束。(黎晓丹等,2020;白景坤等,2021;姚柱、张显春,2021)

从技能和认识角度,可将企业、高校、科研院所的隐性知识划分为两类:一类包括那些非正式的、难以表达的技能、技巧、经验和诀窍等;另一类包括洞察力、直觉、感悟、价值观、心智模式、团队的默契和组织文化等。从可编码程度,可将企业、高校、科研院所的隐性知识划分为:可编码的隐性知识、不易编码的隐性知识和(在一定时期不具备条件)不能编码的隐性知识。由于企业、高校、科研院所隐性知识的隐含性和复杂性,一般而言,可编码化或显性化的隐性知识仅占小部分，大部分不易编码或不能编码。正确分类有助于对隐性知识识别、流动、转化与创新等采取不同的策略。

隐性知识的特征有：（1）默会性。不能通过语言、文字、图表或符号明确表述：隐性知识一般很难进行明确表述与逻辑说明，它是人类非语言智力活动的成果。这是隐性知识最本质的特性。（2）个体性。隐性知识是存在于个人头脑中的，它的主要载体是个人，它不能通过正规的形式（例如，学校教育、大众媒体等形式）进行传递，因为隐性知识的拥有者和使用者都很难清晰表达。但是隐性知识并不是不能传递的，只不过它的传递方式特殊一些，例如通过"师徒传授"的方式进行。（3）非理性。显性知识是通过人们的"逻辑推理"过程获得的，因此它能够理性地进行反思，而隐性知识是通过人们的身体的感官或者直觉、领悟获得的，因此不是经过逻辑推理获得。由于隐性知识的非理性特征，所以人们不能对它进行理性的批判。（4）情境性。隐性知识总是与特定的情景紧密相连的，它总是依托特定情境中存在的，是对特定的任务和情境的整体把握。这也是隐性知识的很重要的特征。（5）文化性。隐性知识比显性知识更具有强烈的文化特征，与一定文化传统中人们所分析那个的概念、符号、知识体系分不开，或者说，处于不同文化传统中的人们往往分享了不同的隐性知识体系，包括隐性的自然知识体系，也包括隐性的社会和人文知识体系。（6）偶然性与随意性。隐性知识比较偶然、比较随意，很难捕捉，所以获取的时候就比显性知识要困难。（7）相对性。相对性有两层含义：一是隐性知识在一定条件下可以转化为显性知识，二是相对于一个人来说是隐性知识，但是同时对另一个人来说可能已经是显性知识，反之亦然。（8）稳定性。与显性知识相比，隐性知识与观念、信仰等一样，不易受环境的影响改变；它较少受年龄影响，不易消退遗忘；也就意味着个体一旦拥有某种隐性知识就难以对其进行改造。这意味着隐性知识的建构需要在潜移默化中进行。（9）整体性。尽管隐性知识往往显得缺乏逻辑结构，然而，它是个体内部认知整合的结果，是完整、和谐、统一的主体人格的有机组成部分，对个体在环境中的行为起着主要的决定作用，其本身也是整体统一，不可分割的。

正是由于知识分为了显性知识和隐性知识，并且隐性知识具有以上显著特征，产学研之间进行知识合作时，对不同类别的知识，往往采取不同的合作方式。

显性知识与知识产权

对显性知识合作来说，企业、高校、科研院所往往通过申请知识产权的方式进行保护以寻求价值的最大化。

"知识产权"一词是在 1967 年世界知识产权组织成立后出现的。随着科技的发展,为了更好保护产权人的利益,知识产权制度应运而生并不断完善。如今侵犯专利权、著作权、商标权等侵犯知识产权的行为越来越多。17 世纪上半叶产生了近代专利制度;一百年后产生了"专利说明书"制度;又过了一百多年后,从法院在处理侵权纠纷时的需要开始,才产生了"权利要求书"制度。在 21 世纪,知识产权与人类的生活息息相关,到处充满了知识产权,在商业竞争上更是尤为重要。知识产权,也称知识所属权,是指权利人对其智力劳动所创作的成果和经营活动中的标记、信誉所依法享有的专有权利,一般只在有限时间内有效。各种智力创造比如发明、外观设计、文学和艺术作品,以及在商业中使用的标志、名称、图像,都可被认为是某一个人或组织所拥有的知识产权。

知识产权具有资源、财产和权利的多重属性。知识产权运营是对知识产权的资源、财产和权利特性加以利用,谋取竞争优势或赚取收益的活动。知识产权运营是通过知识产权转让许可、知识产权作价投资、生产销售知识产权产品及直接相关技术服务等实现知识产权直接经济收益的商业性运行和经营活动,也包括支撑获取直接经济收益的质押融资、托管和诉讼等间接活动。从某种程度上讲,科技成果转化就是对科技成果知识产权的资本化和商品化运营。

显性知识与标准

除了知识产权保护之外,对显性知识申请标准,也是保持竞争优势的一种方式。根据国家标准 GB/T3935.1-83,标准是对重复性事物和概念所做的统一规定,它以科学、技术和实践经验的综合为基础,经过有关方面协商一致,由主管机构批准,以特定的形式发布,作为共同遵守的准则和依据。

标准的制定和类型按使用范围划分有国际标准、区域标准、国家标准、专业标准、地方标准、企业标准;按内容划分有基础标准、产品标准、辅助产品标准、原材料标准、方法标准;按成熟程度划分有法定标准、推荐标准、试行标准、标准草案。标准的制定,国际标准由国际标准化组织(ISO)理事会审查,ISO 理事会接纳国际标准并由中央秘书处颁布;国家标准在中国由国务院标准化行政主管部门制定,行业标准由国务院有关行政主管部门制定,企业生产的产品没有国家标准和行业标准的,应当制定企业标准,作为组织生产的依据,并报有关部门备案。法律对标准的制定另有规定,依照法律的规定执行。制定标准应当有利于合理利用国家资源,推广科学技术成果,提高经济效益，保障安全和人民身体健康，保护消费者的利益，保护环境，有利于产品的通用互换及标准的协调配套等。

隐性知识与"干中学"和"传帮带"

知识经济时代的产学研合作，追求知识协同。知识协同是知识主体通过一系列知识管理活动，如知识获取、知识整合、知识共享、知识创新等知识活动，在主体交互协作和知识的相互作用下，形成知识自组织，自然而然地推动知识要素在各主体之间的有序流动和共享，提高主体的知识创新能力，最终产生知识增值的协同效应，也即产生所谓的"1+1+1＞3"的非线性结果。

知识协同，包括显性知识的协同，也包括隐性知识的协同。显性知识是通过口头、资料、视听等方式或其编码方式表达的知识，可以附着在一定的载体之上，很容易在两个创新主体之间进行知识流动；隐性知识是难以表达、难以编码的知识，主要表现为技术诀窍、经验、技能等，难以在两个创新主体之间进行流动和共享。知识转移本身是一个充满困难的过程，当学研方的核心知识隐性化程度较高时，产学研的合作模式及合作的密切程度会严重影响知识在不同创新主体之间的流动，从而产生知识产权冲突。

要做到隐性知识的协同，往往需要人员的深入交流互换，包括企业与高校和科研院所人员的相互兼职、长期外派、深度培训，研究生和博士后的联合培养，共建知识信息交流分享平台机制（四川大学赵长生的协会平台机制）等。

"价值对接基"之间的 2 种连接键（商品化增值分配，资本化增值分配）

在产学研合作中，首先是利用知识创造价值，然后是知识价值增值后的收入分配。公平合理的价值和利益分配，是保持产学研紧密合作的重要连接纽带。

2016 年中共中央办公厅、国务院办公厅印发《关于实行以增加知识价值为导向分配政策的若干意见》指出，在全社会形成知识创造价值、价值创造者得到合理回报的良性循环，构建体现增加知识价值的收入分配机制。针对我国科研人员实际贡献与收入分配不完全匹配、股权激励等对创新具有长期激励作用的政策缺位、内部分配激励机制不健全等问题，明确分配导向，完善分配机制，使科研人员收入与其创造的科学价值、经济价值、社会价值紧密联系。

鼓励科研人员通过科技成果转化获得合理收入。积极探索通过市场配置资源加快科技成果转化、实现知识价值的有效方式。财政资助科研项目所产生的科技成果在实施转化时，应明确项目承担单位和完成人之间的收益分配比例。对于接受企业、其他社会组织委托的横向委托项目,允许项目承担单位和科研人员通过合同约定知识产权使用权和转化收益,探索赋予科研人员科技成果所有权或长期使用权。逐步提高稿费和版税等付酬标准,增加科研人员的成果性收入。

加强科技成果产权对科研人员的长期激励。坚持长期产权激励与现金奖励并举,探索对科研人员实施股权、期权和分红激励,加大在专利权、著作权、植物新品种权、集成电路布图设计专有权等知识产权及科技成果转化形成的股权、岗位分红权等方面的激励力度。构建对科技人员的股权激励等中长期激励机制。以科技成果作价入股作为对科技人员的奖励涉及股权注册登记及变更的,无须报科研机构、高校的主管部门审批。加快出台科研机构、高校以科技成果作价入股方式投资未上市中小企业形成的国有股,在企业上市时豁免向全国社会保障基金转持的政策。

知识的价值创造和价值增值主要通过对知识产权的商品化运营和资本化运营来实现。(刘俊、黄国华,2009;陈静,2015)

知识产权商品化是知识产权转化为商品的过程,具体来说,是指知识产权权利人以获取一定报酬为目的,将相关知识产权权能通过转让、许可使用的方式处分给另一方的过程,合同双方按规定履行合同义务后,不再存在任何经济联系。知识产权商品化是流通领域的商品交易活动,通过交易,知识产权得以从研发领域进入生产领域;知识产权商品化过程中,知识产权转让方或许可方,能够直接获得出让或许可的对价。

知识产权资本化是指在充分重视并利用知识产权的基础上,将知识产权从产品要素转化为投资要素,并对其进行价值评估,将知识产权作为一种要素投入,参与生产与经营过程,并量化为资本及价值增值的过程。

对知识产权资本化有从三个角度来理解:一是知识产权资本化是将知识产权作为一种特殊的投资形式转化为产业资本;二是知识产权资本化是将知识产权作为投资方式,即把知识产权作为资本投入,投资各方把投入的知识产权进行估价,以资本形式占有企业的一定资金,与合营企业的其他投资相结合,技术投资方以股东身份占领更多市场,分享更高利润;三是知识产权资本化的过程是在承认部分职务知识产权的基础上,将职务知识产权的"无形价值"转化为"有形价值",然后再将部分有形价值奖励或分配给职务发明人、设计人、作者、主要实施者,使之拥有股份、股权或出资比例,并分享其收益的整个过程。

无论是商品化运营还是资本化运营,首先都要确定知识产权的价值,这就是知识产权的商品价值和资产价值评估。

（3）"超螺旋模型"的两种局部结构变异

在生物体内，DNA 的双螺旋结构可能会出现变异，出现局部三螺旋结构和局部吸附新分子结构。这些都对应着在产学研合作中可能会出现的特殊情况。

局部三螺旋结构

三螺旋 DNA 的第 3 条链的来源有两种情况：一种是来自分子内，就是双链 DAN 分子折叠过来时，有 4 条链挤在一起，当碱基的组成符合条件时，其中的 3 条链就很容易抱在一起，形成三螺旋结构。这种三螺旋结构比较牢固，就像给 DNA 的折叠部位夹了一个夹子，让 DNA 稳定地折叠起来。另一种可能是，外来的一段碱基序列与 DNA 的某个部位紧紧缠绕在一起，这种三螺旋结构的作用不可小觑。双螺旋结构的 DNA 是正常的，三螺旋结构是无法正常复制的，哪个部位出现三螺旋，那个部位的基因就无法被复制和遗传下去。由此可见，DNA 内局部的三螺旋结构起到了掩盖基因，以防其作用的功能。

在"超螺旋模型"中，也可能会发生局部结构变异，出现局部三螺旋的情况。如图 3-9 所示。"超螺旋模型"中第 3 条链的来源来自外部。当在产业学研合作中，除了产业链和学研链发挥主要作用之外，还需要引入特定组织机构发挥必不可少的特殊作用时，就需要在局部引入第 3 条链。如医疗器械项目中对医院的引入，这是必要的，因为临床试验只能由医院来组织实施；如海洋项目中引入军方单位，并且接受军方的全过程质量管理，这是因为项目产品是专供给军方的，军方有自己特有的产品质量保障体系；如农用发动机项目引入国标起草单位，这是需要通过国标单位抢占国家标准布局以保证产业竞争优势；如农业项目中引入农技推广机构和人员，这是确保项目在农户中的顺畅推行。

三螺旋不稳定，容易受到外部因素影响，因此这些引入的单位会在一段时间阶段内存在，而其他时间和阶段则不需要。所以只会形成超螺旋的局部三螺旋结构。

局部吸附新分子结构

核苷酸除了形成氢键的碱基，还有其他碱基，这些碱基能够与外部其他微分子在一些因素的影响下建立对接联系，使得这些外部微分子附着在核苷酸骨干链上，形成局部吸附新分子结构。当影响因素消失时，核苷酸骨干链

国家重点研发计划项目"超螺旋模型"局部变异：局部三螺旋

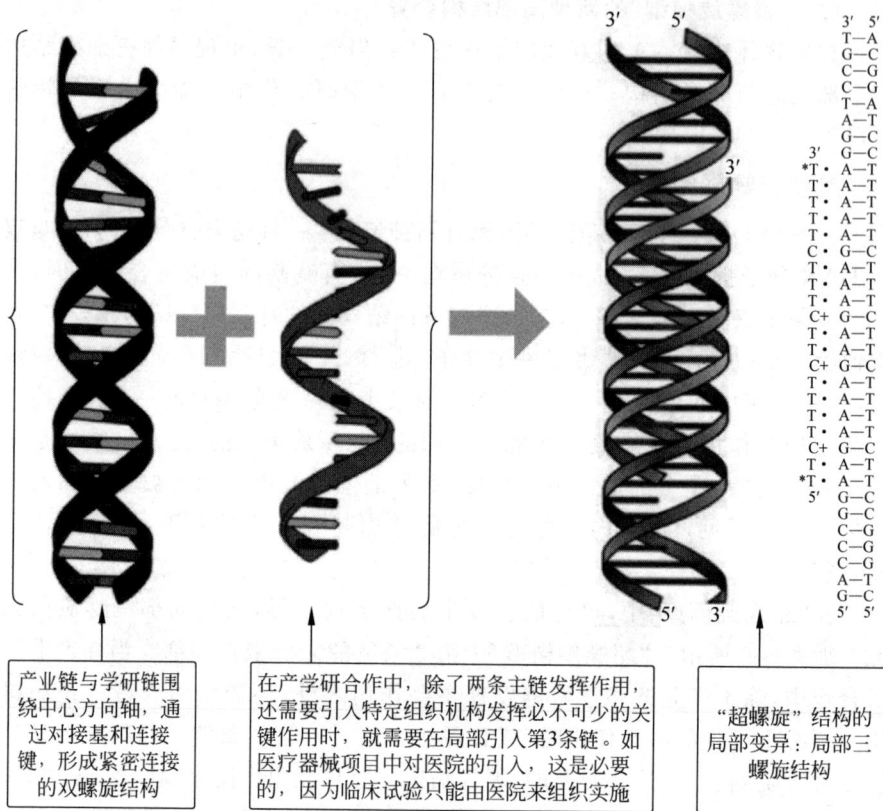

产业链与学研链围绕中心方向轴，通过对接基和连接键，形成紧密连接的双螺旋结构

在产学研合作中，除了两条主链发挥作用，还需要引入特定组织机构发挥必不可少的关键作用时，就需要在局部引入第3条链。如医疗器械项目中对医院的引入，这是必要的，因为临床试验只能由医院来组织实施

"超螺旋"结构的局部变异：局部三螺旋结构

图 3-9　国家重点研发计划"超螺旋模型"架构的局部三螺旋

与这些外部微分子之间的联系很容易断开。如图 3-10 所示。

在产学研合作进行科技成果转化时，技术转移服务机构、知识产权服务机构、资产评估机构、金融服务机构等一些中介服务机构，能够为企业、高校、科研院所提供阶段性的辅助服务。这些临时性的机构，不在"超螺旋"结构中长期存在，只是根据临时性的需求，在某个阶段临时引入提供所需要的辅助性服务，一旦服务结束，对接联系即为终止，这些临时性机构也就不再继续在"超螺旋"结构中存在。

（4）"超螺旋模型"的复制与发展

DNA 复制的基本机理：DNA 由两条螺旋的多核苷酸链组成，两条链的碱基通过 A-T 和 G-C 之间的氢键联结在一起。腺嘌呤总是与胸腺嘧啶配对，

国家重点研发计划项目"超螺旋模型"结构变异：局部新分子

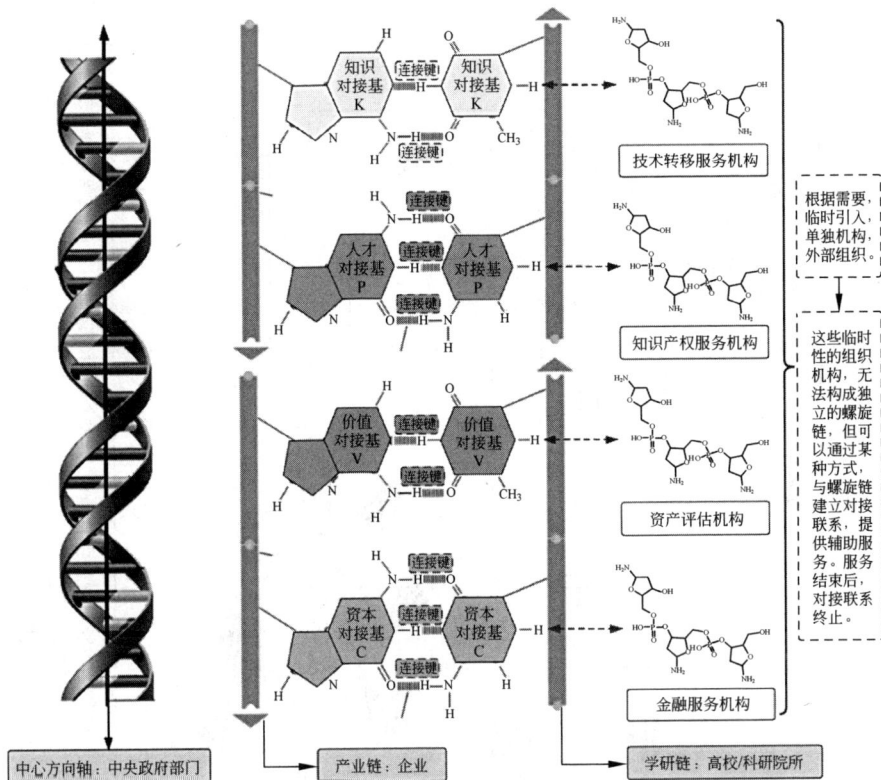

图 3-10   国家重点研发计划"超螺旋模型"架构的局部吸附小分子

鸟嘌呤总是与胞嘧啶配对。这说明两条相互缠绕的链上碱基序列是彼此互补的。只要确定其中一条链的碱基序列,另一条链的碱基序列也就自然确定了。在复制过程中首先两条链间的氢键破裂并使双链解旋和分开,然后以每条链为模板,按碱基互补配对原则(A-T,G-C),由 DNA 聚合酶催化合成新的互补链,结果由一条链成为互补的两条链,这样新形成的两个 DNA 分子与原来的 DNA 分子的碱基序列完全相同。在此过程中,每个子代 DNA 的一条链来自亲代 DNA,另一条链则是新合成的。这种复制方式称为半保留复制。如图 3-11 所示。

超螺旋模型的复制机理,可以解读对国家重点研发计划项目成功模式的推广应用。当产业链和学研链通过国家重点研发计划项目的探索和磨合获得成功之后,他们可以按照相同的模式去开辟与新组织机构的新合作。这样

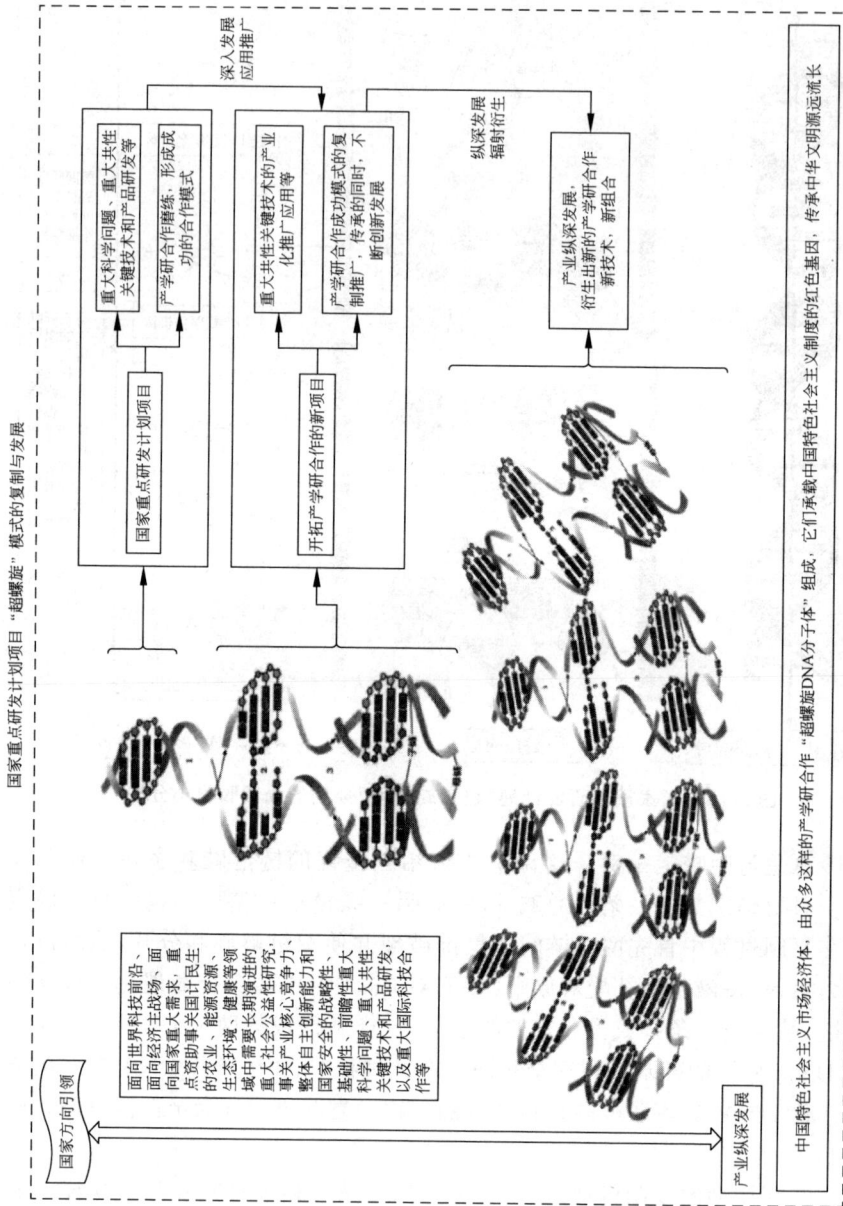

图 3-11 国家重点研发计划"超螺旋模型"的复制与推广

不停地复制和推广应用，能够形成更多这样的产学研合作，从而实现通过创新推动经济社会发展。

国家重点研发计划项目，同时也可以使原本连接不是非常紧密的产业链和学研链，通过国家力量的影响，通过国家重点研发计划项目的磨合，达到高度紧密合作的状态，成为传承中国特色社会主义市场经济的基因载体。

3.2.3 国家重点研发计划的"超螺旋模型"的特点

（1）国家重点研发计划的"超螺旋模型"有一个显性存在的中心方向轴

"中心方向轴"在传统的创新研究理论中是不存在的。无论是传统的三螺旋创新模型，还是国家创新体系和创新生态系统理论，政府都是作为其中的一个参与主体存在。

三螺旋创新模型认为，以知识为基础的大学、产业和政府之间的相互作用是改善创新活动的关键所在，其中谁是创新主体不是固定的；大学、产业或者政府都可以成为创新的组织者、主体和参与者，每个机构都能够扮演其他两者的角色；三者"交叠"并互相作用，才能推动创新螺旋式上升。政府提供公共研究基金，如同一个创业投资家，并继续推进政府在创新方面的常规活动。在三螺旋理论中，国家的角色发生了某些变化，政府不再"高高在上"地"参与"到大学—产业—政府的多边互惠中，而是在微观和制度层面塑造创新行为的轨迹和方向。由此不难看出，三螺旋创新模型强调政府对创新的直接参与，其身份是双重的，既是规则的制定者，同时也是规则的参与者。

根据创新生态系统理论，创新生态系统由群落和环境构成，群落是创新参与主体，环境是创新生态系统存续发展的基础。创新生态系统的环境分为内环境和外环境，内环境是指创新支撑环境，是各类创新资源和创新服务所形成的支撑条件，实践中体现为科技中介服务、金融支持以及文化教育等内容。外环境是指宏观环境，包括各类宏观政策法规。创新生态系统理论同样赋予了政府双重身份职能，既是外部政策环境的掌控者，也是生态系统内的参与者，发挥着包括提供科技创新服务等多方面的作用。

市场经济是在社会分工理论的基础上建立起来的。社会分工是指人类进行各种劳动的社会划分及其独立化、专业化。社会分工是人类社会的标志之一，也是人类出现商品经济发展的基础。对人类来说，没有社会分工，就没有交换，市场经济也就无从谈起。如果没有社会分工，社会就难以正常运转。人类社会分工的优势，是让擅长的人做自己擅长的事情，使平均社会劳动时间极大缩短。生产效率显著提高。能够提供优质高效劳动产品的人；才能在市场竞争中获得高利润和高价值。人尽其才，物尽其用，最深刻的含义就是由社会分工得出的。这种模糊政府的组织边界、赋予政府的多重职能的做法，在社会发展的特定时期效率效果是很好的，但在长期的市场经济运行中是影响效率的充分提升的。因为这会导致产业和大学在科技创新中对政府的过度依赖，而无法充分发挥自己的创新主动性和创新积极性，从而使得创新效率和创新效果达不到预期。

在超螺旋模型中，政府不直接参与创新活动，而是通过宏观政策（科技政策和产业政策）为科技创新创造一个生存发展的生态场域，并引领科技创新发展的方向。这种方向引领作用在 DNA 分子螺旋结构中也是存在的，微观粒子在自转的同时也围绕一个中心轴公转，只是这个中心轴是隐性存在的，并没有实实在在的载体。在超螺旋模型中，产业和学研螺旋的中心方向轴是显性存在的，由政府承载并发挥作用。国家重点研发计划之所以区别于其他研发计划，就是在于"国家重点"，这里面有着国家的意志，国家发挥着关键的方向引领作用。

（2）国家重点研发计划的"超螺旋模型"普遍存在的情况是双螺旋结构，少数情况也会出现局部三螺旋结构和局部吸附新分子结构

根据科技创新的规律，科技创新过程可以分为三个阶段：科技成果形成阶段、科技成果转化阶段、科技成果应用推广阶段。成果形成阶段一般包括理论研究阶段以及技术开发阶段，一般是由科研机构、高校以及企业的研发部门共同合作完成。成果转化阶段是科技成果由理论向实际进行转化的一个阶段一般是由科研机构、高校以及企业、中介机构等共同合作完成。成果应用推广阶段是科技成果走向市场的一个阶段，主要由企业来完成。科技创新的过程并不是单向进行的，在科技成果成功转化为市场所需的产品服务后，也需要对市场需求的情况进行分析，并将分析情况再反馈到科技成果的基础研究阶段，再进行技术的改进与创新，从而研发出更有价值的产品。

从以上描述不难看出，在科技创新中，高校、科研机构、企业是最主要的核心主体，高校和科研院所形成了超螺旋模型的学研链，企业形成了超螺旋模型的产业链。这两条骨架链贯穿超螺旋模型结构的始终。在科技创新的某个阶段，会根据需要有新的组织机构参与进来提供特定的支撑服务，如知识产权服务机构提供对科技成果的知识产权保护服务；技术转移机构提供市场上对科技成果的需求信息，提供科技成果的商品化交易服务；金融机构提供银行信贷、资本市场融资服务；资产评估机构提供对科技成果的价值评估定价服务；检测检验机构提供科技成果的注册登记服务；如此等等。这些新

的组织机构并不贯穿科技创新的全过程，只是出现在某个特定阶段和特定节点，因而不影响超螺旋模型的整体主体结构，属于局部变异的局部吸附新分子结构。

随着科技创新的发展，市场需求和用户反馈对创新价值的提升作用越来越受到重视。虽然在绝大多数情况下，市场需求和用户反馈无法形成一条骨架链，但在特殊情况下，市场需求和用户反馈对科技创新的成败发挥着关键性作用，如在医药和医疗器械的研发中医院代表用户所做的临床试验等。不同于前面所述的局部吸附新分子结构变异（那些组织机构可有可无，即使缺失也不影响创新的整体进行），医院这类组织机构作用非常关键，不可或缺，直接影响着创新的成败。这类在创新过程某个阶段发挥关键影响作用的组织机构，则会形成一条新的骨架链，与产业链密切对接。这条新链并不贯穿科技创新和超螺旋模型结构的始终，但在局部某个阶段至关重要。这种情况就是超螺旋模型结构中的局部三螺旋变异结构。

（3）国家重点研发计划的"超螺旋模型"中，不存在由风险投资构成的资本链

不可否认，资本在科技创新中发挥着重要的作用。熊彼特在提出创新理论时，重点分析了资本对创新的影响作用。熊彼特认为，创新是建立一种新的生产函数，把一种从来没有过的关于生产要素和生产条件的"新组合"引入生产体系，从而推动经济发展。资本就是企业家为了实现"新组合"，用以把生产指向新方向、把各项生产要素和资源引向新用途的一种杠杆和控制手段，资本不是具体商品的总和，而是企业家随时提用的支付手段，其职能在于为企业家进行创新而提供必要的条件。此外，根据熊彼特的观点，只有实现了"创新"的"发展"，才会产生利润，才有资本和利息，企业家才会存在。

从熊彼特的创新理论不难看出，资本只是资源配置的一种杠杆和控制手段，资本的本质是逐利的。

在科技创新中，根据来源不同，资本主要分为三类：一类是企业自有资金，一类是企业通过信贷获得的银行资金，还有一类是来自资本市场的风险投资。这三类资本对科技创新都有重要的作用，但是，风险投资在推动科技创新的同时，也会带来一定的风险，这种风险主要来自风险投资的控股。

科技创新所形成的成果，一般会由成果技术的持有方与风险投资的资本方合作，通过创办新企业的方式进行商业化。技术持有方更加关注技术的持续发展和对研发的长期投入，先进技术是高科技企业的发展命脉；而资本方更加关注如何在短期内获得最大的利益回报，其理念更多的是通过资本运作

尽快获利(长期的研发投入属于成本,无法产生短期利润),因此其投资方向经常会发生变化,很难做到在某一科技领域"长期坐冷板凳式"的持续投资。一般来说,运作公司上市和初次公开发行股票是风险投资获利退出的最佳时机和最佳方式。之后留给企业的是长期的实业实体经营,其利润率远低于风险投资的资本运作。

资本是服务于科技创新、进行资源调配的杠杆和手段,这个定位是不能改变的。不能因为风险资本在某个阶段(科技创新的死亡谷阶段)的特殊作用而过度突出风险资本的地位,当风险资本处于主导地位时,可能会造成无序发展的乱象,哪里有利润风险资本就奔向哪里,获得暴利之后再转向其他有利可图的地方,最终留下的可能只是"一地鸡毛"。这一点在国家重点研发计划的项目案例调研中得到了证实。如吉林亚泰集团属于上市公司,最初是通过房地产获利,然后转向医药产业谋利,公司股票价格在资本市场受到影响下跌时,就减少了对国家重点研发计划的配套投入,对研发产生了不利影响。如本书第五章案例中的四川大学赵长生团队、中国科学院微电子所李功燕团队、中国科学院苏州医工所张运海团队等,都不愿意过多引入风险投资而被资本控制发展方向。

其实,在国家重点研发计划中,风险资本不能成为超螺旋模型架构中的资本链,还是由国家重点研发计划的性质和特定决定的。国家重点研发计划具有战略性、基础性、前瞻性、公益性的显著等特点,而且国家重点研发计划项目要全链条设计和一体化实施,这就决定着风险资本不可能在国家重点研发计划中处于主导地位。

(4)国家重点研发计划的"超螺旋模型"同样存在着四种对接基,每组对接基之间又存在着多种连接键

对接基是实现超螺旋模型结构中骨架链之间对接的接口。在产业链和学研链之间有四种对接接口,分别是人才对接接口,资金设备对接接口,知识信息对接接口,价值创造和利益分配对接接口。

人才是高校、科研院所、企业最核心的资源;高校和科研院所是企业和社会所需各种人才的培养主体。高校和科研院所的人才与企业的人才具有互补性,这是由高校和科研院所与企业在科技创新链中所处的位置决定的。人才的互补性对接可以通过人才的联合培养、双方人才的相互兼职、校友关系等方式实现连接,在一些特别的项目中,战友关系也是非常紧密的连接方式,如深海探测项目。

资金设备是高校、科研院所、企业发展的物质支撑基础。企业会需要高

校和科研院所先进设备进行研究测试,高校和企业会需要企业的设备条件进行产品定型和公益设计的小试和中试。高校和科研院所能够申报政府科研项目,往往需要企业的配套资金设备支持;企业具备生产和销售能力,但往往需要通过参与政府科研项目来提高自己在市场中的信任、声誉和品牌效应,以增强产业竞争力。资金设备的互补性对接可以通过双方联合共建实验室/研发中心、企业委托课题项目、双方参与共建新型研发机构/联合申报科研项目等方式实现连接。

知识信息是高校、科研院所、企业进行价值创造的源泉。高校和科研院所创造和拥有的是科学知识和技术知识,企业创造和拥有的是市场知识和社会知识,双方的对接能够创造出新的价值。知识信息的互补性对接可以通过以专利、论文、标准等为载体的显性知识分享和隐性知识的"干中学"和"传帮带"等方式实现对接。在现实中,技术转移不成功的原因,很多都是专利转让许可之后,许多隐性知识无法跟随专利一同转移给接受方,而接受方由于缺乏隐性知识的支撑,无法对专利技术进行完美的转化实现,所以后来曾出现过技术专利"带土移植"的模式,就是把隐性知识与显性知识一起转移,最终实现专利技术的成功商业化。

价值创造和利益分配是高校、科研院所、企业之间最紧密的连接纽带。科技创新成功与否的终极衡量标准是商业价值的创造。高校和科研院所通过科学研究和技术开发所产生的技术成果常常采用专利作为展示和保护的载体,此时的专利还不具备实际价值,仅仅是存在潜在价值。企业通过对专利技术的进一步开发形成产品并销售到市场创造出最终的商业价值。这个最终的商业价值包含了企业与高校和科研院所联合所做的贡献,因此需要在双方之间根据价值创造的贡献度进行利益分配。2016年中共中央办公厅和国务院办公厅印发的《关于实行以增加知识价值为导向分配政策的若干意见》就是对这种利益分配的确定和保护。当参加科技创新的各方都能按照贡献度获得相应的利益时,合作关系就非常稳定。

科技创新的利益分配主要有两种方式:第一种是专利的许可转让,通过资产评估机构确定专利的商品化价值,通过专利买卖进行一次性分配;第二种是通过资产评估机构确定专利的投资价值,通过作价入股进行长期性利益分配。对于通过作价入股方式实现的长期性利益分配,能够比较好地保证双方利益的合理分配。对于专利的许可转让,会有两种可能的利益分配风险:一种风险是专利商品化价值估值过高,企业购买专利后,后期无法获得与所付出专利价格相应的价值利益回报;另一种是专利商品化价值估值过低,高校和科研院所没有获得应该获得的全部价值利益。而解决这个风险问题的有效办法，就是产业和学研之间建立长期稳定的超螺旋结构形式的合作：高校和科研院所所创造的专利技术，由于尚未进行生产化实现并且存在商业化风险，此时的评估价值不宜过高，这样就不会给企业带来太大的压力而可以放心大胆地采用新技术；当新技术实现商业化之后，其创造价值的贡献度就由之前的不明确变得非常确定，企业可以通过委托新研发课题和资助研发经费等方式对高校和科研院所进行补偿。在国家重点研发计划项目案例的调研中发现，许多产业与学研之间成功的长期合作，如本书第五章案例中的中国科学院微电子所李功燕团队、四川大学赵长生团队、农科院植保所陆宴辉团队等都是采用的这种方式。所以说，利益关系，公平合理的价值创造和利益分配机制，是保证产业和学研长期稳定持续合作的重要基础。

第 4 章
国家重点研发计划成果转化与技术转移影响因素实证分析

4.1 国家重点研发计划成果转化与技术转移的影响因素分析

4.1.1 基于"超螺旋模型"的成果转化与技术转移的影响因素分析

4.1.1.1 基于"超螺旋模型"的成果转化与技术转移的影响因素

根据超螺旋模型,在国家重点研发计划项目中,中央政府通过科技政策和产业政策营造一个支持科技创新的生态场域,在这个场域中,由核心企业及其供应商企业组成的产业链与由高校和科研院所组成的学研链通过人才、资本、知识、价值进行对接,形成持续稳定的密切合作,从而实现高校和科研院所的科技成果顺畅地通过企业转化为产品并实现商业化价值。在产业链与学研链之间的密切合作中,在人才、资本、知识、价值等方面有着许多重要的影响因素在发挥着作用。如图 4-1 所示。

核心骨干科研人员/首席科学家

在人才方面,高校和科研院所的科研人员在企业的兼职、研究生联合培养、校友关系都对产业链与学研链密切合作有着影响作用,其中以首席科学

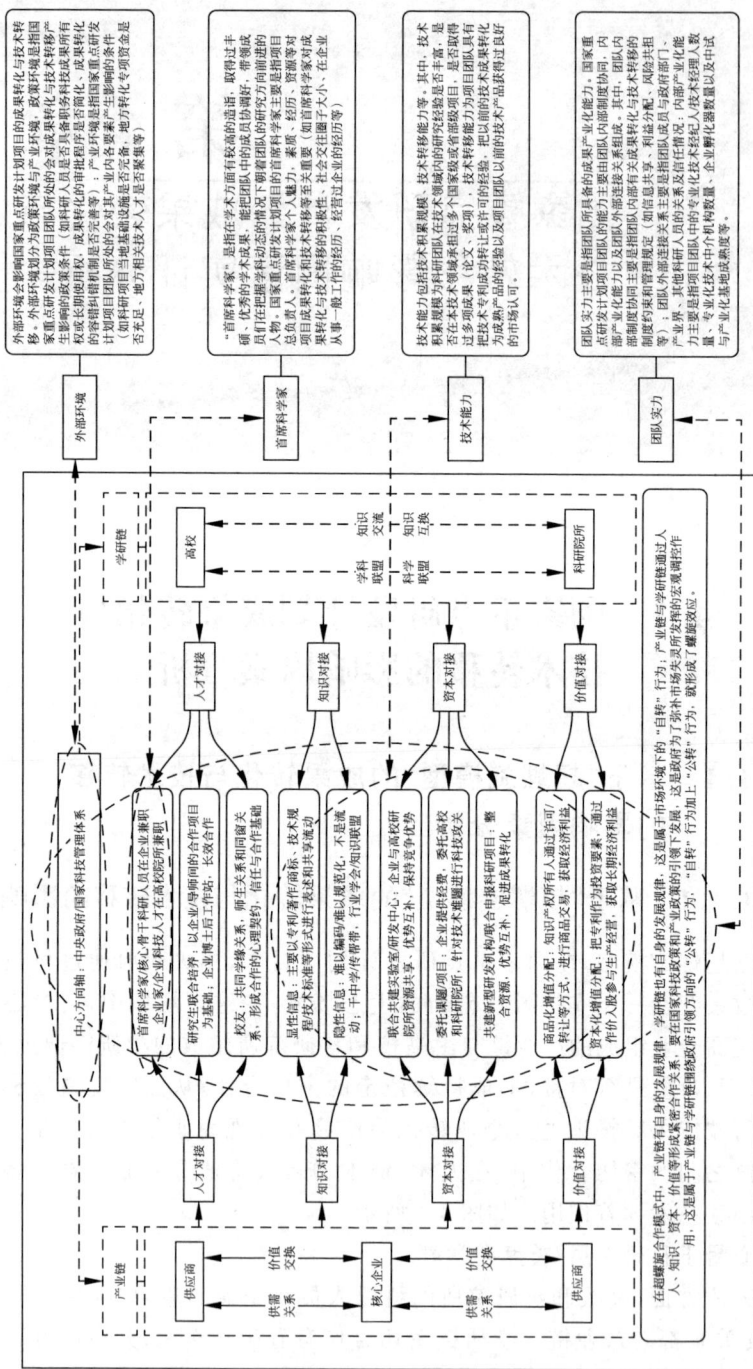

图 4-1 基于国家重点研发计划"超螺旋模型"的成果转化影响因素

家为代表的核心骨干科研人员在企业的兼职,更是发挥着重要的作用。为了鼓励科研人员在企业兼职,国家还专门出台了专门的政策《关于深化人才发展体制机制改革的意见》进行支持。在国家重点研发计划中,牵头单位虽然通常是企业,但项目总负责人通常都是高校和科研院所的核心骨干科研人员。

作为国家重点研发计划项目的总负责人,首席科学家在学术方面有较高的造诣,取得过丰硕、优秀的学术成果,能把团队中的成员协调好,带领成员们在把握学科动态的情况下朝着团队的研究方向前进的人物。首席科学家个人魅力、素质、经历、资源等对项目成果转化和技术转移等至关重要(如首席科学家对成果转化与技术转移的积极性、社会交往圈子大小、在企业从事一般工作的经历、经营过企业的经历等)。

团队技术能力

要完成国家重点研发计划项目的任务,项目团队需要具备相应的技术能力。衡量一个团队的技术能力,首先要看团队过去的技术积累规模。技术积累规模为科研团队在技术领域内的研究经验是否丰富,是否在本技术领域承担过多个国家级或省部级项目,是否取得过多项成果(论文、奖项)等等。除了技术积累规模之外,由于科技创新的最终目的是实现成果转化,因此项目团队的技术商业化实现能力也是重要的考量指标。技术商业化实现能力包括项目团队具有把技术专利成功转让或许可的经验、把以前的技术成果转化为成熟产品的经验以及项目团队以前的技术产品获得过良好的市场认可等。

团队的技术能力覆盖了产业链与学研链密切对接合作的知识、资本和价值三个维度。在知识维度方面,团队的显性知识能力表现在所拥有的专利数量和质量、论文的数量和质量、标准的级别与影响力、获得科技奖励的级别与影响力等等;团队的隐性知识能力无法用直接的指标进行衡量,但可以通过联合开展的各种研发活动的成效来衡量。在资本维度方面,团队成员联合共建的各种实验室、研发中心,联合申报和开展的各种科研项目也是体现团队技术能力的重要指标。在价值维度方面,只有团队成员都参与并对价值创造和价值增值做出了贡献,而且按照贡献度进行了公平合理的利益分配,才能维系团队合作的凝聚力。由于价值创造和价值增值主要是通过知识产权的商品化运营和资本化运营来实现的,只有成功地进行了知识产权的商品化和资本化运营才能做到价值创造和价值增值,而这正是项目团队的技术商业化实现能力的考量指标。可以通过团队以往科技创新项目成果的商业化产值和利润等来衡量。

团队综合实力

国家重点研发计划是全链条设计、一体化实施，这就要求项目团队除了具备人才基础和技术能力之外，还必须要有相应的团队综合实力。国家重点研发计划项目团队的综合实力主要体现在内部机制、内部能力和外部关系三个维度。内部机制是指团队内部关于科技创新、成果转化、技术转移等的制度约束和管理规定，如信息共享、资源共享、风险共担、利益分配等。内部能力是指团队内部进行技术商业化实现所应具备的能力，主要用项目团队中的专业化技术经纪人/技术经理人数量、专业化技术中介机构数量、企业孵化器数量以及中试与产业化基地成熟度等来衡量。外部关系主要是指团队成员与政府部门、产业界、学研界等的关系及信任情况；与政府部门的关系能够使团队始终按照政府引领的方向前进，同时也能反作用于政府，积极影响政府制定对项目和团队发展有利的政策；与产业界的关系能够使团队始终掌握产业发展的最新动态和竞争形势，以利于团队及时根据市场变化调整商业化发展策略；与学研界的关系能够使团队及时了解科学研究的最新发展，及时调整团队的技术发展路线，以保证始终处于市场竞争的领先地位。

生态场域/外部政策环境

除了产业链与学研链之间在人才、资本、知识、价值等方面的影响因素之外，在国家重点研发计划中，政府也发挥着重要的作用。政府的作用并不是直接参与科技创新，不与产业链和学研链发生直接的关系，而是通过科技政策和产业政策，为国家重点研发计划项目营造一个生态场域，引领产业链与学研链沿着既定的宏观方向发展。

国家科技政策是指国家颁布的关于科学技术的政策文件。这些科技政策内容涉及科技发展的路线、方针、法律法规、规划（或计划）、科技体制改革、知识分子和人才、知识产权、科技成果、高新技术产业化、基础研究、科技机构与中介服务、科技奖励、科学技术普及、国际科技合作、创新创业、经费与财务、税收、条件与标准、农村与社会发展等多方面，旨在通过引导、激励和规制科技活动、促进科技进步，提高科技竞争力，进而推动实现国家整体发展目标。

产业政策是政府为实现促进产业发展与经济增长的目标，制定的调控经济发展或某个行业的生产、经营与交易活动，以及直接或间接干预商品、服务、金融等一系列政策的总称，具体手段包括财政、金融、土地、进出口、税收、政府采购、知识产权保护与行政措施等。产业政策通过制定产业中长期发展规划，以及通过制定投资目录、税收减免、投资补助、贷款贴息、财政补贴、关税保护、核准等多种方式,确保实现产业政策目标。产业政策通过政府干预或公共政策支持一些产业部门,以改变生产结构、创造更好的经济增长前景,该效果不能通过市场均衡自动得以实现。其本质是通过发挥政府的作用,调控经济,弥补市场失灵,纠正市场扭曲,实现某些产业快速发展与赶超国外同类行业,促进资源优化配置,推动经济持续稳定发展。产业政策具有鲜明的时代特征。

基于以上分析,在超螺旋模型的框架下,国家重点研发计划项目成果转化与技术转移的影响因素可以分为四个维度:核心骨干科研人员/首席科学家、团队技术能力、团队综合实力、生态场域/外部政策环境。

4.1.1.2 基于"超螺旋模型"的成果转化与技术转移影响因素之间的逻辑关系

国家设定的每一个重点研发计划项目,通过申报答辩,通常最后只有一个团队获批承担项目的研发任务。每一个项目团队,都是由具备深厚科技背景经历的核心骨干科研人员担任项目总负责人,也即项目的首席科学家。

首席科学家在学术方面有较高的造诣,取得过丰硕、优秀的学术成果,具有突出的项目协调管理能力。首席科学家为了申报和承担国家重点研发计划项目,首先要根据研发任务需要组建项目团队,项目获批之后要统筹任务和资源分配、协调研发进度,以确保按时圆满完成项目任务。在这个过程中,首席科学家的个人魅力、综合素养、工作经历经验、资源整合能力等都发挥着重要的作用。许多首席科学家都有在企业的兼职工作经历和经验,这对整个项目的全链条设计和一体化实施、项目任务的分配、成果的转化和商业化运营都有重要的帮助。可以说,首席科学家,是整个项目团队的"大脑"。

借鉴生物学上的原理,项目团队就像一个"生命体",除了首席科学家这个"大脑"之外,"生命体"还要确保自身良好的健康状况,这是一切行动的基础。当"生命体"具有良好的健康状况时,就可以在"大脑"的指挥下,实施某种行动,完成特定任务。"生命体"的"健康状况",就是项目团队的综合实力;"生命体"的"行动能力",就是项目团队的技术能力。

因此,首席科学家在组建项目团队时,对项目成员的选择需要经过慎重和周密考虑,团队成员要能够支撑整个项目团队的技术能力和综合实力。团队成员之间需要有足够的信任基础,以实现默契的团队配合。团队成员要有确切的利益诉求,这些利益诉求彼此之间并不冲突,能够共同形成团队的整体利益诉求。在追求团队成员个体能力和实力最优的同时,首先确保团队整体的能力和实力最优。所有这些原则,都需要通过明确的规章制度和工作机制确立下来，以确保和约束所有团队成员共同遵照执行。

　　项目团队完成组建之后，如同"生命体"要在一定的"自然环境"中生存一样，要在中央政府通过科技政策和产业政策环境营造的场域环境中开展研发任务。中央政府并不直接介入和干预项目团队的运行管理，只是通过由科技政策和产业政策共同形成的生态场域的磁场作用力，来引领项目团队研发工作的发展方向。

　　基于以上分析，国家重点研发计划项目成果转化与技术转移影响因素的逻辑关系如图4-2所示。首席科学家是项目团队的大脑，项目团队需要具备技术能力和综合实力，这三项是项目团队不可或缺的必要方面，并且彼此之间是相关作用和关联的，因此用双向箭头的实线标示。科技政策和产业政策共同形成生态场域，因此用单向箭头的实线标示。科技政策和产业政策并不直接作用于项目团队的运行管理，而是通过生态场域的磁场作用力进行影响，而项目团队也能对国家制定科技政策和产业政策施加一定的影响，因此用双向箭头的虚线标示。

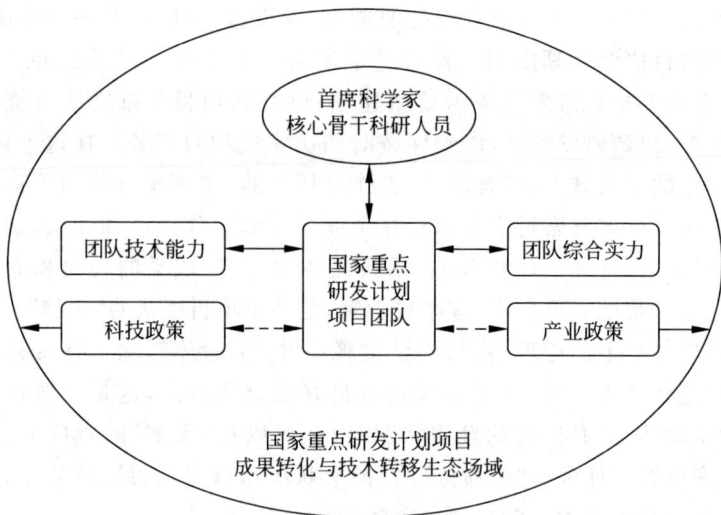

图 4-2　国家重点研发计划成果转化与技术转移影响因素的逻辑关系

4.1.2　基于文献研究的成果转化与技术转移的影响因素分析

4.1.2.1　成果转化与技术转移影响因素的文献研究

目前，成果转化和技术转移影响因素方面的研究成果已颇为丰硕。如

表 4-1 所列。由于成果转化、技术转移的影响因素与成果转化和技术转移效果评价指标有较强相关性,因此,在梳理成果转化与技术转移影响因素文献时,也涵盖了成果转化与技术转移评价的研究成果。如表 4-2 所列。

表 4-1 国内外学界成果转化技术转移影响因素研究

影响对象	影响内容	影 响 因 素	验证方法	来源
高校企业院所	高校科技成果转化	阶段性因素:研究、开发、中试、产业化阶段;成果属性;中介因素;风险因素 主体投入:高校投入;科研人员;产学研关系;利益分配与权责 环境因素:政策影响机制;外部环境	扎根理论	冯锋等(2020)
	军工企事业单位科技成果转化	科研体制完善性、灵活性;评奖制度;科研考核制度;成果鉴定制度;转化激励制度;思想重视程度;专业技术人才;服务平台;单位主要业务方向;转化内容是否涉及核心主业;转化模式;转化后对国防科技安全是否有影响	ISM-MICMAC模型	赵艳文等(2020)
	高校科技成果转化	政府支持;高校专利市场化水平;高校科技服务水平;国际合作与交流;研发项目投入	回归分析	李苗苗等(2019)
	地方高校专利技术转移活动	科技经费投入;国家科技计划	回归分析	饶凯等(2013)
	高校科技成果转化	科技成果中试的资金投入;科技成果知识产权归属;高校教师评价机制;科技中介机构转化服务能力	Ordered Logit模型	姚思宇,何海燕(2017)
	高校科技成果转化制度因素	所有权制度清晰而实际执行不清晰;处置权的责任主体责权利不对称;成果转化收益分配制度缺位;市场化成果评估机制缺失		赵雨菡等(2017)
	研究型大学科技成果转化	系统投入:研发人员投入,研发经费投入 中间投入:研发应用成果与科技服务人员;研发应用成果与科技服务经费 中间产出:发明专利申请数 系统产出:专利出售收入;技术转让当年实际收入;科技著作数;学术论文数	网络 DEA模型	何悦等(2018)

续表

影响对象	影响内容	影 响 因 素	验证方法	来源
高校企业院所	高校科技成果转化	内部因素：成果特性；转化意愿；传授能力；关系信任；吸收能力；转化能力 外部因素：科技中介服务能力；政策与制度支持；社会文化塑造		郭强等（2012）
	不同性质企业的技术创新	企业规模；政府支持；金融支持；科学家、工程师的数量	Tobit模型	肖仁桥等（2015）
	高校科技成果转化	大学所在地区禀赋；产业结构	Tobit模型	何彬，范硕（2013）
	我国科技成果转化	市场因素；资金因素； 技术因素：技术可得性；人才可得性；技术排他性与周期性；受让方技术吸纳能力；成果转化后的跟踪服务 非技术因素：转化链各环节衔接；人员、财务、设备调配；转让方与接受方互动 政策因素：成果转化机制；产业政策；税收政策；科技政策		朱宁宁，王溦溦（2011）
	高校科技成果转化	管理：管理体制分割 资金投入：政府拨款；自筹资金；金融融贷支持 政策：政策配套性；稳定性		高杰，周敬馨（2005）
	高校科技成果转化	国家政策：科技投入；学科评价；配套政策 区域环境：技术市场；区域经济；金融发展；产业结构；科技服务 组织行为：高校属性与文化；分配与激励；校企合作沟通	扎根理论	罗茜等（2018）
	科技成果转化	技术的创新机制；不同类型中试基地建设；激励机制；科技成果工程化投入；配套政策；宏观控制技术引进；国外技术引进；各类优惠条件	穆迪次序图	祝甲山等（1997）
	科技成果转化	优势：产学研合作，人才队伍，效益回报 劣势：产业规模，主观意识，体制机制 机会：政府协调，政策激励，中介机构 威胁：资金供给，成果复杂度，市场变化	SWOT分析	史丽萍等（2013）

续表

影响对象	影响内容	影 响 因 素		验证方法	来源
高校企业院所	高校科技成果转化	市场需求；经费投入比例；科研评价体系；职务晋升要求；校企价值协调；信息对称；中介服务；风险投资机制知识产权权属界定清晰度；激励机制			黄祥嘉(2015)
	竞争对技术扩散影响	成果技术供应方	供应方群体竞争强度；供应方集团信誉；技术标准化程度；供应方和客户之间协调情况；研发资源配置；市场资源配置		Robertson和Gatignon(1986)
		成果技术接受方	接受方产业异质性程度；竞争强度；需求不确定性；竞争信息频率和清晰度；行业专业化程度；技术的世界主义程度		
	高校科技成果转化	管理体制；经费投入；中介服务；科研人员；转化观念；市场需求；科研人才；风险投资；校企信息沟通；成果技术含量；考核体系；激励机制；利益分配；法律保障；接受方技术能力；中试基地；接受方创新观念，知识产权归属；接受方积极性			宋东林，付丙海(2010)
	科技成果转化的财政政策功能	政策制定：政策对象复杂多样性；操作手段技术水平政策获悉：创新投入压力；单位规模政策申请：申请成本；审批制度；发展战略；申请条件政策落实：拨款速度；项目监测关系		扎根理论案例研究	孙龙，雷良海(2019)
	地方高校科技成果转化绩效	中介服务；经费投入；制度保障；高校科技成果供给；企业科技吸纳		结构方程模型	卢伟，张海军(2019)
	高校专利权转移	经济水平；地理距离；高校科研情况；创新能力		多元回归	马晓雅等(2019)
	美国大学技术转移	资金投入		两阶段DEA	Ho等(2014)

续表

影响对象	影响内容	影响因素		验证方法	来源
高校企业院所	科技转化效果	科研院所：成果成熟度；成果转化激励机制；项目市场定位；了解市场需求的研究人员；科研机构和企业合作；复杂研究人才数目；成果评价机制；成果转化支撑技术 中介机构：行业发展水平；服务水平；信息流通；竞争环境 政府：政策法规体系；财政政策；政府扶持力度；促进成果转化激励政策；中介机构管理 企业：研究试验阶段；试点阶段资金；企业与科研院所衔接；企业技术；企业管理机制；企业组织结构		穆迪次序图法，德尔菲法	Wei&Liu(2017)
	科技成果转化	科技成果可试用性；科技成果易于理解和使用性；企业或市场需求；政策支持		模糊认知模型	张慧颖，史紫薇(2013)
	高等院校成果转化绩效	成果转化潜力；成果转化实力；成果转化环境		综合评价模型	涂小东等(2005)
	高校技术转移办公室	大学技术转移办公室组织结构	网络结构 强大中心结构 轻型枢纽结构	案例研究	Battaglia等(2017)
	中介组织如何影响大学——产业技术转移	中介组织通过减少4种距离促进技术转让	认知距离 地理距离 组织距离 社会距离	案例研究	Villani等(2017)
	发展中国家企业承接技术转让	吸收能力	企业内部：知识基础；获取新知识能力；获取信息能力；员工受教育水平；专业人才数目；组织结构和组织文化；企业规模；研发与管理资金投入 企业外部：环境；企业在知识网络的位置		Selmi(2013)
	技术转移有效性的知识视角	显性知识共享是技术转移的基础；隐性知识共享与技术转移没有直接关系		结构方程模型	Günsel(2015)

续表

影响对象	影响内容	影 响 因 素	验证方法	来源
高校企业院所	高校成果转化效果	输入指标和输出指标。其中输入指标包括：人员输入、资金投入、技术投入、时间投入；输出指标包括效益产出	DEA 方法	陈腾等（2006）
	法国高等教育机构和公共研发机构	投入指标和产出指标。其中，投入指标包括：雇佣员工数量、总费用、技术转移量、相关费用；产出指标包括：专利申请数量、软件版权数量、专利授权数量、产业合同数量	投入产出分析	Bach & Llerena（2007）
	高校、科研机构和国家科技计划项目	成果转化率：成功实现产业化或商业化应用的科技成果数占统计周期内科技成果总数的比例	成果转化率＝成功转化成果数/总成果数×100％	李修全等（2011）
	高校成果转化绩效	科技创新能力；成果转化能力；科技研发能力；转化环境	ANP 网络层次分析	刘威和陈艾菊（2008）
	区域高技术企业成果转化效率	科技成果投入；科技成果产出	GEM-DEA 模型	陈伟等（2011）
	科研院所成果转化能力	内部资源条件；科研投入；科研产出和宏观环境认知	多目标评价法等	汪小梅等（2016）
	基于高校、企业比较的视角,构建我国省份技术转移效率评价指标体系	投入—产出的角度 投入指标包括：R&D 人员全时当量/年、研发经费内部支出/万元 产出指标包括：有效发明/件、专利所有权转让许可数/件（高校）、新产品开发项目数/件（企业）等	DEA 模型	吕荣杰等（2018）
产业	大学—产业合作障碍的因素	合作经验 互动广度 组织间信任	回归分析	Bruneel 等（2010）
	农业创新与技术转移	科技转化基金投入	案例研究	Ding（2006）

续表

影响对象	影响内容	影 响 因 素	验证方法	来源
产业	农业科技成果转化	政府资金投入；市场需求；服务方式；科研成果研制周期；发挥效用时长；成果实用性；审批环节技术论证；鉴定验收；推广队伍，推广人员素质；接受态度；采纳能力；教育、科研和推广合作机制		朱翠林，张保军（2006）
	战略性新兴产业	企业能力：资金实力，成果转化能力 要素投入：新产品开发资金 外部环境：市场垄断	个体固定效应模型	卫平，赵良浩（2014）
	国防投资与国家科技转化	国防资金投入	随机效应模型	Malik（2018）
	种业科研人员参与科研成果转化	五年内科研成果数；五年内科研成果成功转化数；转化渠道数量的合理性；利益分配比例；政策认知；配套政策；纵向资金来源等级；转化平台	logistic模型	田蓬鹏等（2020）
	河北省九大行业成果转化	科技开发能力；成果转化能力；成果转化直接效果	综合评价法	石善冲（2003）
	以产业集群网络的视角看企业成果转化效率	成果转化能力；产业集群的结构特点；产业集群的关系水平；成果转化的效果等	综合评价模型	Xu & Li（2011）
	农业成果转化综合效果	经济效益指标；成果研发指标；知识产权和法规指标；社会效益指标	综合评价法	王新其等（2011）
区域	韩国科技框架法形成与转变	法律，制度体系；依法律所设的组织机构；组织机构的专业人才数目与独立预算能力；非正式制度		Oh & Lee（2013）
	我国科技成果转化	政府支持；市场化支撑；科技环境	随机前沿模型	董洁，黄付杰（2012）

续表

影响对象	影响内容	影 响 因 素	验证方法	来源
区域	我国科技成果转化	科技资源投入：规模；强度；阶段；研发主体；来源 科技成果属性：专利授权量；有效专利数；论文数 区域经济环境：地区经济发展水平；市场化程度	回归分析	黄伟（2013）
	上海市成果转化能力	科技成果创新能力；成果转化支撑；成果转化效果	层次分析	刘永千（2017）
	西部地区成果转化	转化条件；支撑能力；转化效果	德尔菲法、相关分析法	柴国荣等（2010）
	天津科技成果转化	成果市场建设；高校成果评价；激励体制	结构方程模型	何桢等（2011）
	江苏省科技成果转化	政府支持；人力支持；财力支持；科技进步环境支撑	随机前沿模型	赵喜仓，安荣花（2013）
	国家级高新技术产业开发区成果转化测评	后期测评的直接效果包括：市场维、价值维、生态维；跟踪测评的间接效果包括市场维、价值维和生态维	案例研究	柴剑峰（2004）
项目	政府投资科研项目	输入因素：技术供给方的研发能力、技术接受方的管理能力、技术接收方的新技术应用能力、技术转移中心能力、市场条件、制度因素；输出因素包括：技术商业化成功、专业化扩散效应以及企业技术改善	DEA法	Sohn & Moon（2004）
	科研项目的立项合理性	技术方面指标包括：项目成果是否有获取专利可能性、技术排他性、应用成果的负面影响；市场方面指标包括市场需求空间以及市场成熟度；潜在成果受让方指标包括：预购固定资产、潜在受让方营销费用	统计调查	刘姝威等（2006）
	军民融合技术协同创新知识转移视角	创新主体；技术本体；政府；公共服务；组织管理；经济效益；社会效益；科技效益	AHP法和FCE法	骆付婷（2014）

续表

影响对象	影响内容	影 响 因 素	验证方法	来源
项目	技术转移型产品开发项目立项决策	技术经济指标包括：技术匹配性、技术先进性、市场规模、企业成长 治理网络指标包括：企业网络地位、网络有效性	最优最劣法	丁荣贵等（2018）
	科技成果转化	企业内部：企业领导；管理水平；工业化成熟度 企业外部：资金；成果先进性；替代品；科技成果因素；社会科技因素；环境因素	主成分分析	王华统等（2003）
	科学—工业技术转让项目	先验知识不直接对研发项目创造价值产生影响，而通过促进主体吸收能力增强，使研发项目发挥价值。吸收能力起调节作用	回归分析	Winkelbach & Walter（2015）

表 4-2 国外重要机构成果转化技术转移评价研究

机构	评价指标	评价对象	区域
ASTP	研发协议数；发明公开数；专利申请数；专利授权数；USPTO专利授权数；与企业签订协议数以及衍生公司数；许可收入数	大学；教学医院；政府或非营利的研究机构；附属于这些机构科学园或孵化器	欧洲国家
CEMI	已生效的许可/选择数；专利许可收入；产业界支持的研究协议收入；产业界支持的研究协议数；专利授权数；新办企业数	大学	西欧国家
ProTon Europe	发明公开数；优先专利申请数；专利授权数；已生效的许可数；许可收入；新办企业数	大学；其他公共研究机构	欧洲国家
AUTM	接受的发明公开数；新的美国专利申请数；生效的许可/选择数；调整后的毛许可收入；合法已支出的专业服务费；合法且已偿还的专业服务费；美国已授权的专利数；新办企业数	大学；研究机构；教学医院；政府机构；学术和非营利研究机构下属企业	美国、加拿大
NSF	发明公开数；专利申请数；专利授权数；发明许可数；其他知识产权许可数；合作研发协议正在执行的预算数；其他合作研发协议数	联邦实验室	美国
UNITT	合作研发支出；发明公开数；专利申请数；新的许可数；现有的和正在执行的许可数；调整后的许可收入；新办企业数	大学；技术转移机构（TLOs）	日本

（来源：根据文献整理）

4.1.2.2　基于文献的成果转化与技术转移的影响因素

基于文献研究,国家重点研发计划项目成果转化与技术转移的影响因素可以分为三个维度:首席科学家、技术能力、团队协同。

首席科学家

首席科学家(Chief Scientist)的概念起源于 20 世纪 60 年代的以色列,指科研项目和机构的技术领导人物,具有一定的管理权限和责任。目前国内单独探讨首席科学家的研究较少,大多将其内嵌于项目中讨论,张义芳,翟立新(2008)认为,首席科学家的价值,不只是自身十分优秀的研究能力,更重要的是他们的科研影响能力和带动能力,能够识别引领优秀才能的科研人员,组建团队并共同完成最终任务,培养更多杰出的科技工作者。基于这一准则,他们认为首席科学家应当具备三种特质:一是具备敏锐强烈的原创精神,能够引领和开拓科学研究方向。二是组织能力强,能够高效地协调团队。三是技术能力优秀。陈晓剑等(2011)从教育学的视角进行分析,认为首席科学家成长的关键路径取决于教育的连贯性、培养的周期、培养的单位。重点研发计划的首席科学家属于科研拔尖人才,李晓轩(2004)对于科研拔尖人才的成才规律进行了说明,认为其成长是一个优势积累的过程,良好的先天素质、名校的学习经历、出国留学的经历、师从名师、科研院所的经历都会成为优势。基于以上文献,本文将从首席科学家的经历与特质两个方面拟定指标,对于经历的考察强调唯能力是举,拒绝论资排辈。

从首席科学家与产学研机构团队整体来看,引入对首席科学个人特质和个人经历的测量,能够对首席科学家的战略眼光,市场精神以及联合产学研的能力进行把握。国家重点研发项目的首席科学家,在技术能力及知识储备层面都具有深厚的积累,但长期的科研经历和实验室环境使得一些科学家对市场环境了解不够,对成果转化兴趣不足。首席科学家具备较强的市场化精神,能在一定程度上推动项目申请、研发、结项后阶段项目成果的应用化与市场化。

首席科学家的团队管理经历、学习经历、合作伙伴、技术转移经历、企业经历都能够体现首席科学家的成果能力,是科学家将项目成果进行转化和落地的关键。科学研究逻辑和商业发展逻辑并不完全相同,相关的经历支持能够为首席科学家提供科研所需资源和商业化所需资源的支持。首席科学家还是科研团队组织文化的重要塑造者,如果整个科研团队的组织文化向着产业化市场化靠拢,在此种熏染与激励下,项目成果转化的可能性也会逐步提高。

技术能力

如表 4-3 所列,根据文献研究,可将项目团队的技术能力分为自主创新能力、技术吸收能力以及产业化能力。自主创新能力是团队自主研发，自我创新的能力。技术吸收能力从路径上可分为技术引进与技术模仿能力两种类型，从内外部划分为引进外部技术能力与内部学习消化能力。技术吸收能力强的企业能够体现出更强的学习性，将外部信息整合，且使得内部人员能够进行理解，便于知识在组织内的扩散、利用与再创新，是科技成果转化的重要条件。

而科技成果产业化能力作为复杂概念，需要综合考虑内外部因素，属于科技成果与材料、资金、劳动力等生产要素结合，涉及平台、市场、政策等环节，这些因素与环节都和科技成果转化成败相关。

对于参与项目高校和研究机构，也是考察其技术能力，但是侧重点与企业技术能力并不相同，而是考虑到学研机构的特性（如重视基础研究的性质），主要考察其前期技术积累。高校与研究机构都是培养人才的重要场所，二者在参与科研计划中的技术积累，主要体现在教学和技术研发中的"知识"和"能力"两个方面，表现为与项目有关的教学与生产知识积累，技术创新经验及成果积累。

表 4-3　技术能力的文献观点

概念	观　　点	来源
	技术能力是在自主创新的实践中形成的，是有目的的主动学习的结果	路风 (2006)
	"研发团队成员对新技术的认可度较高，愿意将来在新产品研发中使用新技术" "研发团队能对外部知识进行快速识别和利用，能有效分离出高质量信息" "研发团队有能力对外部有用知识进行快速挖掘和利用"	王树斌等 (2021)
	技术吸收能力可以分为技术消化吸收能力和技术模仿改造能力，分为国外技术引进和国内技术购买两种重要路径	徐斌 (2019)
技术能力	一个企业对外界信息、知识、技术的吸收以及应用能力将与企业本身拥有的知识水平与知识内涵密切，此外还和相关研发投入的程度、学习强度与学习方法(gatekeeper)、组织学习的机制谓(内部学习指的是组织内部的知识扩散与知识创新活动，而外部学习则指的是技术模仿、转移与引进	刘常勇 (2003)
	价值易于精确评估和实施的应用类技术多倾向于以转让或许可的方式转移；专利转让形式较为灵活，具有更短的产业化时滞	余鲭鲭等 (2020)
	技术引进吸收能力、内部技术学习吸收能力、合作技术学习吸收能力和并购技术吸收能力	吴晓波等 (2005)
	企业技术能力包括了技术创新能力和技术吸收能力，其对创新型企业的影响是通过这两个维度分别完成的技术吸收能力强的企业更能够表现出学习、整合外部信息并将其转化为企业知识资本的能力。	何建洪 (2012)

团队协同

《国家中长期科学和技术发展规划纲要(2006—2020)》中提出:要依托重大科研和建设项目、重点学科和科研基地以及国际学术交流与合作项目,加大学科带头人的培养力度,积极推进创新团队建设。加强重点领域高水平科研团队建设,是实施《规划纲要》增强自主创新能力的一项重要措施。"十四五"规划建议也指出,要实现项目、基地、人才、资金一体化配置。

项目团队内部的团队协同对于内部的知识和技术转移、资源整合效率、沟通交流成本降低都有密切的关系,团队协同可以分为正式制度协同、非正式制度协同、合作基础三个方面。

4.2 国家重点研发计划成果转化与技术转移影响因素模型构建

本部分主要采用扎根理论,通过对文本资料进行开放式编码(Open coding)、主轴编码(Axial coding)、选择性编码(Selective coding)3 个步骤来构建国家重点研发计划成果转化与技术转移影响因素理论。资料分析过程中采用持续比较(Constant comparison)的分析思路,不断提炼和修正理论,直至达到理论饱和。

4.2.1 研究方法

使用扎根理论方法对课题组在国家重点研发计划项目中调研的 10 个案例访谈文本进行分析。扎根理论并非采取计算词频等内容分析方法的思路,而是通过反复阅读和比较资料不断地进行编码、聚类,不断地从文本资料中抽象概括出范畴,再对范畴进一步抽象和加工进而构建理论。

4.2.1.1 数据来源

围绕"国家重点研发计划成果转化与技术转移的影响因素"这一主题,课题组实地调研了不同类型的国家重点研发计划项目,本部分的数据便源于调研中的案例访谈资料,具体案例访谈情况见表 4-4。

表 4-4　国家重点研发计划案例基本情况

项 目 类 型	项目数目(个)	访谈字数(万)
数字诊疗装备	1	2.88
化学肥料和农药减施增效综合技术研发	2	5.81
智能农机装备	2	5.28
深海关键技术与装备	1	4.78
公共安全风险防控与应急技术装备	2	4.75
总计	8	23.50

4.2.1.2　研究过程

本部分的研究程序为:首先,明确本研究的主题即国家重点研发计划成果转化与技术转移,这是本研究在标记文本资料时围绕的主线;其次,选择 8 个访谈记录进行扎根,通过开放式编码从文本材料中编码出范畴,通过主轴式编码将其抽象为主范畴,进而将其聚类为影响国家重点研发计划成果转化与技术转移的核心范畴;最后,用深海关键技术与装备、数字诊疗装备 2 个案例的访谈资料进行扎根补充,以保障理论的充分、饱和。

4.2.2　研究结果

4.2.2.1　开放式编码

首先对 8 篇访谈资料进行仔细阅读,并运用 NVivo Plus 软件标记出国家重点研发计划成果转化与技术转移这一主题有关的表述,即为节点。每个节点用较为抽象的概念予以概括,成为范畴。通过编码,我们得到了 88 个范畴。表 4-5 为开放式编码部分示例。

表 4-5　开放式编码部分示例

案例资料示例	初始范畴
项目立项时还是概念,现在已经有样机了	技术变化
技术定价在很多情况下都不一样,有时候中介谈,有时候自己想	技术定价
在做这个课题之前,我们已经相当有研究基础了	研究基础
他们会定期一年两次给我们做质量体系的认证	质量认证
项目里有很多技术,成本很低,相当于那个技术衍生的小技术	衍生小技术
虽然有一些特色,但是业务还是有相通性,所以一般只要突破了一个技术点,它在其他地方是可以复用的	业务相通 技术相通

续表

案例资料示例	初始范畴
我们的特色可能就是在顶层设计得比较好,有个全局概念	技术设计
他这个还是在仿制人家的,他还是怎么样以比较低的价格去把别人的仿制过来,他没有超越	技术模仿 技术超越
我们这个没有别人去申请,因为门槛太高,所以专家也提出来说你们太霸道了,你们的项目团队别人没法跟你们竞争	技术垄断
在国内这个项目研究的东西还比较领先,和国外也进行了一些对比	技术比较
技术需要俗化和简单化,如果技术太复杂农民是用不起来的	技术俗化和简单化
像在河北、广东都有培训,就是要不停地培训	技术培训
按理说技术应该共享的,大家都在项目组,但实际上共享不了	技术难共享
我们意志力还是挺强的,这个不是一般人耐得住的寂寞,大约五六年吧,我只做一个事情,意志力很强	意志力
设计我已经做了20多年了,从1993年开始一直到现在,我全是围绕着这个,我就没做过其他	坚持科研,知识积淀
我自己也兼职企业	企业经历
我的同学、学生、亲属、朋友都在各个领域,遇到问题的时候,大家互相帮忙	关系网络广泛
说起来对市场需求或者是下一步的发展,经常就是我在那里推动,今后的发展会是什么,大家一窝蜂地就跟着	行业预测
专门设置成果转化处,成果转化处协调研究所和企业的对接工作	技术转移服务机构
高校的评价机制是发论文的,这样实际的东西还很不足	高校
科学院能够直接面向需求,他们也能往前面做一些科研	科研院所
我们国家的科技型企业很少	企业
项目有牵头单位,它把参与单位聚到一起,大家在一起研讨	牵头单位与参与单位
科研人员有他自己的积极主动性,有自我管理和创新能力	科研人员
我们有专门的科研人员负责项目向下游的推进,对接用户	专业技术转移人员
经费基本上包括两部分,一部分是国拨经费,另一部分是配套经费	经费来源
示范区主要包括东北、黄海、长江中下游、华南和西北地区	成果示范区
我们之间非常信任	信任
做项目之前我们都有协议,双方的协议	内部制度规定
自己单位完成的归自己单位所有,利益分配方面自己单位管自己的	利益分配规定

续表

案例资料示例	初始范畴
研究人员的思路跟做产业对待成果转化的思路不一样,做产业的思路是要解决它,做研究的希望这个问题不能够解决才好	成果转化认知
技术不可能放之四海而皆准,还是要跟地方上的科研单位合作,请他们把你这个技术在当地进一步地去优化和熟化	技术的局限性
所里输送给企业的学生,现在已经占到企业技术力量的主力	人才合作
在行业里面建一个朋友圈,把资源集中到一起,可以在一起探讨	资源汇聚
这些伙伴和我们都有过长期合作关系	合作基础
不会选一些纯理论研究的单位合作,因为这种成果转化比较慢	单位选择
有的项目团队内会出现竞争,有的不同团队之间就有竞争	主体竞争
竞标的时候互相压价,我们开始报价 100 万,结果他们比如说报了个 70 万,就中标了,但成本价可能是 80 万	价格竞争
售后体系在国内,售后比较方便,帮助我们和国外竞争	售后方便,增强竞争力
自己专利自己来处理,受益也是你们自己受益,项目产生的所有收益,都是自己算自己的	收益自行管理
专利很多,我们现在应该有 20 多个专利,形成了一个专利池	知识产权
利益均衡永远不可能做到,所以容易有纠纷	利益纠纷
产品留在我手里,我自己也拿不出一百万、两百万去登记,我不能登记,就不能真正规模化用在市场上	产品登记费
国产仪器比不过国外的另一个原因就是税收,国产设备买元器件不退税,这方面是很被动的	税收政策
我需要支持的时候没有,不急需时都塞给我,现在的这些支持对我其实作用不大,如果十年前给我,这么多产业至少可以提前五年实现	人才识别机制
首席科学家没有权力约束管理团队的参与单位	管理权责
科技部规定项目必须企业牵头,目的很明确,第一是便于试制,第二是便于未来成果转化	企业牵头
中期检查督促我们的成果转化	考核监督
行业本身并不是很大,基本上市场就这么大,再拓展也不太可能	市场规模
民营企业更愿意给科研团队机会去试试他们的设备、合作	企业意愿
国外的政府也有他们的保护政策,比如西班牙,这次我们很明显地感受到贸易战的影响,到商务谈判的时候,他们说你们不用来了,我们已经考虑美国的产品了	贸易战

4.2.2.2　主轴式编码

主轴编码(关联式编码)是将开放性编码中得到的各项范畴进一步提炼、调整、归类,将意义相近或相似的部分进行合并,并对范畴之间的内在联系进行澄清与梳理的过程。本文共形成技术转移的表现、技术转移的方式、技术资源、组织技术行动、个体资源、个人行动、团队资源、合作、竞争、利益分配、政策环境、产业环境12个主范畴见表4-6。

表 4-6　主轴编码形成的主范畴及副范畴

主范畴	副范畴	初 始 范 畴
技术转移的表现	技术成熟度	技术变化
技术转移的方式	技术交易	技术定价、专利申请、专利转让、专利授权、专利许可
	技术传播	技术培训、技术共享
	技术承接	技术承接能力
	技术应用	技术的俗化和简单化
技术资源	技术类型	衍生小技术、共性关键技术、前沿技术、无效技术、专有技术、模块化技术
	技术积累	研究基础、成果数量
	技术可靠性	质量认证
	技术复杂性	技术门槛、技术难度、技术延续
	技术差距	技术比较
	技术相通性	业务相通、技术相通
组织技术行动	技术规划	技术设计
	技术集成	技术整合配套
	技术竞争	技术模仿、超越、垄断
个体资源	精神态度	意志力
	专业能力	坚持科研、知识积淀
	科学企业家	企业经历
	个人社会资本	关系网络广泛
个体行动	行业引领	行业预测
	科学企业家	经营企业、创业
团队资源	技术转移主体资源	技术转移服务机构、高校、科研院所、企业、牵头单位与参与单位、科研人员、专业技术转移人员
	团队社会资本	关系网、沟通、信任
	财力资源	经费来源、经费量、财务预算
	物质资源	成果示范区
	团队制度资源	内部制度规定、利益分配规定
	成果转化态度与精神	产业思路、技术负外部性认识、积极性

续表

主范畴	副范畴	初 始 范 畴
合作	合作的必要性	技术的局限性、跨区域性、跨学科知识
	合作类型	人才合作
	合作优点	资源汇聚
	合作的条件	单位选择、合作基础
竞争	竞争类型	主体竞争
	竞争弊端	价格竞争
	竞争优势	售后方便增强竞争力
利益分配	利益分配方法	利益界定、收益自管理
	利益分配问题	利益纠纷、利益不足、分配难定
	利益分配内容	商标、专利
政策环境	减弱成果转化的制度	产品登记费、制度限制参与、制度限制转化、税收政策、分散的科研体制、程序冗杂、人才识别机制、管理权责、军队改制、贸易战、技术专家组
	促进成果转化的制度	企业牵头、考核监督、全链条设计
产业环境	市场承受能力	市场规模
	市场偏好	企业意愿

4.2.2.3　选择性编码

选择性编码(selective coding)是从主范畴中发掘核心范畴(core category),分析核心范畴与主范畴及其他范畴的联结关系,并以"故事线"(story line)方式描绘行为现象和脉络条件,从而建立起实质性理论。本研究中,我们对主范畴进行分析,挖掘出四个核心范畴(表4-7)。

表4-7　选择性编码形成的核心范畴

核 心 范 畴	主 范 畴
成果转化与技术转移	技术转移的表现
	技术转移的方式
首席科学家个体能力	首席科学家个体资源
	首席科学家个体行动
团队能力	团队资源
	合作、竞争、利益分配等团队行动
技术能力	技术资源
	组织技术行动
外部环境	政策环境
	产业环境

技术转移的表现和技术转移的方式整合为成果转化与技术转移；首席科学家个体资源和首席科学家个体行动整合为首席科学家个体能力，团队资源和合作、竞争、利益分配等团队行动整合为团队能力，技术资源和组织技术行动整合为技术能力，政策环境和产业环境整合为外部环境。"故事线"可以概括为：首席科学家个体能力、技术能力、团队能力和外部环境 4 个主范畴对国家重点研发计划成果转化与技术转移存在显著影响。其中，首席科学家个体能力是推动国家重点研发计划项目成果转化与技术转移的领导因素，团队能力是推动国家重点研发计划成果转化与技术转移的基础因素，技术能力为国家重点研发计划成果转化与技术转移提供直接动力，三者对国家重点研发计划成果转化与技术转移具有直接影响。外部环境是国家重点研发计划项目团队所处的环境，调节、影响着项目团队的技术转移活动。事实上，首席科学家个体能力、技术能力也属于团队能力维度，但在使用 NVivo Plus 软件进行编码时发现，首席科学家个体能力和技术能力维度的参考点在团队能力中占有较大比重，且首席科学家个体能力和技术能力均对国家重点研发计划成果转化与技术转移存在重要影响，因此，这里将其从团队能力中抽离，单独设立首席科学家个体能力和技术能力维度。首席科学家个体能力可以通过影响技术能力、团队能力，进而影响国家重点研发计划成果转化与技术转移；首席科学家个体能力也可以通过影响团队能力，进而增强技术能力，最终促进项目的成果转化与技术转移。

以构建的"故事线"为基础，本研究建构和发展出一个全新的国家重点研发计划成果转化与技术转移影响模型：STOE 全景动态轮盘。如图 4-3 所示。

与产学研视角的三螺旋等理论不同，基于国家重点研发计划构建的成果转化与技术转移 STOE 全景动态轮盘不强调产学研等不同主体间的合作机制，而是忽略主体的不同属性，转而重视由不同属性的主体组成的项目团队的整体属性，这符合国家重点研发计划以团队为行动主体的实际。尽管参与国家重点研发计划项目团队的各有不同，但其均包含首席科学家、技术、团队三方面内容，均受外部环境的影响。

STOE 全景动态轮盘由首席科学家个体能力、技术能力、团队能力和外部环境四部分组成。其中，首席科学家个体能力以个体资源为基础，个体资源通过个体行动施展、运作形成首席科学家个体能力；技术能力以项目团队的技术属性、类型、积累规模等为技术资源基础，其通过动态的技术规划、技术竞争、技术集成的组织技术行动形成技术能力；团队能力以团队资源为基础，团队资源通过资源的协调、整合，形成团队能力。首席科学家个体能力、技术

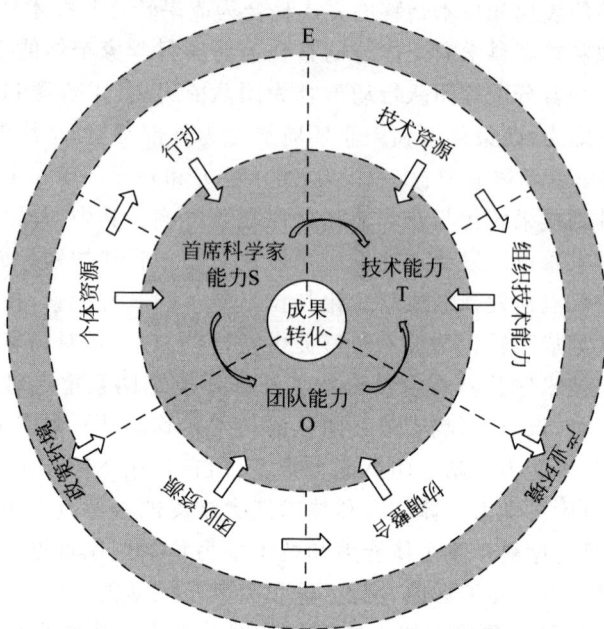

图 4-3　国家重点研发计划成果转化与技术转移影响因素 STOE 全景动态轮盘

能力、团队能力以及外部环境并不独立,而是相互渗透、密切联动,因此,各部分之间以虚线划分。所有环节均可以直接影响国家重点研发计划成果转化与技术转移。此外,首席科学家个体能力可以影响技术能力,也可以影响团队能力,进而可以对成果转化与技术转移产生间接影响。首席科学家个体能力对团队能力影响的同时,团队能力可以通过影响技术能力进而影响成果转化与技术转移,由此产生了链式影响关系。外部环境调节着首席科学家个体能力、技术能力、团队能力对成果转化与技术转移的直接与间接影响,即外部环境可以增强或削弱首席科学家个体能力、技术能力、团队能力对成果转化与技术转移的影响。

　　本文构建的国家重点研发计划成果转化与技术转移影响因素 STOE 全景动态轮盘运转的深层逻辑是处于产业环境和政策环境中的国家重点研发计划项目团队,将其资源通过协调、整合、组织等行动形成能力,进而促进成果转化与技术转移,这符合资源行动理论的"资源-行动-能力"的运行逻辑。其之所以是动态的,是因为其内部存在着资源、行动与能力的流动。即使首席科学家个体能力、技术能力、团队能力以及外部环境的微小变动,都可能引起整个盘面的转动,进而影响成果转化与技术转移。STOE 全景动态轮盘实质上是将宏观环境、中观团队、微观个体结合于一体,技术成果贯穿其中,在轮盘流动。STOE 全景动态轮盘的运作没有明确起点,终点是成果转化与技术转移。

需要注意的是,本文发现的首席科学家个体能力-技术能力-团队能力-外部环境框架即 STOE(Scientist-Technology-Organization-Environment)(图 4-3)是对经典技术-组织-环境即 TOE 框架的拓展。TOE(Technology-Organization-Environment)理论由托马茨基(Tornatzky)和费莱舍(Fleischer)于 1990 年提出,强调多层次的技术应用情境对技术应用效果的影响,其本质上是一种基于技术应用情境的综合性分析框架(邱泽奇,2017)。虽然 TOE 框架对于技术的使用、采纳具有较强的解释力,但其主要基于西方情境而设,在中国情境下的实证应用和适应性修正尚未成熟。本部分通过扎根构建的首席科学家个体能力维度则对 TOE 框架进行了中国化补充和拓展,体现了科技项目中,项目团队的领导对于成果转化与技术转移的重要作用。此外,我们通过扎根发现了首席科学家个体能力、技术能力和团队能力的形成路径、技术能力与团队能力在首席科学家与技术转移中的中介作用,以及外部环境对于首席科学家、技术能力和团队能力对成果转化与技术转移的调节作用。本部分有助于深化对国家重点研发计划成果转化与技术转移路径和驱动机制的认识,也可为成果转化与技术转移这一领域的研究提供新的证据和分析思路。

4.2.2.4　理论饱和度检验

将剩余的 2 份访谈记录作为理论饱和度的检验数据进行重新编码和分析,在完成开放性编码后,没有发现新的概念和范畴,主范畴内部也未发现新关系。由此,可认为 STOE 模型在理论上饱和且对于国家重点研发计划成果转化与技术转移的影响因素模型是适用的。

4.3　国家重点研发计划成果转化与技术转移影响因素模型验证

本部分使用结构方程模型检验首席科学家个体能力、团队能力、技术能力以及外部环境对国家重点研发计划项目成果转化与技术转移的影响效果。

4.3.1 模型解释与假设提出

国家重点研发计划成果转化与技术转移影响因素理论模型解释及假设如下。

4.3.1.1 首席科学家个体能力与成果转化和技术转移的关系

首席科学家是一种通用的科技管理模式。科研项目中的首席科学家对项目负总责,并具有一定的管理权限(科技部,2021)。本课题的首席科学家是指国家重点研发计划项目团队中的项目负责人,是重要的科技人力资源。目前,以色列、南非等诸多国家意识到杰出科学家对国家创新体系发展、国家综合实力与国际竞争力提高有重要意义,实行首席科学家制度(科技部,财政部,2021;科技部,2021b)。以往有关首席科学家与技术转移关系的研究较少,但已有研究发现首席科学家领导行为能通过影响子课题负责人的合作倾向促进重大科研项目团队努力、交流和相互帮助,首席科学家会对重大科研项目合作质量产生重要影响(郭燕青,2008)。因此,首席科学家在科研项目中发挥重要作用,首席科学家个体能力与项目团队的运行管理密切相关。就首席科学家而言,其业内声望及资源整合能力等个人特质以及项目团队管理等经历可能会影响其在国家重点研发计划项目中的行为,从而影响科研团队的综合实力、研究积累和技术转移能力,进而影响项目团队的成果转化与技术转移。基于上述思考,本课题提出以下研究假设:

H1a:国家重点研发计划项目中,首席科学家个体能力对成果转化与技术转移具有正向显著影响。

H1b:国家重点研发计划项目中,首席科学家个体能力对团队能力具有正向显著影响。

H1c:国家重点研发计划项目中,首席科学家个体能力对技术资源积累具有正向显著影响。

H1d:国家重点研发计划项目中,首席科学家个体能力对技术转移能力具有正向显著影响。

4.3.1.2 团队能力与成果转化和技术转移的关系

团队能力的大小一定程度上影响了科技项目的成败(张廷君,2010)。本研究中的团队能力是指国家重点研发计划项目中每个参与团队的综合实力。团队能力包含多维内容,不同研究从不同侧面对其进行测量。如刘宁等将团队能力划分为基本能力、信息能力、目标能力、环境能力、业务能力等内容(陈怡安,2014);李玉芝(2008)从项目负责人、项目承担单位、项目参与者角度评估科技项目团队能力。这里认为国家重点研发计划项目参与团队的能力由团队制度文化资源、社会资本和人财物资源组成。其中,团队制度文化资源为国家重点研发计划项目参与团队内部的制度约束、管理规定和文化取向等;团队社会资本为团队成员与政府部门、产业界、其他科研人员的关系及信任情况;人财物资源为项目团队的人力、物力、财力资源等。

团队能力对整个科技项目的运行非常重要。团队的综合实力越强,可能该团队的技术能力越强,其技术转移便越容易发生。因此,团队能力可能对技术转移能力、成果转化和技术转移产生影响。本课题提出以下假设:

H2a:国家重点研发计划项目中,团队能力对成果转化和技术转移具有正向显著影响。

H2b:国家重点研发计划项目中,团队能力对技术转移能力有正向显著影响。

4.3.1.3 技术能力与成果转化和技术转移的关系

结合技术转移的阶段,本课题将技术能力划分为技术资源积累和技术转移能力两部分内容。技术资源积累为项目团队积累的静态技术资源,技术转移能力是将积累的技术资源采取技术转移行动以促进成果转化与技术转移。根据资源基础理论,积累的技术、技术转移的经验均为重要的知识性资源。技术积累作为知识性资源,是企业产品所附着技术的集中体现,有利于增强创新绩效(郭秀强,孙延明,2020)。一般情况下,当国家重点研发计划项目团队的研究积累越多,积累的技术越多,可转移的技术便越多,成果转化和技术转移量可能越高;项目团队在技术积累中增强了实力,因此,前期积累的技术越多,技术资源积累越大,可能该团队的综合实力越强,该团队的技术转移越容易发生。技术转移经验是与技术转移直接相关的经验,因此,技术转移经验越丰富的团队,其技术转移量可能越多。同时,技术积累越多,可能技术转移行为越多,产生的技术转移经验越丰富,技术转移能力便越强。由此提出以下假设。

H3a:国家重点研发计划项目中,技术资源积累对成果转化和技术转移具有正向显著影响。

H3b:国家重点研发计划项目中,技术转移能力对成果转化和技术转移具有正向显著影响。

H3c:国家重点研发计划项目中,技术资源积累对技术转移能力有正向显著影响。

H3d:国家重点研发计划项目中,技术资源积累对团队能力有正向显著影响。

4.3.1.4　外部环境和成果转化与技术转移的关系及其调节作用

根据创新生态系统论、技术环境论,技术与环境之间相互影响、相互推动。技术环境论还强调技术与环境之间的关系体现为企业经济系统的动态均衡,也正是二者之间这种均衡导致了技术转移的发生(Nirmal et al.,2015)。大量的研究探索了外部环境对成果转化和技术转移的影响。比如冯锋等采用扎根理论的方法构建了高校科技成果转化的影响因素模型,其中外部环境和政策影响机制因素是影响高校科技成果转化的重要因素(Posner,1961);涂小东等(2005)采用综合评价的方法,指出成果转化潜力、实力以及成果转化环境会影响高校成果转化和技术转移;Selmi(2013)指出企业所处的环境会影响发展中国家企业技术转让等。本课题同样认为外部环境会影响国家重点研发计划项目团队的运营、发展,甚至会影响国家重点研发计划项目的成果转化与技术转移。而就成果转化与技术转移而言,对其产生影响的外部环境主要是产业环境与政策环境。

本课题选取科研人员是否具备职务科技成果所有权或长期使用权、成果转化的审批程序是否简化、成果转化的容错纠错机制是否完善测量科研项目所处的政策环境质量,选取科研项目当地基础设施是否完备、地方转化专项资金是否充足、地方相关技术人才是否聚集测量科研项目所处的产业环境质量。一般情况下,政策环境越好,即政府若对国家重点研发计划成果转化与技术转移提供政策支持,越有利于国家重点研发计划成果转化与技术转移;当国家重点研发计划项目团队所处的产业环境良好时,项目团队更容易获取资金、基础设施、人才等资源,更有利于国家重点研发计划成果转化与技术转移。因此,可以提出如下假设:

H4a:国家重点研发计划项目中,政策环境对成果转化和技术转移具有正向显著影响。

H4b:国家重点研发计划项目中,产业环境对成果转化和技术转移具有正向显著影响。

目前,学界诸多研究表明外部环境在科技创新的发展中起积极的调节作用。如熊艳等(2011)发现企业所面临的外在技术机会或行业技术竞争压力对管理层持股与企业技术创新活动的关系起到显著的调节作用,在那些技术竞争更为激烈的行业中,管理层持股与企业技术创新活动的正相关关系更为明显;杨震宁等(2015)通过实证研究发现,科技园区的创新环境要素在对科技园内企业发展绩效的影响过程中扮演了调节角色,使具有不同战略动机的企业产生不同的发展绩效。付东等(2022)发现外部营商环境正向调节经营主导型资源配置战略和创新产出的关系。良好的外部环境有利于国家重点研发计划项目团队获取外部支持、发挥主观意愿,促进国家重点研发计划成果转化与技术转移。因此,除对国家重点研发计划成果转化与技术转移产生直接影响外,外部环境可能对国家重点研发计划成果转化与技术转移的运行过程产生调节作用,故本研究将外部环境作为调节变量。

上文假设,在国家重点研发计划项目中,首席科学家、技术资源积累、技术转移能力、团队能力会对成果转化与技术转移产生影响。但由于首席科学家、技术资源积累、技术转移能力、团队能力均会受外部环境的影响,因此,外部环境具体在某个环节是否发挥调节作用、发挥如何的调节作用尚未可知。

本课题选取科研人员是否具备职务科技成果所有权或长期使用权、成果转化的审批程序是否简化、成果转化的容错纠错机制是否完善测量科研项目所处的政策环境质量。其中,科技成果所有权或长期使用权主要与科研人员相关,用以激发科研人员积极性。成果转化审批程序和容错纠错机制主要与技术转移能力相关。一般而言,首席科学家的积极性有助于技术资源的积累,团队能力的增强;成果转化审批程序的设置和容错纠错机制的建立有助于技术转移的便利,进而增强技术转移能力。我们选择探讨政策环境在首席科学家个体能力和技术转移能力、首席科学家个体能力和技术资源积累、首席科学家和团队能力关系、技术转移能力和成果转化与技术转移量中的调节作用。本课题选取专业化技术中介机构数、线上线下技术交易市场完备情况和企业孵化器数量测量科研项目团队所处的产业环境质量。由于交易市场、中介机构和孵化器主要涉及技术、成果的孵化和交易,因此,产业环境与技术转移能力有关,我们将探讨产业环境在首席科学家个体能力和技术转移能力、团队能力和技术转移能力、技术转移能力和成果转化与技术转移量关系中的调节作用。提出以下假设:

H4c:政策环境对首席科学家和团队能力间关系起调节作用。

H4d:政策环境对首席科学家和技术资源积累间关系起调节作用。

H4e:政策环境对首席科学家和技术转移能力间关系起调节作用。

H4f:政策环境在技术转移能力和成果转化与技术转移量间关系起调节作用。

H4g:产业环境在首席科学家个体能力和技术转移能力间关系起调节作用。

H4h:产业环境在团队能力和技术转移能力间关系起调节作用。

H4i:产业环境在技术转移能力和成果转化与技术转移量间关系起调节

作用。

综上所述,本研究的假设如图 4-4、图 4-5、图 4-6 所示。图 4-4 为直接效应假设,图 4-5 为政策环境调节假设,图 4-6 为产业环境调节假设。至于各个环节发挥如何的调节作用,我们将结合不同环节的具体情境探讨。政策环境和产业环境调节变量的引入会给原本的理论模型带来情境因素,提高模型应用的价值。此外,对模型中介效应的探究往往能够揭示各影响路径的相对强度,探索各因素之间关系的内部作用机制。因此,本文进一步提出以下研究问题:国家重点研发计划中,团队能力、技术能力在首席科学家和成果转化与技术转移之间发挥着怎样的中介效应?

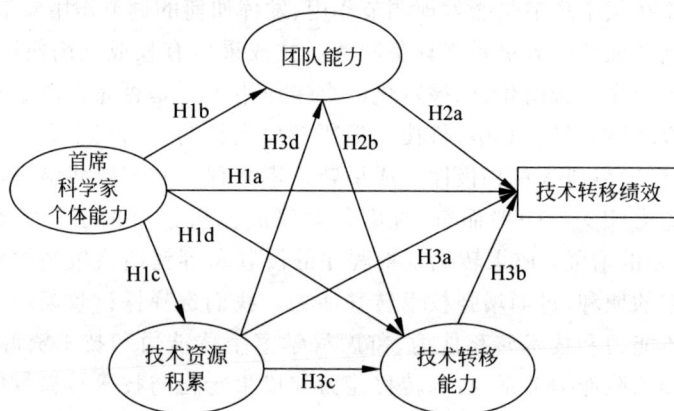

图 4-4　国家重点研发计划成果转化与技术转移直接影响假设标注

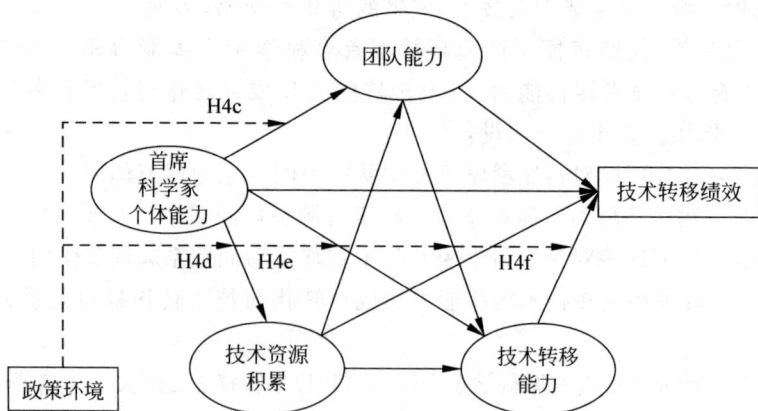

图 4-5　政策环境为调节变量时,成果转化与技术转移影响模型的假设标注

注:"—"为直接影响;"---"为调节效应

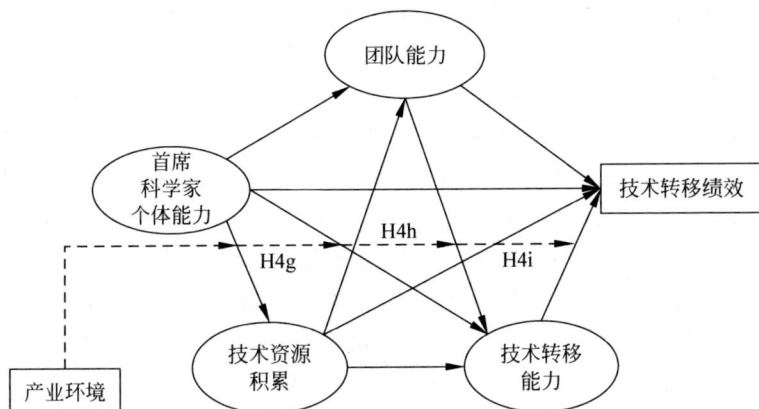

图 4-6　产业环境为调节变量时，成果转化与技术转移影响模型的假设标注

注："——"为直接影响；"---"为调节效应

4.3.2　研究设计

探究国家重点研发计划成果转化与技术转移的影响机理是本部分的主要目的和内容。本研究首先应用归纳的思维，根据现有的理论和社会生活实际情况，构建国家重点研发计划成果转化与技术转移理论模型并提出假设。之后，运用"演绎"思维，采用统计方法，检验该模型是否能够有效解释国家重点研发计划成果转化与技术转移。本课题主要采用问卷法、访谈法收集数据，采用描述性统计分析、信度和效度分析、因子分析、结构方程模型等方法分析数据。

4.3.2.1　问卷设计过程

为了高质量地完成调研工作，本研究中问卷的设计过程严格遵循规范的社会科学调查问卷设计的流程和注意事项。从大体上来看，本研究的问卷设计涉及四个阶段：

首先，围绕研究问题和内容，本课题组认真研读和整理了关于国家重点研发计划成果转化与技术转移的相关文献和书籍，对前人的研究成果进行系统梳理。在此基础上归纳了众多文献中提到的国家重点研发计划成果转化与技术转移的影响因素，包括技术能力、团队能力等一系列因素；其次，为使问卷能够更符合国家重点研发计划成果转化与技术转移问题实际、更具实用性、科学性，在问卷开发、设计过程中，本课题组在借鉴现有较为成熟的量表的同时,也多次与成果转化、技术转移领域的专家以及科技创新政策政府工作人员沟通、征询意见,增设首席科学家维度,并不断对问卷的维度结构和具体题项等内容修改和完善,最终形成了本研究相关变量的测量量表;再次,根据研究的目的与内容,课题组编制了初步的调查问卷。问卷总共包括调查说明、基本信息以及变量量表三个部分;从次,在问卷设计过程中,始终遵循问卷问题简洁明确、不存在双重语义、不带有倾向性等原则;最后,对问卷进行预调研时,根据预调研的分析结果和被调查者在问卷填写过程中反馈的意见和建议,对问卷中部分测量题项的表达方式进行进一步修改,确定调查问卷的最终稿。测量题项均采用 Likert 5 级量表形式,1 表示"非常不同意",5 表示"非常同意"。整个问卷设计过程历时 7 个月,从 2019 年 10 月至 2020 年 5 月。

4.3.2.2　数据收集与样本概况

本课题的研究对象为国家重点研发计划项目的参与人员。预试问卷采用判断式抽样的方法,选取国家重点研发计划的 50 位参与人员进行测试。在科技部工作人员的帮助下,正式问卷通过问卷调研平台于 2020 年 12 月期间发放至国家重点研发计划参与人员的微信工作群中,对国家重点研发计划项目的参与人员进行问卷调查。最终,以不记名方式收集资料共发放调查问卷 966 份,剔除不符合数据分析要求的问卷,最终回收有效问卷 965 份,问卷有效回收率为 99.9%。在国家重点研发计划项目中,参与人员在性别、年龄、职业、受教育年限等方面具有较强的同质性。出于对国家重点研发计划项目参与人员信息保密的考虑,也使参与人员能够如实回答问题,本研究并未收集填答者的年龄、性别、职业等信息,而收集了填答者所在单位性质、所在项目类型等信息。

4.3.2.3　研究变量的选择与测量

(1) 首席科学家个体能力概念、维度与测量量表

"首席科学家"是指在学术方面有较高的造诣,取得过丰硕、优秀的学术成果,能把团队中的成员协调好,带领成员们在把握学科动态的情况下朝着团队的研究方向前进的人物(郭燕青,2008)。科研项目中的首席科学家对项目负总责,并具有一定的管理权限(科技部,2021a)。本课题的首席科学家是指国家重点研发计划项目团队中的项目负责人。

当前学术界与首席科学家相关的研究并不多。因此,本课题在借鉴以往

研究的基础上,主要通过对首席科学家、政府工作人员访谈以及课题组反复讨论的途径识别首席科学家可能对国家重点研发计划成果转化与技术转移产生影响的内容。研究发现,首席科学家个人魅力、素质、经历、资源等对于项目团队的成果转化和技术转移等至关重要。本课题将首席科学家的个人魅力、素质、资源等归纳为首席科学家的能力,认为首席科学家个体能力会影响国家重点研发计划项目的成果转化与技术转移。需要注意的是,首席科学家个体能力难以客观测量,因此本课题中,首席科学家个体能力主要由项目参与者感知测得。首席科学家个体能力主要通过首席科学家对成果转化与技术转移的积极性、社会交往圈子大小、在企业从事一般工作的经历、经营过企业的经历 4 个题项测量,具体见表 4-8。

表 4-8　首席科学家维度的含义与测量题项

维度	维度含义	测 量 题 项
首席科学家个体能力	首席科学家在成果转化与技术转移方面的主动性、社交圈子以及企业经历	首席科学家主动布局成果转化
		首席科学家社会交往圈子较大
		首席科学家有在企业从事一般工作的经历
		首席科学家经营过企业

(2)团队能力概念、维度与测量量表

依据不同的研究问题与目的,团队能力有不同的评价标准。如张瑞莲(2011)为对科研项目团队能力做出综合、全面的评价,从成员素质、团队管理、组织结构、成果收获四个角度测量;聂晖等(2005)使用 AHP 法对从项目经理、系统分析员、系统设计员、开发人员、测量人员五个角度评价软件企业研发团队能力;刘书雷等(2010)从科技投入、人员投入、条件基础、文化环境和科技产出五个维度分析高校科研团队科技创新能力。为探究国家重点研发计划项目团队能力对成果转化与技术转移的影响,必然从可能影响成果转化与技术转移的团队能力方面考虑。

就国家重点研发计划团队能力而言,团队所具备的成果人财物资源是促进成果转化与技术转移硬实力,团队内部有关成果转化与技术转移的制度规定为成果转化与技术转移提供了制度保障。处于创新生态系统中,任何一个团队都不可能孤立、与外界杜绝往来。因此,项目团队与外部的政府工作人员、产业界、其他科研人员的沟通是否充分、联系是否紧密,侧面反映了项目团队的社会资本的强弱,反映整个团队在创新生态系统中的人脉与资源网络。因此,如前所述,本课题组认为国家重点研发计划项目参与团队的能力由团队制度文化资源、内部人财物资源以及团队社会资本组成。其中,团队制度文化资源为国家重点研发计划项目参与团队内部有关成果转化与技术转移的制度约束、管理规定。本课题组选择了项目团队是否具备信息共享、利益分配、风险共担等规定测量;团队社会资本为团队成员与政府部门、产业界、其他科研人员的关系及信任情况;人财物资源为项目团队的专业化技术经纪人数量、专业技术转移管理人员数量、企业孵化器数量以及中试与产业化基地成熟度等,具体见表 4-9。

表 4-9　团队能力维度的含义与测量题项

团队能力维度	维度含义	测量题项
制度文化资源	团队内部是否有明确制度约束、文化风格	信息、数据、论文、专利等只允许在我们内部共享
		我们共同承担风险
		我们利益分配明确
人财物资源	团队将成果进行产业化的能力	专业化技术经纪人数量多
		专业技术转移管理人员充足
		企业孵化器数量多
		中试与产业化基地成熟
社会资本	团队与外界的关系	我们与科技主管部门经常沟通
		我们与产业界经常沟通
		我们与同领域科研人员经常沟通
		我们得到了他们的充分信任

(3)技术能力概念、维度与测量量表

有诸多研究从不同视角对技术能力进行了维度划分。如赵晓庆等(2002)指出技术能力结构从企业价值链活动看,可以划分为生产技术、产品和工艺改进、技术创新能力,从技术载体看可以划分为设备技术、人员技术、技术组织和价值观四类,从获取和提高技术的企业活动看可以分为技术检测、技术吸收、技术转移与激活、技术知识创造能力;吴永林等(2016)以技术创新投入能力、研究开发能力、消化吸收能力与技术创新产出能力构建了技术创新能力评价指标体系;杨菲等(2015)认为技术积累能力是技术创新能力的基础,他们从自主积累、开放式积累角度综合评价我国区域技术积累能力。

从成果转化与技术转移视角构建国家重点研发计划项目团队的技术能力评价维度时,通过查阅文献和访谈,这里将技术能力划分为技术资源积累、技术转移能力两个维度。其中,技术资源积累为科研团队在技术领域内的研究经验是否丰富,是否在本技术领域承担过多个国家级或省部级项目,是否取得过多项成果(论文、奖项)。技术转移能力为项目团队具有把技术专利成功转让或许可的经验、把以前的技术成果转化为成熟产品的经验以及项目团队以前的技术产品获得过良好的市场认可,具体见表 4-10。

表 4-10　技术能力维度的含义与测量题项

技术能力维度	维度含义	测 量 题 项
技术资源积累	项目团队已有研究、成果积累到何种程度	我们在本技术领域内具有多年研究经验
		我们在本技术领域承担过多个国家级项目
		我们在本技术领域承担过多个省部级项目
		我们在本技术领域取得过多项成果(论文、奖项)
技术转移能力	项目团队的成果转化、技术转移能力	我们具有把技术专利成功转让或许可的丰富经验
		我们具有把以前的技术成果转化为成熟产品的经验
		我们以前的技术产品获得过良好的市场认可

(4) 外部环境概念、维度与测量量表

如前所述,本课题认为外部环境会影响国家重点研发计划项目的成果转化与技术转移。经由文献阅读和对专家、科研人员、政府工作人员的访谈,本课题组将对成果转化与技术转移产生影响的外部环境划分为政策环境与产业环境。本课题中,政策环境是指国家重点研发计划项目团队所处的会对成果转化与技术转移产生影响的政策条件。本课题选取科研人员是否具备职务科技成果所有权或长期使用权、成果转化的审批程序是否简化、成果转化的容错纠错机制是否完善测量科研项目所处的政策环境质量。产业环境是指国家重点研发计划项目团队所处的会对其产业内各要素产生影响的条件。本课题选取专业化技术中介机构数、线上线下技术交易市场完备情况、企业孵化器数量测量科研项目所处的产业环境质量,具体见表 4-11。

表 4-11　外部环境维度的含义与测量题项

外部环境维度	维度含义	测 量 题 项
政策环境	国家重点研发计划项目团队所处的会对成果转化与技术转移产生影响的政策条件	科研人员具备职务科技成果所有权或长期使用权
		成果转化的审批程序简化
		成果转化的容错纠错机制完善
产业环境	国家重点研发计划项目团队所处的会对其产业内各要素产生影响的条件	专业化技术中介机构数多
		线上线下技术交易市场完备
		企业孵化器数量多

（5）成果转化与技术转移概念、维度与测量量表

在不同研究中，成果转化与技术转移的测量维度选择不同。黄伟（2013）在对高校科技成果转化评价时，选择从科技成果应用、科技成果商业化、科技成果产业化、科技成果国际化四方面评价；刘永千（2017）从创新能力、创新支撑、创新效果视角构建上海科技成果转化的能力评价系统和指标；张座铭等（2017）从高校科研投入、高校科研环境、高校科研产出指标出发构建中部地区高校技术转移绩效评价指标体系。借鉴以往研究，结合访谈资料，本课题从国家重点研发计划团队预期技术转移量和技术成熟度变化测量成果转化与技术转移量。技术成熟度变化是成果转化、技术转移变化最明显的变量；预期技术转移量反映了国家重点研发计划团队在项目执行期间的成果转化量和技术转移量，具体见表 4-12。需要注意的是，由于发放问卷时，诸多国家重点研发计划项目还未进入结题环节，因此，本问卷中的"结项时的技术成熟度"题项为参与项目人员的依据项目预期填写。

表 4-12　成果转化与技术转移维度的含义与测量题项

成果转化与技术转移维度	维度含义	测量题项
预期技术转移量	除技术成熟度外，项目团队成果的转移情况	本项目预期有较多技术专利授权
		本项目预期有较多商业产品
		本项目预期有较完整的应用解决方案
		本项目会获得较高行业认可
技术成熟度	技术进展到了哪个阶段	立项时，您的技术成熟度是（　）级
		结项时，您预计的技术成熟度是（　）级

4.3.3　数据分析

本部分首先对样本的数据进行描述性统计分析，了解样本数据基本情况。其次，运用信度和效度分析对量表的质量进行检验，保证研究可靠性、有效性。在此基础上，本课题使用 Amos 23.0 软件，通过结构方程模型检验直接效应和中介效应，使用 SPSS 26.0 process 插件检验调节效应。具体来看，假设检验主要包括四部分的内容：首席科学家、团队能力、技术能力对国家重点研发计划成果转化与技术转移的直接影响检验；团队能力、技术能力的中介效应检验；外部环境的调节效应检验；对假设检验的结果进行汇总。

4.3.3.1　样本数据的描述性统计分析

如前所述，出于对国家重点研发计划项目参与人员信息保密的考虑，也使参与人员能够如实回答问题,本研究并未收集填答者的年龄、性别、职业等基本信息。因此,表4-13展示了本课题关于国家重点研发计划项目团队而非参与人员的基本信息统计。

表4-13 基本信息描述性统计表

变量	类别	样本数(965)	百分比(%)
单位性质	体制内单位	827	85.7
	体制外单位	138	14.3
项目类型	基础研究	216	22.4
	重大共性关键技术	420	43.5
	其他	29	3
	应用示范	300	31.1

如表4-13所示,本次调研的国家重点研发计划项目中体制内单位的参与者有827人,体制外单位有138人,分别占比85.7%和14.3,体制内单位人数比非体制内单位参与者比重多约70%;项目类型中,基础研究、应用示范类型的项目较多。基础研究有216项,重大共性关键技术有420项,应用示范类有300项,其他类型的研究有29项,分别占比22.4%、43.5%、31.1%、3%。

除基本信息的描述性统计外,表4-14展示了国家重点研发计划成果转化与技术转移相关变量的描述性统计结果。观察表4-14发现,国家重点研发计划项目团队的技术资源积累、技术转移能力、首席科学家个体能力、社会资本、人财物资源、政策环境和产业环境得分较高,而制度文化资源得分相对较低。技术成熟度的描述性统计中,项目团队预期立项时技术成熟度平均值为3.399,预期结项时的技术成熟度平均值为7.26。因此,项目团队预期技术在参与国家重点研发计划项目的过程中将提升约4个成熟度。

表4-14 国家重点研发计划成果转化与技术转移样本数据描述性统计表

维度		编码与题项	测量方法	均值	标准差
技术能力J	技术资源积累J1	JS1 我们在本技术领域内具有多年研究经验	1=完全不符合;	4.637	0.609
		JS2 我们在本技术领域内承担过多个国家级项目		4.27	0.973
		JS3 我们在本技术领域内承担过多个省部级项目		4.31	0.884
		JS4 我们在本技术领域内取得过多项成果		4.48	0.700

续表

维度		编码与题项	测量方法	均值	标准差
技术能力 J	技术转移能力 J2	JS5 我们有把技术专利成功转让的丰富经验	2=基本不符合； 3=不确定；	3.85	0.954
		JS6 我们有把以前技术转化为成熟产品的经验		4.03	0.897
		JS7 我们以前的技术产品获得过良好的市场认可		4.01	0.954
团队综合能力 T	制度文化资源 T1	TD1 信息、数据、专利等只许在我们内部共享	4=基本符合	1.96	1.970
		TD2 我们共同承担风险		2.32	2.201
		TD3 我们利益分配明确		2.28	2.181
	人财物资源 T2	TD4 专业化技术经纪人数量多	5=完全符合；	3.93	0.838
		TD5 专业技术转移管理人员充足		4.30	0.693
		TD6 中试与产业化基地成熟		4.29	0.702
	社会资本 T3	TD7 我们得到了他们的充分信任		4.59	0.554
		TD8 我们与科技主管部门经常沟通		4.25	0.768
		TD9 我们与产业界经常沟通		4.34	0.760
		TD10 我们与同领域科研人员经常沟通		4.55	0.588
首席科学家个体能力 S		SX1 首席科学家主动布局成果转化		4.2	0.751
		SX2 首席科学家社会交往圈子较大		4.17	0.856
		SX3 首席科学家懂得科技成果转化知识		3.09	1.280
		SX4 首席科学家愿意承担较高的市场风险		3.82	0.916
外部环境 EV	政策环境 EVP	EV1 科研人员具备职务科技成果所有权或长期使用权		4.42	0.658
		EV2 成果转化的审批程序简化		4.46	0.638
		EV3 成果转化的容错纠错机制完善		4.42	0.645
	产业环境 EVI	EV4 专业化技术中介机构数多		3.86	0.852
		EV5 线上线下技术交易市场完备		4.23	0.707
		EV6 企业孵化器数量多		3.99	0.813
技术转移 AT	预期技术转移 YT	AN1 本项目预期有较多技术专利授权		4.1731	0.808
		AN2 本项目预期有较多商业产品		3.4549	1.034
		AN3 本项目预期有较完整的应用解决方案		4.1917	0.765
		AN4 本项目会获得较高行业认可		3.7337	0.940
	技术成熟度 TM	AN5 立项时,您的技术成熟度是( )级	1-9 技术成熟度对应选择	3.399	1.845
		AN6 结项时,您预计的技术成熟度是( )级		7.2611	1.755

技术转移是指某种技术从技术供给方向技术需求方转移的过程,在此过程中,技术成熟度发生了重要变化。技术成熟度是指科技成果的技术绩效、工艺流程、配套资源、技术生命周期等方面所具有的产业化实用程度,由美国航空航天局(NASA)提出,包括 1~9 共 9 个等级(马宽等,2016)。本文主要通过结项时预期的项目技术成熟度与立项时的项目技术成熟度测量国家重点研发计划中技术成熟度的变化。需要注意的是,技术转移不仅体现为技术成熟度的变化,诸如专利授权、商业产品的生产等也是技术转移的重要体现。因此,本文将技术转移的过程中产生的技术专利授权、商业产品、完整的应用解决方案、获得较高行业认可也纳入测量技术转移绩效的指标中,用以衡量其他技术转移量。

"结项时的技术成熟度—立项时技术成熟度"为整个项目中技术成熟度的变化。但由于从 1~5 与从 3~7 的技术成熟度变化量均为 4,难以体现出技术成熟度变化的差异性。因此,这里以结项时的技术成熟度乘以结项与立项成熟度的变化。为方便了解技术成熟度变化程度,又除以(8×9),对技术成熟度变化度进行归一化处理。得到的技术成熟度变化度,见公式 1。其他技术转移平均量为预期商业产品、预期解决方案等加总求平均,见公式 2。

技术成熟度变化度=([结项×(结项−立项)]/(8×9))　(公式 1)

预期其他技术转移平均量=(预期有较多专利授权+

预期有较多商业产品+

预期有完整的应用解决方案+

预期有较高的行业认可)/4　　　(公式 2)

技术转移绩效=技术成熟度变化度+预期其他技术平均转移量

(公式 3)

本文采用技术转移绩效作为因变量,其为上述公式结果之和(公式 3)。如此而言,技术转移绩效的最大值为最大技术成熟度变化度 1 与预期其他技术平均转移量 5 之和,即技术转移绩效最高为 6。按照 60% 以下为较差、60%~70% 为合格(含 60%)、70%~80% 为中等(含 70%)、80%~90% 为良好(含 80%)、90% 及以上为优秀来划分,技术转移绩效在 3.6 分以下为较差、3.6~4.2 为合格(含 3.6)、4.2~4.8 为中等(含 4.2)、4.8~5.4 为良好(含 4.8)、5.4 及以上为优秀。

表 4-15 展示了本次调研的国家重点研发计划技术转移绩效。观察表 4-15 可知,国家重点研发计划技术转移绩效在合格以上的占比 83.52%,技术转移绩效为中等的占比最多,达 32.33%,技术转移绩效总体较好。

表 4-15　国家重点研发计划技术转移绩效表

平均预期技术转移量		频次	频率	
范围	等级		单项频率	累计频率
[5.4～6.0]	优秀	61	6.32%	6.32%
[4.8～5.4)	良好	187	19.38%	25.70%
[4.2～4.8)	中等	312	32.33%	58.03%
[3.6～4.2)	合格	246	25.49%	83.52%
[0～3.6)	较差	159	16.48%	100%
总计		965	100%	—

4.3.3.2　问卷的信效度分析

在进行信度、效度分析之前,本研究需要对所收集的样本数据进行探索性因子分析。因子分析是从变量群中提取共性因子的统计技术。因子分析分为探索性因子分析和验证性因子分析。其中,探索性因子分析是一项用来找出多元预测变量的本质结构、并进行处理降维的技术。在具体操作中,探索性因子分析能够用于探索研究中涉及的各个变量的不同维度的问卷题目是否存在信息重叠或者因子载荷不足的情况,并对其进行删除,以确定涉及变量的各个维度的测量题项的题目数。除此之外,探索性因子分析可用于考察所提取的因子累积方差贡献率是否能够满足研究的要求。

（1）探索性因子分析

本研究所涉及变量的探索性因子提取方法均为主成分分析法。并且都是根据实际情况,按照因子的固定数目提取因子。因子分析的旋转方法为最大方差法。在进行因子分析时,首先,探讨变量是否适合做因子分析。KMO值越大,越适合做因子分析。当 KMO 值在 0.7～0.8 之间时,该变量可以做因子分析;当 KMO 值在 0.8～0.9 之间时,该变量适合做因子分析;当 KMO 值大于 0.9 时,该变量非常适合做因子分析。Bartlett 球形检验的显著性能够反映变量内部各个维度之间的相关性,当 Bartlett 球形检验的显著性小于 0.05 时,表示数据取自正态分布,适合做因子分析。其次,分析变量因子的提取状况。需要判断因子提取的结果是否与先前设计的测量量表一致。

依照旋转后的成分矩阵表,根据因子载荷值(Factor Loading)要大于 0.6 的标准,问卷条目在两因子上的载荷值(即交叉载荷值 Cross Loading)不得均高于 0.4 的标准,相关的问卷条目要在设定的维度中这三项标准,判断问卷题目是否需要保留。最后,考察提取因子累积方差贡献率是否符合变量提取因子累积方差贡献率大于 50% 的标准。在此基础上,做出因子是否可以保留的决定。

a) 国家重点研发计划技术能力的探索性因子分析

表 4-16 为国家重点研发计划技术能力探索性因子分析结果。可以看出,技术能力的 KMO 值为 0.783,大于 0.7。Bartlett 球形检验的显著性 p 值为 0.000,小于 0.05。因此,这些变量内部各个维度之间显著相关,且可以做因子分析。技术能力因子提取了技术资源积累和技术转移能力,与技术能力测量量表探索结果一致,符合实际情况。提取因子累积方差贡献率为 63.698%,符合变量提取因子累积方差贡献率大于 50% 的标准。因此,各个因子均可以保留。

表 4-16　技术能力的探索性因子分析结果

变量名称	测量题项	因子载荷	累计方差贡献率	KMO 值	Bartlett 球形检验		
					近似卡方	df	Sig
技术能力	JS1	0.631	63.698%	0.783	3283.236	28	0.000
	JS2	0.692					
	JS3	0.696					
	JS4	0.742					
	JS5	0.660					
	JS6	0.866					
	JS7	0.806					

b) 国家重点研发计划团队能力的探索性因子分析

表 4-17 为国家重点研发计划团队能力探索性因子分析结果。可以看出,技术能力的 KMO 值为 0.805,大于 0.7。Bartlett 球形检验的显著性 p 值为 0.000,小于 0.05。因此,这些变量内部各个维度之间显著相关,且可以做因子分析。团队能力因子提取了制度文化资源、人财物资源和社会资本,与团队能力测量量表探索结果一致,符合实际情况。提取因子累积方差贡献率为 68.598%,符合变量提取因子累积方差贡献率大于 50% 的标准。因此,各个因子均可以保留。

表 4-17　团队能力的探索性因子分析结果

变量名称	测量题项	因子载荷	累计方差贡献率	KMO 值	Bartlett 球形检验		
					近似卡方	df	Sig
团队能力	TD1	0.811	68.598%	0.805	3467.157	45	0.000
	TD2	0.826					
	TD3	0.781					
	TD4	0.865					
	TD5	0.834					
	TD6	0.679					
	TD7	0.852					
	TD8	0.788					
	TD9	0.808					
	TD10	0.834					

c) 国家重点研发计划首席科学家个体能力的探索性因子分析

表 4-18 为国家重点研发计划首席科学家个体能力探索性因子分析结果。可以看出,技术能力的 KMO 值为 0.786,大于 0.7。Bartlett 球形检验的显著性 p 值为 0.000,小于 0.05。因此,这些变量内部各个维度之间显著相关,且适合做因子分析。首席科学家个体能力因子提取了一个因子,与首席科学家个体能力测量量表探索结果一致,符合实际情况。提取因子累积方差贡献率为 64.174%,符合变量提取因子累积方差贡献率大于 50% 的标准。因此,该因子可以保留。

表 4-18　首席科学家个体能力的探索性因子分析结果

变量名称	测量题项	因子载荷	累计方差贡献率	KMO 值	Bartlett 球形检验		
					近似卡方	df	Sig
首席科学家个体能力	SX1	0.846	64.174%	0.786	1289.126	6	0.000
	SX2	0.832					
	SX3	0.769					
	SX4	0.753					

d) 国家重点研发计划外部环境的探索性因子分析

表 4-19 为国家重点研发计划外部环境探索性因子分析结果。可以看出,外部环境的 KMO 值为 0.812,大于 0.7。Bartlett 球形检验的显著性 p 值为 0.000,小于 0.05。因此,这些变量内部各个维度之间显著相关,且适合做

因子分析。外部环境因子提取了政策环境和产业环境,与外部环境测量量表探索结果一致,符合实际情况。提取因子累积方差贡献率为 82.648%,符合变量提取因子累积方差贡献率大于 50% 的标准。因此,各个因子均可以保留。

表 4-19 外部环境的探索性因子分析结果

变量 名称	测量 题项	因子 载荷	累计方差 贡献率	KMO 值	Bartlett 球形检验		
					近似卡方	df	Sig
外部环境	EV1	0.803	82.648%	0.812	4147.179	15	0.000
	EV2	0.911					
	EV3	0.889					
	EV4	0.920					
	EV5	0.903					
	EV6	0.722					

e) 国家重点研发计划成果转化与技术转移的探索性因子分析

表 4-20 为国家重点研发计划成果转化与技术转移探索性因子分析结果。可以看出,成果转化与技术转移的 KMO 值为 0.743,大于 0.7。Bartlett 球形检验的显著性 p 值为 0.000,小于 0.05。因此,这些变量内部各个维度之间显著相关,且适合做因子分析。成果转化与技术转移提取了技术成熟度和预期其他技术转移量,与成果转化与技术转移测量量表探索结果一致,符合实际情况。提取因子累积方差贡献率为 64.572%,符合变量提取因子累积方差贡献率大于 50% 的标准。因此,各个因子均可以保留。

表 4-20 成果转化与技术转移的探索性因子分析结果

变量 名称	测量 题项	因子 载荷	累计方差 贡献率	KMO 值	Bartlett 球形检验		
					近似卡方	df	Sig
成果转化与技术转移	预期其他技术转移量	0.716	64.572%	0.743	1399.522	15	0
		0.740					
		0.772					
		0.733					
	技术成熟度	0.871					
		0.815					

（2）信度分析

信度（Reliability）分析是对测量量表可靠性程度的衡量。首先,在研究中较为广泛采用的信度分析方法是 Cronbach's α 系数分析法。该系数可用于测算调查问卷的内部一致性程度。Cronbach's α 是一个大于 0 小于 1 的数值,数值越大,代表内部一致性程度越高,信度越大。根据测量标准的要求,每个维度中各个题目之间的 Cronbach's α 的值需要大于 0.7,问卷才能被认为具有良好的信度,即具有较为可靠的分析能力。其次,需要进一步分析各个题项的修正项目总相关（CITC,Corrected item total correlation）。一般情况下,修正项目总相关的值应当大于 0.5,至少要大于 0.3。最后,需要检验各个维度内部各题项的相关系数（Item Correlation）,该系数需要达到 0.3 以上,就可以称该维度具有良好的内部一致性程度。

a）国家重点研发计划技术能力的信度检验

从表 4-21 中可以看出,技术能力变量各个维度的 Cronbach's α 系数均大于 0.7,信度较高。再者,对修正项目总相关（CITC）进行检验。可以看出,各个题项的 CITC 值均大于 0.5 的标准,说明调查问卷数据具有良好的内部一致性。最后,对各题项的相关系数进行检验,该指标均在 0.3 以上,各个维度内部具有良好的一致性。

表 4-21　技术能力的信度检验结果

变量名称	维度名称	测量题项	Cronbach's α	修正项目总相关	各题项相关系数
技术能力	技术资源积累	JS1	0.846	0.627	均大于0.3
		JS2		0.675	
		JS3		0.698	
		JS4		0.723	
	技术转移能力	JS5	0.855	0.613	均大于0.3
		JS6		0.813	
		JS7		0.739	

b）国家重点研发计划团队能力的信度检验

从表 4-22 中可以看出,团队能力变量各个维度的 Cronbach's α 系数均大于 0.7,信度较高。再者,对修正项目总相关（CITC）进行检验。可以看出,各个题项的 CITC 值均大于 0.5 的标准,说明调查问卷数据具有良好的内部一致性。最后,对各题项的相关系数进行检验,该指标均在 0.3 以上,各个维度内部具有良好的一致性。

表 4-22　团队能力的信度检验结果

变量名称	维度名称	测量题项	Cronbach's α	修正项目总相关	各题项相关系数
团队能力	制度文化资源	TD1	0.746	0.560	均大于 0.3
		TD2		0.604	
		TD3		0.536	
	人财物资源	TD4	0.751	0.611	
		TD5		0.635	
		TD6		0.497	
	社会资本	TD7	0.860	0.764	
		TD8		0.674	
		TD9		0.647	
		TD10		0.729	

c）国家重点研发计划首席科学家个体能力的信度检验

从表 4-23 中可以看出,首席科学家个体能力变量各个维度的 Cronbach's α 系数均大于 0.7,信度较高。再者,对修正项目总相关(CITC)进行检验。可以看出,各个题项的 CITC 值均大于 0.3,说明调查问卷数据具有良好的内部一致性。最后,对各题项的相关系数进行检验,该指标均在 0.3 以上,各个维度内部具有良好的一致性。

表 4-23　首席科学家个体能力的信度检验结果

变量名称	测量题项	Cronbach's α	修正项目总相关	各题项相关系数
首席科学家个体能力	SX1	0.813	0.694	均大于 0.3
	SX2		0.568	
	SX3		0.669	
	SX4		0.586	

d）国家重点研发计划外部环境的信度检验

从表 4-24 中可以看出,外部环境变量各个维度的 Cronbach's α 系数均大于 0.7,信度较高。再者,对修正项目总相关(CITC)进行检验。可以看出,各个题项的 CITC 值均大于 0.5 的标准,说明调查问卷数据具有良好的内部一致性。最后,对各题项的相关系数进行检验,该指标均在 0.3 以上,各个维度内部具有良好的一致性。

表 4-24　外部环境的信度检验结果

变量名称	维度名称	测量题项	Cronbach's α	修正项目总相关	各题项相关系数
外部环境	政策环境	EV1	0.893	0.699	均大于 0.3
		EV2		0.843	
		EV3		0.831	
	产业环境	EV4	0.884	0.830	
		EV5		0.700	
		EV6		0.812	

　　e）国家重点研发计划成果转化和技术转移的信度检验

　　从表 4-25 中可以看出,成果转化和技术转移变量各个维度的 Cronbach's α 系数均大于 0.7,信度较高。再者,对修正项目总相关(CITC)进行检验。可以看出,各个题项的 CITC 值均大于 0.5 的标准,说明调查问卷数据具有良好的内部一致性。最后,对各题项的相关系数进行检验,该指标均在 0.3 以上,各个维度内部具有良好的一致性。

表 4-25　成果转化与技术转移的信度检验结果

变量名称	维度名称	测量题项	Cronbach's α	修正项目总相关	各题项相关系数
成果转化与技术转移	预期其他技术转移量	AN1	0.748	0.435	均大于 0.3
		AN2		0.592	
		AN3		0.605	
		AN4		0.551	
	技术成熟度	AN5	0.669	0.502	
		AN6		0.502	

　　综上,本研究所使用的调查问卷各量表对于各理论构念的测量均具有良好的可靠性,信度较高。

　　（3）收敛效度分析

　　效度反映的是测量工具能够准确测出所需测量事物的真实程度,一般通过内容效度与结构效度进行检验。本文中变量的测量题项主要结合理论、经过专家多次讨论修订而成,因此具备较好的内容效度。结构效度主要用于衡量研究量表结构域所依据的理论结构的相符情况。本文主要通过收敛效度和区别效度检验结构效度。收敛效度是各指标对同一构念的反映程度,主要通过平均方差萃取量(AVE 值)测量。当 AVE 值大于 0.5 时,表明该构念具有收敛效度。

a）国家重点研发计划技术能力的收敛效度检验

从表 4-26 中可以看出，技术能力中的技术资源积累和技术转移能力的组合信度（C.R.）值分别为 0.835、0.867。同时，二者的平均方差萃取量（AVE）值分别为 0.562、0.688，大于 0.5 的标准，通过收敛效度的检验。这一结果说明技术资源积累和技术转移能力对题目的解释能力超过 50%，具有良好的收敛效度。

表 4-26　技术能力的收敛效度检验结果

变量名称	维度名称	测量题项	因子载荷	组合信度	平均方差萃取量
技术能力	技术资源积累	JS1	0.747	0.835	0.562
		JS2	0.830		
		JS3	0.823		
		JS4	0.843		
	技术转移能力	JS5	0.781	0.867	0.688
		JS6	0.922		
		JS7	0.889		

b）国家重点研发计划团队能力的收敛效度检验

从表 4-27 中可以看出，团队能力中的制度文化资源、人财物资源和社会资本的组合信度（C.R.）值分别为 0.848、0.838、0.892。同时，平均方差萃取量（AVE）值分别为 0.650、0.635、0.674，大于 0.5 的标准，通过收敛效度的检验。这一结果说明各个构念对题目的解释能力超过 50%，具有良好的收敛效度。

表 4-27　团队能力的收敛效度检验结果

变量名称	维度名称	测量题项	因子载荷	组合信度	平均方差萃取量
团队能力	制度文化资源	TD1	0.811	0.848	0.650
		TD2	0.826		
		TD3	0.781		
	人财物资源	TD4	0.865	0.838	0.635
		TD5	0.834		
		TD6	0.679		
	社会资本	TD7	0.852	0.892	0.674
		TD8	0.788		
		TD9	0.808		
		TD10	0.834		

c) 国家重点研发计划首席科学家个体能力的收敛效度检验

从表 4-28 中可以看出,首席科学家个体能力中的制度文化资源、人财物资源和社会资本的组合信度(C.R.)值分别为 0.877。同时,平均方差萃取量(AVE)值分别为 0.642,大于 0.5 的标准,通过收敛效度的检验。这一结果说明各个构念对题目的解释能力超过 50%,具有良好的收敛效度。

表 4-28　首席科学家个体能力的收敛效度检验结果

变量名称	维度名称	测量题项	因子载荷	组合信度	平均方差萃取量
首席科学家个体能力	首席科学家个体能力	SX1	0.846	0.877	0.642
		SX2	0.753		
		SX3	0.832		
		SX4	0.769		

d) 国家重点研发计划外部环境的收敛效度检验

从表 4-29 中可以看出,外部环境的政策环境和产业环境组合信度(C.R.)值分别为 0.902、0.888。同时,平均方差萃取量(AVE)值分别为 0.755、0.728,大于 0.5 的标准,通过收敛效度的检验。这一结果说明各个构念对题目的解释能力超过 50%,具有良好的收敛效度。

表 4-29　外部环境的收敛效度检验结果

变量名称	维度名称	测量题项	因子载荷	组合信度	平均方差萃取量
外部环境	政策环境	EV1	0.803	0.902	0.755
		EV2	0.911		
		EV3	0.889		
	产业环境	EV4	0.92	0.888	0.728
		EV5	0.722		
		EV6	0.903		

e) 国家重点研发计划外部环境的收敛效度检验

从表 4-30 中可以看出,成果转化与技术转移的组合信度(C.R.)值分别为 0.829、0.831。同时,平均方差萃取量(AVE)值分别为 0.548、0.711,大于 0.5 的标准,通过收敛效度的检验。这一结果说明各个构念对题目的解释能力超过 50%,具有良好的收敛效度。

表 4-30　成果转化与技术转移的收敛效度检验结果

变量名称	维度名称	测量题项	因子载荷	组合信度	平均方差萃取量
成果转化与技术转移	预期其他技术转移量	AN1	0.716	0.829	0.548
		AN2	0.740		
		AN3	0.772		
		AN4	0.733		
	技术成熟度	AN5	0.871	0.831	0.711
		AN6	0.815		

（4）区别效度分析

区别效度是指在测量模型中,若任何两个因素构面之间的相关显著不等于 1,表明两个因素构面之间是有区别的。本文采用 Fornell-Larcker 标准进行检验,即每个潜变量 AVE 值的平方根应大于该潜变量与其他潜变量之间的相关系数(Fornell & Larcker,1981)。我们发现各潜变量均符合 Fornell-Larcker 法标准(详见表 4-31),因而有着良好的区别效度。

表 4-31　区别效度检验结果和相关分析结果

	首席科学家能力	技术资源积累	团队能力	社会资本	人财物资源	制度文化	技术转移能力	YQJSZY
首席科学家能力	0.801							
技术资源积累	0.380***	0.812						
团队能力	0.744***	0.677***	0.809					
社会资本	0.613***	0.558***	0.824***	0.821				
人财物	0.384***	0.350***	0.517***	0.426***	0.797			
制度文化	0.294***	0.267***	0.395***	0.325***	0.204***	0.806		
技术转移能力	0.524***	0.402***	0.545***	0.449***	0.282***	0.215***	8.660	
YQJSZY	0.431***	0.270***	0.401***	0.331***	0.207***	0.158***	0.604***	0.776

注:1. *** 表示 p 在 0.01 水平上显著。2.深色底纹处为平均方差萃取量的平方根数值。

综上,本研究所采用的量表具有较好的信度和效度。这说明量表的质量较好。可以进行下一步的实证检验。

4.3.3.3 共同方法偏差检验

共同方法偏差检验(Common Method Variance,CMV)是由于同样的数据来源、测量环境、调查语境或是调查本身特征所造成的解释变量与结果变量之间的人为共变(刘威等,2008)。这里首先采用 Harman 单因子检验法对同源方差进行检验,发现未旋转时单个因子的最大累积变异数贡献率(13.17%)低于40%,而全部因子累积变异数贡献率为67.51%,因此本文数据无严重的共同方法偏差问题。

4.3.3.4 模型匹配度检验

信度效度检验后,本课题使用 Amos26.0 构建模型,并对模型整体拟合优度进行检验。本课题选取绝对适配度指数 GFI、RMSEA、AGFI,增值适配度指数 TLI、IFI、CFI,简约适配度指数 X2/DF、PNFI、PG-FI 共九项指标检验模型适配度。为优化模型的适配度,本文将不显著的路径如"团队能力→技术转移""技术资源积累→技术转移""技术资源积累→技术转移能力""制度环境→技术转移""产业环境→技术转移"路径删除,即假设 H2a、H3a、H3c、H4a、H4b 不成立,团队能力、技术资源积累、政策环境和产业环境对技术转移无直接显著影响,技术资源积累对技术转移能力无直接显著影响。由表 4-32 可知,本文的理论模型总体上达到了标准。本文的理论模型总体上符合基本匹配度指标的要求,可用于理论假说的检验。

表 4-32 模型整体的适配度检验结果

拟合优度指数	绝对适配指数			增值适配指数			简约适配度指数		
	GFI	RMSEA	AGFI	TLI	IFI	CFI	X^2/DF	PNFI	PGFI
理想	>0.9	<0.08	>0.9	>0.9	>0.9	>0.9	1~3	>0.5	>0.5
实际	0.948	0.046	0.933	0.952	0.959	0.959	3.005	0.802	0.738

4.3.3.5 模型结果分析

模型适配度达标后,运用 Amos 26.0 软件,使用极大似然法对国家重点研发计划成果转化与技术转移的影响路径进行检验。最终得到拟合程度较好的修正模型,详见图 4-7,各路径的显著性检验见表 4-33。

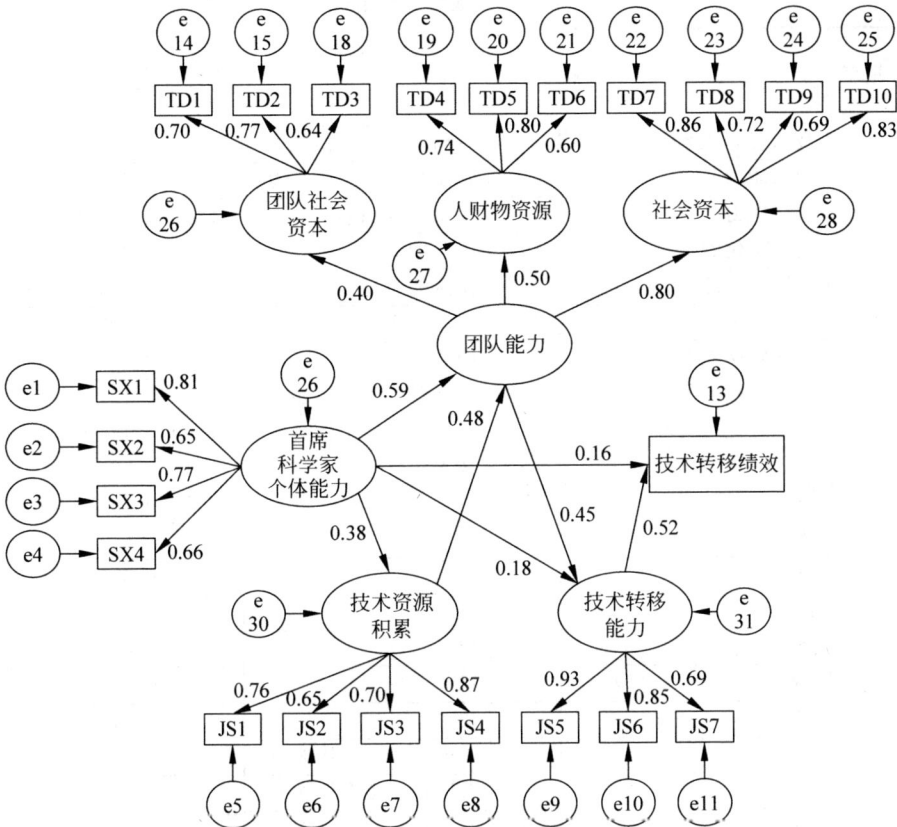

图 4-7　结构方程模型结果

（1）直接效应检验

在国家重点研发计划成果转化与技术转移的直接路径中，根据表 4-33 及图 4-7 结果显示，假设 H1a 的标准化路径系数为 0.157，P 值＜0.01，说明首席科学家个体能力对成果转化与技术转移有正向显著影响，假设 H1a 成立；除首席科学家外，假设 H3b 的标准化路径系数为 0.523，P 值＜0.01，假设 H3b 成立，表明技术转移能力能够正向显著影响成果转化与技术转移。由于标准化路径系数 0.523＞0.157，因此技术转移能力对成果转化与技术转移的直接影响力高于首席科学家个体能力。如前所述，假设 H2a 和 H3a 的 P 值均大于 0.1，说明假设 H2a 和 H3a 不成立，拒绝原假设，团队能力和技术资源积累对技术转移绩效不产生直接影响。

表 4-33　模型计算结果

模型	路　径			假设	标准化系数	显著性
结构方程	技术资源积累	<---	首席科学家个体能力	H1c	0.382	***
	团队能力	<---	首席科学家个体能力	H1b	0.586	***
	团队能力	<---	技术资源积累	H3d	0.476	***
	制度文化资源	<---	团队能力		0.399	***
	人财物资源	<---	团队能力		0.499	***
	社会资本	<---	团队能力		0.799	***
	技术转移能力	<---	团队能力	H2b	0.445	***
	技术转移能力	<---	首席科学家个体能力	H1d	0.180	***
	成果转化与技术转移量	<---	首席科学家个体能力	H1a	0.157	***
	成果转化与技术转移量	<---	技术转移能力	H3b	0.523	***
测量方程	JS1	<---	J1		0.757	***
	JS2	<---	J1		0.650	***
	JS3	<---	J1		0.697	***
	JS4	<---	J1		0.866	***
	JS5	<---	J2		0.690	***
	JS6	<---	J2		0.925	***
	JS7	<---	J2		0.847	***
	SX1	<---	首席科学家个体能力		0.809	***
	SX2	<---	首席科学家个体能力		0.647	***
	SX3	<---	首席科学家个体能力		0.773	***
	SX4	<---	首席科学家个体能力		0.663	***
	TD1	<---	制度文化		0.700	***
	TD2	<---	制度文化		0.772	***
	TD3	<---	制度文化		0.643	***
	TD4	<---	人财物		0.740	***
	TD5	<---	人财物		0.800	***
	TD6	<---	人财物		0.600	***
	TD7	<---	团队行为		0.860	***
	TD8	<---	团队行为		0.725	***
	TD9	<---	团队行为		0.698	***
	TD10	<---	团队行为		0.833	***

注：***、**分别表示在1%、5%的显著性绩效上统计显著。

除被排除的 H2a、H3a 外,以下对其他假设作出解释:首席科学家个体能力对团队能力的标准化路径系数为 0.586,P<0.01,说明首席科学家的个体能力对团队能力有正向显著影响,首席科学家的个体能力越强,团队能力越强,假设 H1b 成立;首席科学家个体能力对技术资源积累标准化路径系数为 0.382,P<0.01,说明首席科学家个人能力对技术资源积累有正向显著影响,首席科学能力越强,技术积累越多,假设 H1c 成立;首席科学家个体能力对技术转移能力的标准化路径系数为 0.180,P<0.01,说明首席科学家个体能力能够正向显著影响国家重点研发计划团队的技术转移能力,首席科学家个体能力越强,团队的技术转移能力越强,假设 H1d 成立;团队能力对技术转移能力的标准化路径系数为 0.445,P<0.01,表明团队能力对技术转移能力具有正向显著影响。团队能力越强,技术转移经验越丰富,技术转移能力越强,假设 H2b 成立;技术资源积累对团队能力的标准化路径系数为 0.476,P<0.01,说明技术资源积累对团队能力有正向显著影响。技术积累越多,在积累中锻炼了团队实力,团队能力越强,假设 H3d 成立。

(2)中介效应检验

采用 Bootstrap 对样本进行 5000 次抽取,使用偏差校正的百分位数方法计算 Bootstrap 结果的 95% 置信区间,对首席科学家和技术转移的中介效果进行显著性检验。如果 95% 置信区间不包含 0,则结果具有统计学意义,即中介效应存在。多重中介效应分析主要从总中介效应、特定路径中介效应和不同中介效应的差异比较三个视角进行。(刘威等,2008)

表 4-34 汇总了结构方程模型中的首席科学家个体能力到成果转化与技术转移的中介路径。

表 4-34　首席科学家能力到成果转化与技术转移的间接效应汇总

路　　径	标准化系数	95% 置信区间		显著性	检验结果	中介效应占比
		下限	上限			
首席科学家个体能力→技术转移能力→成果转化与技术转移	0.131	-0.086	0.275	0.200	不支持	—
首席科学家个体能力→团队能力→技术转移能力→成果转化与技术转移	0.190	0.100	0.387	***	支持	69.6%
首席科学家个体能力→技术资源积累→团队能力→技术转移能力→成果转化与技术转移	0.059	0.035	0.093	***	支持	21.6%

在首席科学家个体能力到成果转化与技术转移的间接路径中,首席科学家个体能力和成果转化与技术转移之间的总间接效应为 0.273。对特定间接效应的分析发现,首席科学家个体能力→技术转移能力→技术转移绩效这一路径($\beta=0.131$,$p>0.05$,信赖区间包含 0[−0.086,0.275]),因此,该路径的中介效应不显著;首席科学家个体能力→团队能力→技术转移能力→成果转化与技术转移路径($\beta=0.190$,$p<0.01$,信赖区间不包含 0[0.1,0.387]),因此,该路径的中介效应显著。该路径在首席科学家个体能力与成果转化与技术转移变量之间解释了 69.6% 的总间接效应。即首席科学家的能力越强,团队能力越强,技术转移能力越强,越能促进技术转移;链式中介首席科学家个体能力→技术资源积累→团队能力→技术转移能力→成果转化与技术转移($\beta=0.059$,$p<0.01$,置信区间不包含 0[0.035,0.093])解释了首席科学家个体能力与技术转移绩效之间的 21.6% 的总间接效应。该路径表明,首席科学家的能力越强,团队积累的技术便越多,团队能力越强,随之,团队的技术转移能力越强,越能促进成果转化与技术转移。由于首席科学家个体能力→成果转化与技术转移的两条显著中介效应必须经过团队能力与技术转移能力,因此团队能力和技术转移能力是首席科学家个体能力对成果转化与技术转移产生作用过程中最为关键的中介变量。又由于团队能力不能直接对成果转化与技术转移产生直接影响,而技术转移能力对成果转化与技术转移可以产生直接影响,因此,技术转移能力对成果转化与技术转移的影响力高于团队能力。

在首席科学家个体能力→团队能力→技术转移能力→成果转化与技术转移路径的基础上加入"技术资源积累"后,该路径虽仍显著,但标准化路径系数降低。且由于技术资源积累仅通过首席科学家个体能力→技术资源积累→团队能力→技术转移能力→成果转化与技术转移路径对成果转化与技术转移产生影响,甚至不对成果转化与技术转移产生直接影响,因此,技术资源积累对成果转化与技术转移的影响较小。所以,在首席科学家个体能力→成果转化与技术转移的路径中,技术转移能力发挥的直接与中介作用最强,其次为团队能力,技术资源积累相对最弱。

(3) 调节效应检验

为进一步检验变量间关系,本课题进行了调节效应检验。如前所述,外部环境包含产业环境和政策环境。我们将检验在国家重点研发计划成果转化与技术转移的不同影响阶段,外部环境是否会发生调节作用,以及如何发挥调节作用。

a)政策环境在首席科学家个体能力对团队能力影响的调节效应

政策环境对首席科学家和团队能力间关系产生的调节效应检验如表 4-35 所示。

表 4-35 政策环境在首席科学家个体能力对团队能力影响的调节效应检验

变　　量	模型 1	模型 2	模型 3
constant	4.001^{***}	3.975^{***}	3.988^{***}
控制变量			
单位性质	0.040	0.039	0.033
项目类型	-0.007	0.004	0.005
自变量			
首席科学家个体能力		0.164^{***}	0.170^{***}
调节变量			
政策环境		0.153^{***}	0.141^{***}
乘积项			
首席科学家个体能力 * 政策环境			-0.039^{***}
R^2	0.001	0.329	0.340
F	0.525	117.559	98.913

根据表 4-35 中模型 3 的结果,首席科学家能力 * 政策环境是负向显著的,首席科学家能力和政策环境对团队综合实力的影响是正向显著的,表明政策环境在首席科学家能力和团队综合实力间起调节作用,因此,假设 H4c 成立。随着政策环境的良好发展,首席科学家能力对团队综合实力的正向影响将减弱。这可以理解为,当国家重点研发计划项目团队所处的政策环境较差时,由于缺乏政策支持,项目团队的发展主要依赖首席科学家个人能力;而当国家重点研发计划项目团队所处的政策环境较好时,团队备受政策支持,此时的首席科学家对于团队综合实力的影响减弱了。

b)政策环境在首席科学家个体能力对技术资源积累影响的调节效应

外部环境对首席科学家和技术资源积累间关系产生的调节作用检验如表 4-36 所示。

表 4-36　政策环境在首席科学家个体能力对技术资源积累影响的调节效应检验

变　　量	模型 1	模型 2	模型 3
Constant	0.692***	0.575***	0.600***
控制变量			
单位性质	−0.426***	−0.364***	−0.372***
项目类型	−0.084***	−0.065**	−0.065**
自变量			
首席科学家个体能力		−0.039	−0.0297
调节变量			
政策环境		0.229***	0.208***
乘积项			
首席科学家个体能力 * 政策环境			−0.070***
R^2	0.038	0.087	0.094
F	18.885	22.739	19.788

根据表 4-36 中模型 3 的结果,首席科学家能力 * 政策环境是负向显著的,首席科学家能力和政策环境对技术积累规模的影响是正向显著的,表明政策环境在首席科学家能力和技术积累规模间起调节作用,因此,假设 H4d 成立,随着政策环境的良好发展,首席科学家能力对技术积累规模的正向影响将减弱。这可以理解为,当国家重点研发计划项目团队所处的政策环境较差时,由于缺乏政策支持,团队主要依赖内部资源,因此,首席科学家在团队的技术积累中发挥重要作用;而当国家重点研发计划项目团队所处的政策环境较好时,团队备受政策支持,这有助于团队内技术的积累,因此,首席科学家对于技术积累规模的影响减弱了。

c) 外部环境在首席科学家个体能力对技术转移能力影响的调节效应

外部环境对首席科学家和技术转移能力间关系产生的调节作用检验如表 4-37 所示。

表 4-37　外部环境在首席科学家个体能力对技术转移能力影响的调节效应检验

变量	模型 1	模型 2	模型 3	模型 4	模型 5
constant	−0.886***	−0.908***	−0.888***	−0.904***	−0.898***
控制变量					
单位性质	0.483***	0.496***	0.488***	0.497**	0.485***
项目类型	0.138***	0.141***	0.141***	0.139***	0.147***

续表

变量	模型 1	模型 2	模型 3	模型 4	模型 5
自变量					
首席科学家个体能力		−0.025	−0.018	−0.028	−0.021
调节变量					
政策环境		0.032	0.155		
产业环境				0.057^*	0.055^*
乘积项					
首席科学家个体能力 * 政策环境			-0.057^{**}		
首席科学家个体能力 * 产业环境					-0.076^{***}
R^2	0.065	0.066	0.071	0.068	0.075
F	33.364	17.004	14.614	17.590	15.527

根据表 4-37 中模型 3 的结果,首席科学家能力 * 政策环境是负向显著的,首席科学家能力对技术转移能力的影响是正向显著的,而政策环境对技术转移能力的影响是不显著。表明政策环境在首席科学家能力和技术转移能力间起调节作用,因此,假设 H4e 成立。调节变量政策环境不显著说明政策环境在起到调节作用之后单独的作用不显著。此调节作用具体表现在,随着政策环境的良好发展,首席科学家能力对技术转移能力的正向影响将减弱。这可以理解为,当国家重点研发计划项目团队所处的政策环境较差时,由于缺乏政策支持,团队主要依赖内部资源,因此,首席科学家对团队的技术转移能力具有重要作用;而当国家重点研发计划项目团队所处的政策环境较好时,团队备受政策支持,这有助于团队技术转移能力的增强,因此,首席科学家对于技术转移能力的影响减弱了。

根据表 4-37 中模型 5 的结果,首席科学家能力 * 产业环境是负向显著的,首席科学家能力对技术转移能力的影响是正向显著的,产业环境对技术转移能力的影响不显著。表明产业环境在首席科学家能力和技术转移能力间起调节作用,因此,假设 H4g 成立。调节变量产业环境不显著说明产业环境在起到调节作用之后单独的作用不显著。此调节作用具体表现在,随着产业环境的良好发展,首席科学家能力对技术转移能力的正向影响将减弱。可理解为,当国家重点研发计划项目团队所处的产业环境较差时,由于项目团队可依赖的外部基础设施、人才、资金等资源的缺乏,团队主要依赖首席科学家能力,首席科学家对于团队的技术转移能力存在显著正向影响;而当国家重点研发计划项目团队所处的产业环境较好时,外部产业环境提供的基础设施便利、人才丰富、资金充足,这有助于增强技术转移能力,因此,减弱了首席科学家个人能力对技术转移能力的影响。

d) 政策环境在技术转移能力对成果转化与技术转移影响的调节效应

外部环境对技术转移能力对成果转化与技术转移间关系产生的调节作用检验如表 4-38 所示。

表 4-38 政策环境在技术转移能力对成果转化与技术转移影响的调节效应检验

变　　量	模型 1	模型 2	模型 3
constant	3.631***	3.902***	3.903***
控制变量			
单位性质	0.284***	0.135**	0.134**
项目类型	0.141***	0.100***	0.100***
自变量			
技术转移能力		0.360***	0.360***
调节变量			
政策环境		0.102***	0.102***
乘积项			
技术转移能力 * 政策环境			−0.0027
R^2	0.072	0.296	0.296
F	37.550	95.147	80.727

表 4-38 的模型 3 检验了政策环境在技术转移能力和成果转化与技术转移之间的调节作用。由于技术转移能力与政策环境的交互项不显著,因此,外部环境在技术转移能力和成果转化与技术转移之间未能起调节作用,因此拒绝假设 H4f。

e) 产业环境在团队能力对技术转移能力影响的调节效应

产业环境对团队能力对技术转移能力间关系产生的调节作用检验如表 4-39 所示。

表 4-39　产业环境在团队能力对技术转移能力影响的调节效应检验

变量	模型 1	模型 2	模型 3
constant	-0.886^{***}	-3.827^{***}	-3.794^{***}
控制变量			
单位性质	0.483^{***}	0.441^{***}	0.4365^{***}
项目类型	0.138^{***}	0.142^{***}	0.1422^{***}
自变量			
团队能力		0.739^{***}	0.734^{***}
调节变量			
产业环境		-0.093^{***}	0.084
乘积项			
团队能力 * 产业环境			-0.044
R^2	0.065	0.149	0.075
F	33.364	47.400	15.527

根据表 4-39 中模型 3 的结果,团队能力 * 产业环境不显著,表明产业环境在团队能力与技术转移能力之间未起到调节作用,假设 H4h 不成立。

f)产业环境在技术转移能力对成果转化与技术转移影响的调节效应

产业环境对技术转移能力对成果转化与技术转移间关系产生的调节作用检验如表 4-40 所示。

表 4-40　产业环境在技术转移能力对成果转化与技术转移影响的调节效应检验

变量	模型 1	模型 2	模型 3
constant	3.631^{***}	3.940^{***}	3.949^{***}
控制变量			
单位性质	0.284^{***}	0.118^{*}	0.110^{*}
项目类型	0.141^{***}	0.092^{***}	0.093^{***}
自变量			
技术转移能力		0.360^{***}	0.357^{***}
调节变量			
产业环境		0.054^{**}	0.051^{**}
乘积项			
技术转移能力 * 产业环境			-0.028
R^2	0.072	0.284	0.286
F	37.550	95.147	76.695

根据表 4-40 中模型 3 的结果,技术转移能力 * 产业环境不显著,表明产业环境在技术转移能力与成果转化和技术转移之间未起到调节作用,假设 H4i 不成立。

(4)假设检验结果汇总

通过以上分析,完成了本课题的假设检验工作。最终得到的实证研究结果如表 4-41 所示。

表 4-41　假设检验结果汇总

假　　设	检验结果
直接效应假设	
H1a:国家重点研发计划项目中,首席科学家个体能力对成果转化与技术转移具有正向显著影响。	成立
H1b:国家重点研发计划项目中,首席科学家个体能力对团队能力具有正向显著影响。	成立
H1c:国家重点研发计划项目中,首席科学家个体能力对技术资源积累具有正向显著影响。	成立
H1d:国家重点研发计划项目中,首席科学家个体能力对技术转移能力具有正向显著影响。	成立
H2a:国家重点研发计划项目中,团队能力对成果转化和技术转移具有正向显著影响。	不成立
H2b:国家重点研发计划项目中,团队能力对技术转移能力有正向显著影响。	成立
H3a:国家重点研发计划项目中,技术资源积累对成果转化和技术转移具有正向显著影响。	不成立
H3b:国家重点研发计划项目中,技术转移能力对成果转化和技术转移具有正向显著影响。	成立
H3c:国家重点研发计划项目中,技术资源积累对技术转移能力有正向显著影响。	不成立
H3d:国家重点研发计划项目中,技术资源积累对团队能力有正向显著影响。	成立
H4a:国家重点研发计划项目中,政策环境对成果转化和技术转移具有正向显著影响。	不成立
H4b:国家重点研发计划项目中,产业环境对成果转化和技术转移具有正向显著影响。	不成立
调节效应假设	
H4c:政策环境对首席科学家和团队能力间关系起调节作用。	成立
H4d:政策环境对首席科学家和技术资源积累间关系起调节作用。	成立
H4e:政策环境对首席科学家和技术转移能力间关系起调节作用。	成立

续表

假 设	检验结果
H4f：政策环境在技术转移能力和成果转化与技术转移量间关系起调节作用。	不成立
H4g：产业环境在首席科学家个体能力和技术转移能力间关系起调节作用。	成立
H4h：产业环境在团队能力和技术转移能力间关系起调节作用。	不成立
H4i：产业环境在技术转移能力和成果转化与技术转移量间关系起调节作用。	不成立

4.3.4 结论与讨论

以国家重点研发计划的项目参与者为研究对象，使用结构方程模型、多元回归分析，考察了国家重点研发计划成果转化与技术转移的现状与影响因素等内容。目前主要有以下研究发现：

首先，国家重点研发计划成果转化与技术转移水平在合格以上的占比83.52%，成果转化与技术转移水平较高。

其次，采用结构方程模型的方法分析国家重点研发计划项目中成果转化与技术转移的影响因素，并分析其作用机制。

直接效应的结果表明，首席科学家个体能力对成果转化与技术转移有正向显著影响：首席科学家个体能力越强，成果转化与技术转移水平越高；技术转移能力对成果转化与技术转移存在正向显著影响：技术转移能力越强，越能促进国家重点研发计划的成果转化与技术转移；团队能力、技术资源积累对成果转化与技术转移的直接影响不显著；政策环境和产业环境对成果转化与技术转移的直接影响不显著。

间接效应的结果表明，首席科学家个体能力→团队能力→技术转移能力→成果转化与技术转移、首席科学家个体能力→技术资源积累→团队能力→技术转移能力→成果转化与技术转移的中介效应显著，其含义分别为：首席科学家的个体能力越强，团队能力越高，越能提高团队的技术转移能力，促进成果转化与技术转移；首席科学家的个体能力越强，其所属团队积累的技术越多，团队的综合实力越强，越能增强团队的技术转移能力，越能促进成果转化与技术转移。在三个中介变量中，技术转移能力的中介效应最强，团队能力次之，技术资源积累最弱。

此外，研究分析了外部环境在国家重点研发计划成果转化与技术转移影响路径中的调节作用。就政策环境而言，其在首席科学家个体能力和团队能力、首席科学家个体能力和技术资源积累、首席科学家和技术转移能力间起到调节作用,且调节效应的交互项均为负。在技术转移能力和成果转化与技术转移量间未起调节作用;就产业环境而言,其在首席科学家个体能力和技术转移能力间关系起负向调节作用,在团队能力和技术转移能力、技术转移能力和成果转化与技术转移量间关系未起调节作用。

外部环境对国家重点研发计划成果转化与技术转移不同阶段影响路径的调节作用交互项为负,可以从以下视角理解:处在创新生态系统的项目团队会受到团队内部资源和外部环境的影响。当团队所处的政策或产业环境较差时,项目团队可依赖的外部资源减少,对内部资源的依赖便会增强。而当团队所处的政策或产业环境良好时,项目团队不仅会受内部资源的影响,还会受外部政策、产业环境的影响,因此,项目团队对内部资源的依赖程度降低了。

综上所述,本章主要有以下创新点。首先,构建了含首席科学家个体能力、团队能力、技术能力以及成果转化与技术转移的国家重点研发计划成果转化与技术转移影响模型。以往研究较少探讨首席科学家个人能力对技术转移的影响。其次,为了强调技术在国家重点研发计划技术转移中的重要性,又将技术能力划分为技术资源积累与技术转移能力两个维度。最后,从研究结果看,本研究发现在国家重点研发计划成果转化与技术转移影响路径中存在中介效应,这具有较强的创新性。首席科学家个体能力、团队能力、技术能力对成果转化与技术转移的影响过程是复杂的"黑箱",以往研究较少探讨这些因素对成果转化与技术转移的合力作用机制。而本章对中介效应的探讨,不仅发现了两条影响成果转化与技术转移的中介路径,还得到了三者的中介效应强度排序:技术转移能力的中介效应最强,团队能力次之,技术资源积累的中介效应最弱。这可以为政府、项目参与单位、首席科学家和普通参与者如何有效促进成果转化与技术转移提供参考。

第5章

基于案例的国家重点研发计划
成果转化与技术转移模式分析

5.1 创新链与产业链深度融合转化模式
——优质果蔬智能化品质分级技术装备

5.1.1 项目背景

我国是世界水果蔬菜生产大国,果蔬产量在世界上占有较大比重。与其他国家相比,我国的果蔬产品在各国大都具有价格优势。而近年来,一方面随着我国果蔬产量的稳步提高,果蔬生产出现结构性过剩的局面;另一方面随着我国加入世界贸易组织,国外平价且质量高的水果蔬菜冲击了本土果蔬业的市场,带来了新的挑战。以水果为例,我国水果总面积和产量一直稳居世界第一,但是水果进口额和出口额全球占比仅为6%,其中的重要原因就是采后商品化处理落后,外观及其本身质量较差,我国的采后处理率仅为30%,远低于发达国家70%的水平,这不仅导致水果的国际市场竞争力比较弱,也使得果蔬采后腐烂损耗造成巨大的经济损失。分级和分类解决方案是满足我国市场对高品质新鲜果蔬农产品快速增长需求的关键,也是提高我国果蔬国际市场竞争力的必要手段。

优质果蔬智能化品质分级技术以国内果蔬提升质量的市场需求为导向,研究内容是以高效内外部果蔬品质分级为核心,形成果蔬自动化分级、包装和规模化储藏成套装备,实现果蔬分级的自动化和智能化升级,重点研究高通量内外部品质分级关键技术。利用这些技术达到提升果蔬品质和附加值、降低腐烂率、延长保鲜时间的目标。并由此建立具有大规模推广意义的优质果蔬采后品质分级处理工艺流程的行业规范、技术标准,并研发相关的自动化成套装备。

5.1.2 项目成果转化与技术转移路径

本项目研发任务按照技术路径分为了 5 个课题模块,如图 5-1 所示。

课题 1"果蔬节能高效预冷和工业化智能储藏成套装备研发":移动式果蔬节能高效预冷装备研发(浙江大学);工业化智能储藏装备研发(浙江求是);基于智能云计算的物流链终端信息化服务系统开发(山西农大);实现年销售移动式预冷装置 100 台套。

课题 2"果蔬内外品质在线无损检测技术研究":基于非线性温漂补偿及振动干扰主动抑制的高精度果蔬在线称重技术(中国科学院微电子所);基于双彩色相机分频段立体视觉系统检测果蔬外部品质(河南科大);基于深度卷积神经网络建立表面瑕疵感官鉴评模型(中国科学院微电子所);基于红外反射和透射光谱特征的果蔬内在品质检测技术(中国科学院合肥物质院);研发成果转移至江西绿萌,由江西绿盟进行技术集成并生产果蔬品质无损在线快速检测装备,实现市场销售装备 100 台/套。

课题 3"鲜切果蔬品质与营养保持工艺及设备研究":基于低压静电场协同微真空的鲜切果蔬品质/营养保持关键技术及设备研发(青岛农大);基于纳米保鲜剂协同加压惰性气体处理的鲜切果蔬保鲜关键技术及设备研发(江南大学);基于鲜切果蔬品质与营养保持的联合保鲜技术中试与示范(无锡海核),建立示范生产线 1 套。

课题 4"果蔬自动化分级和包装关键装置及成套装备研发":单动力双速高压高效果蔬清洗装备的研发(安徽农大);智能水循环杀菌、热激保鲜设备的研发(江西绿萌);无接触静电打蜡装置研制(农业部南京农机所);自适应三维规格切制装置研制(农业部南京农机所);面向智能分选系统的柔性果蔬输送单元及卸果装置的研发(江西绿萌);果蔬自动包装流水线相关设备的研发(安徽农大);研发成果转移至江西绿盟,由江西绿盟进行装备集成,以及集成后成套装备的应用示范。

课题 5"智能化果蔬分级成套技术装备集成及示范":系统的体系结构设计(中国科学院微电子所);系统硬件设计(湖南工大);上位机软件设计(中国

图中内容（流程示意图，图5-1）：

- 低压静电鲜切果蔬保鲜技术 → 青岛农大
- 青岛农大 → 联合保鲜技术设备（示范生产线）
- 加压惰性鲜切果蔬品质营养保持技术 → 江南大学
- 江南大学 → 无锡海核
- 联合保鲜技术设备（示范生产线）、无锡海核
- 市场销售 ← 移动预冷装备
- 物流链信息化服务系统 → 山西农大
- 浙江大学 → 浙江灵赞
- 山西农大 → 浙江灵赞
- 移动预冷装备
- 果蔬节能高效预冷和工业化智能储藏成套装备
- 工业化智能储藏装备
- 表面瑕疵鉴评技术 → 中科微电
- 集成系统上位机软件设计
- 集成系统结构设计
- 果蔬在线称重技术
- 在线快速检测装置 → 市场销售
- 中科微电
- 内在品质检测技术 → 中科合肥
- 中科合肥 → 江西绿盟
- 外部品质检测技术 → 河南科大
- 河南科大 → 江西绿盟
- 果蔬自动化分级和包装成套装备
- 柔性果蔬输送单元及削果装置
- 杀菌保鲜设备
- 南京农机
- 三维规格切削装置
- 静电打蜡装置
- 果蔬自动装包相关水线设备
- 果蔬清洗装备 → 安徽农大
- 安徽农大 → 江西绿盟
- 江西绿盟 → 云南实建
- 集成系统硬件设计 → 湖南工大
- 湖南工大 → 云南实建
- 云南实建

侧栏文字（竖排）：

智能化果蔬分级技术装备集成（示范生产线）

智能化果蔬分级技术装备科技成果转化与技术转移路径

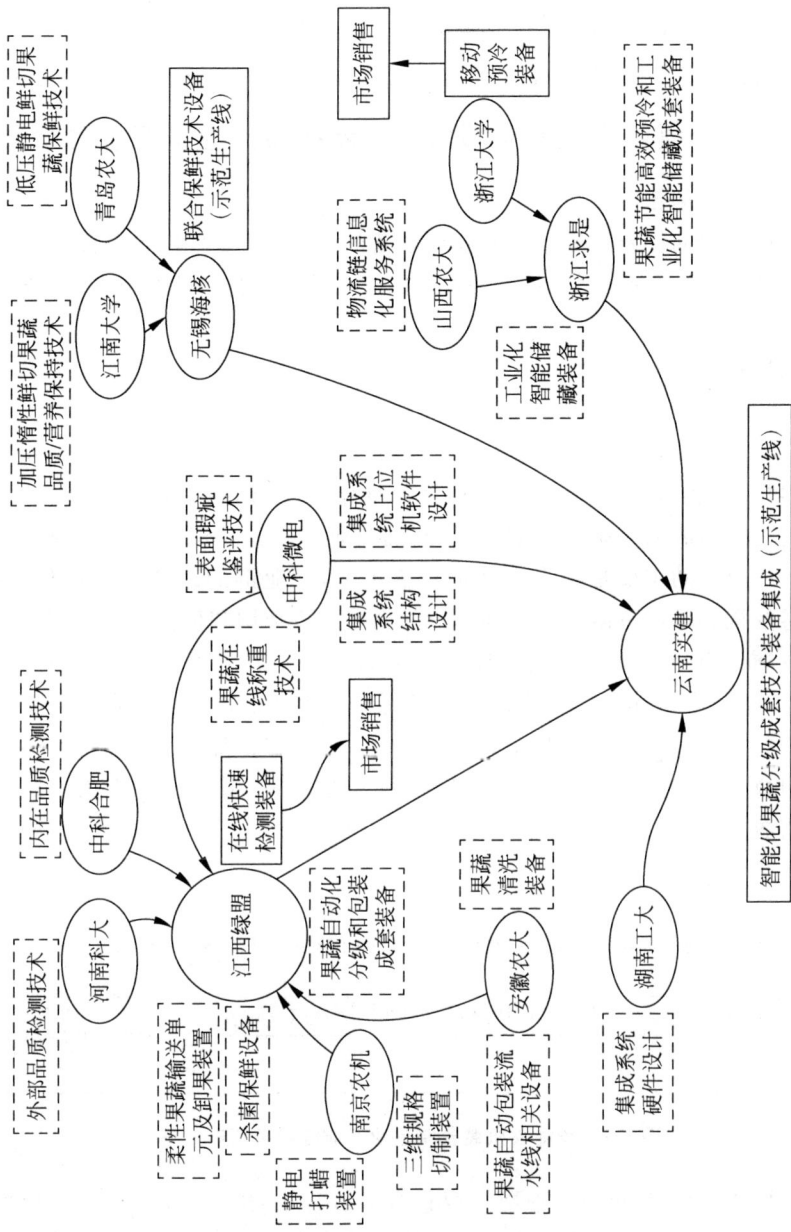

图 5-1　果蔬智能分级技术装备科技成果转化与技术转移路径

科学院微电子所）；成套装备应用示范及辅助设施的开发(云南实建)，建立一套优质果蔬采后智能化品质分级处理装备体系，建立示范基地。

所有课题的研究成果都汇集到云南实建，建设一条具有年 10 万吨处理能力的国内自动化程度最高、业务流程最规范的采后果蔬品质分级处理流水线。

5.1.3 项目成果转化模式：创新链与产业链深度融合转化

项目中的创新链

本项目中的创新链是指智能农技装备的创新链，按照智能农技装备的功能集成又细分为零部件的研发，因此里面又可按零部件功能细分为 20 条子创新链。

项目中的产业链

"产业链"的概念起源于马歇尔的企业间分工协作理论，是指以完成某项生产任务为目标，不同企业或组织在上、中、下游不同生产环节建立业务关系的过程。产业链是通过产业化活动施加规模性、结构性和转化性，在多个产业部门之间形成的一条关系链，是从基础产业到产成品销售的全过程生产的集合。产业链的本质是各企业间的供需关系，产业链的载体是企业和产品，产业链的核心是上下游企业之间形成的内在关联结构和价值流动机制。

本项目中的产业链包括智能农机装备制造业产业链和果蔬产业链，如图 5-2 所示。智能农机装备制造业产业链是指由从最初原材料到产成品进入市场的整个过程涉及的各环节构成的链条，主要包括原材料生产、零部件制造、整机设备制造、成套装备集成制造、市场销售等。其价值终端为农机装备的销售收入。

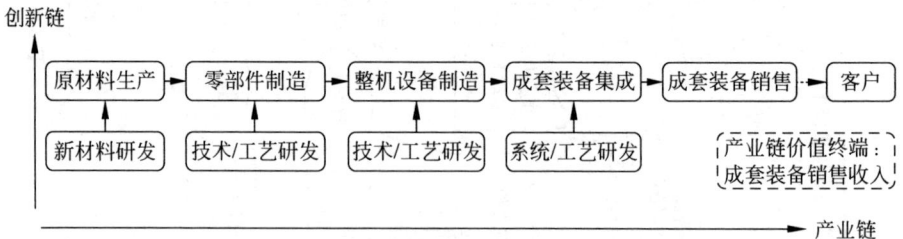

图 5-2　智能农机装备制造业产业链和果蔬产业链

如图 5-3 所示，果蔬产业链主要包含果蔬种植、果蔬采收、果蔬采后处理加工、果蔬市场销售。其价值终端为果蔬的销售收入。其中，果蔬采后智能

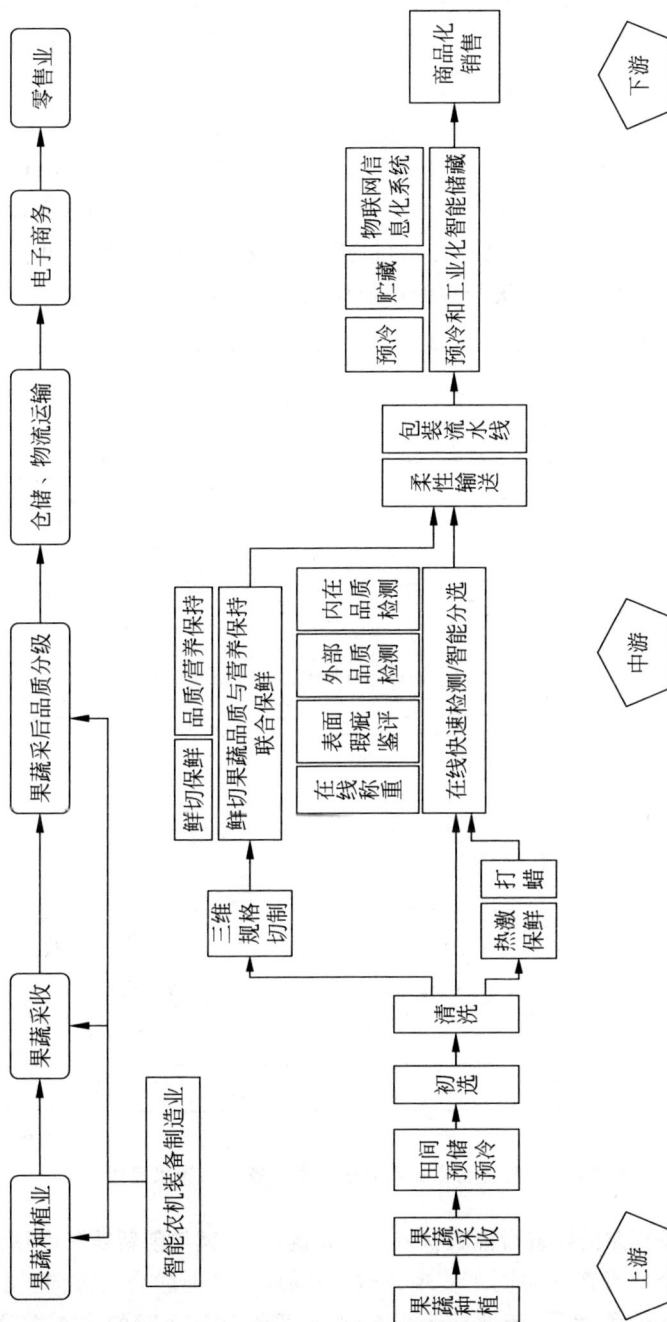

图 5-3　果蔬相关产业及产业链

化品质分级处理是果蔬产业中最重要的环节之一,能够带动果蔬上下游相关产业的可持续健康发展,延长产业链条,提高农产品产后附加值和市场竞争力,增加农民收入,促进经济结构调整,扩大就业。

果蔬采后智能化品质分级处理由分级、清洗、杀菌保鲜、打蜡、规格切制、包装以及预冷、贮藏等多个环节组成,每个环节都需要通过各自的创新和研发提供相应的技术设备来实现产业功能。在本项目中,14个创新主体承担了20条创新链,相互依托,协同融合,通过组合构成5个功能模块,共同支撑实现果蔬采后智能化品质分级处理的产业应用目标。如图5-4所示。

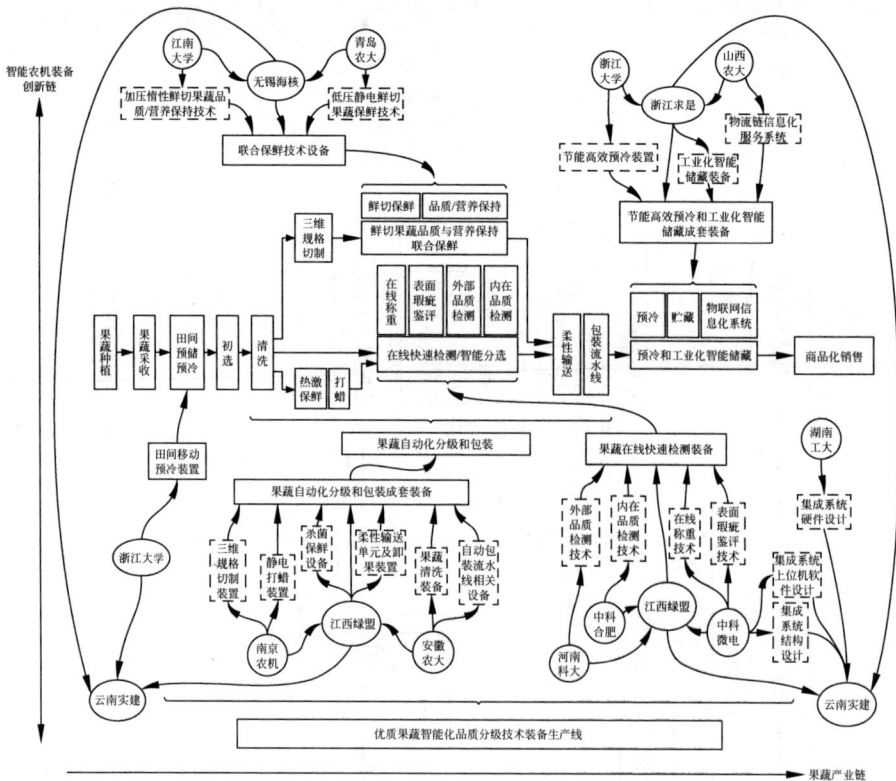

图 5-4　果蔬智能化品质分级技术装备成果转化模式

围绕果蔬产业链配置智能农机装备创新链,产业链与创新链深度融合转化

产业融合要靠产业协同来实现,产业协同应以产业融合为方向。

从产业链的角度看,产业链不但反映上下游企业之间的内在关联结构,是上下游企业之间的供需关系的表达,而且反映了基于产业主体分工的价值流动机制,体现了从"研发—设计—生产—销售"的价值链结构及价值增值过程。产业链中的各个主体为了保证价值流动和价值增值目标的实现,必须参与到价值链增值的活动中,而要实现产业价值链的增值必须依靠创新,这就是产业链的发展过程必然引致对创新的需求。

从创新链的角度看,创新的出发点和落脚点都应该是提供更有价值的创新产品与服务,为企业提供新思想、新方法、新技术、新产品和新服务,从而有效推动产业链的发展,同时创新成果的转化和应用也是产业化的过程,也是创新资源与成果嵌入产业链的重要表现。

创新链与产业链的协同融合是一项复杂的组织模式和系统工程,是创新链、产业链与创新资源、创新管理等环节协同整合的过程。一条完整有效的创新链源于市场终于产业,创新链的源头和动力必然是市场的需求,中间过程和环节也是通过市场供需机制进入产业链条的上下游。产业链是基于不同企业生产或分工合作形成的动态网络,产业链条上的每个环节,都可以衍生出一条创新链,产业的转型升级和高质量发展,都可以倒逼出一条完整的创新链。

创新链和产业链的协同融合过程本质上是多主体通过耦合互动产生共振实现价值增值的过程,产业链的发展牵引创新链的形成与发展,创新链的发展驱动产业链的发展与提升。

本项目的创新链与产业链融合是指智能农机装备制造业的创新链和产业链与果蔬产业链的深度融合,其经济效益既包括了智能农机装备的销售收益,也包括了果蔬产业采用智能农机装备之后的价值增值收益。

本项目双链深度融合的核心节点在于云南实建果业有限公司的身份变化。云南实建的经营范围包括水果种植、销售,仓储,农产品初加工等,是果蔬产业链中的核心企业。双联深度融合之前,云南实建只是智能农机装备产业链中成套农机装备的销售客户之一,其作用和价值是通过市场买卖行为帮助智能农机装备产业链实现销售收入。

双联深度融合之后,云南实建不再是客户身份,而是前移至智能农机装备创新链和产业链中的成套设备集成环节,变成了智能农机装备创新链和产业链中的参与主体之一。云南实建与其他单位之间的关系也由原本彼此以外部身份存在的市场买卖关系,变成了项目团队成员之间的内部合作关系。云南实建的作用和价值也转变为使用智能农机装备所实现的果蔬产业价值增值收入。

5.1.4 项目的超螺旋分析

如图 5-5 所示,项目参与主体单位共 14 家,包含科研院所 3 家,高校 7 家和企业 4 家。项目牵头单位是中国科学院微电子研究所。

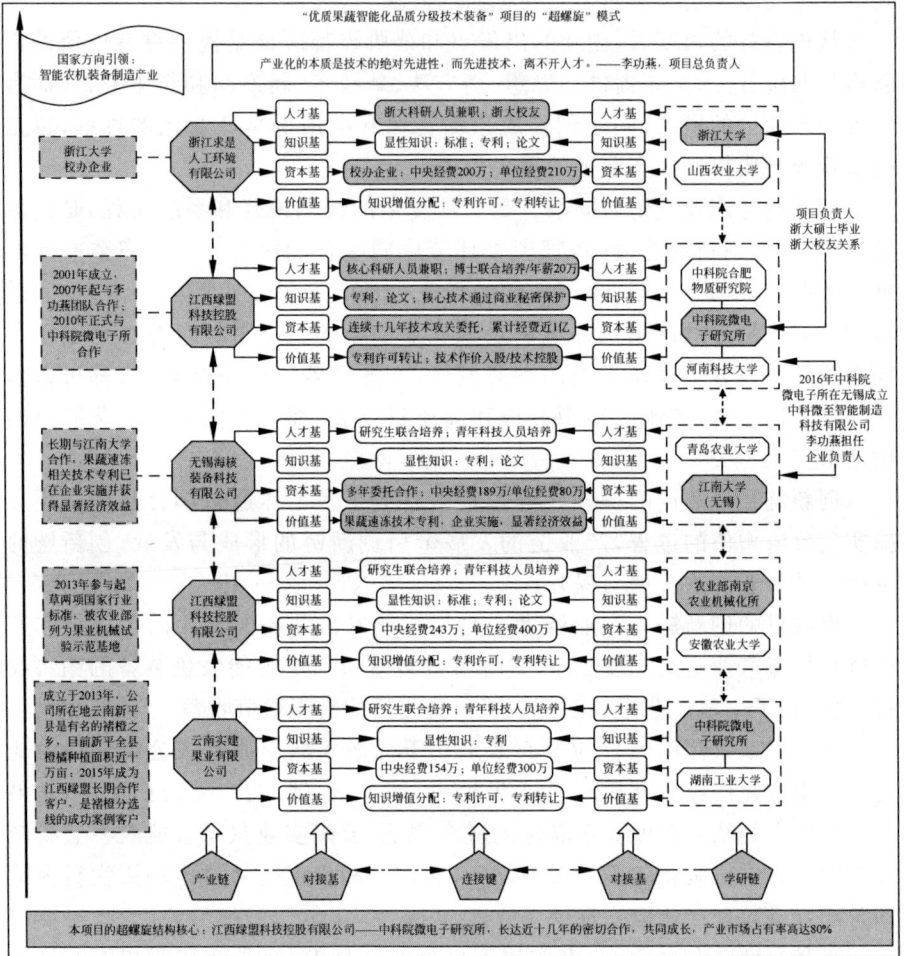

图 5-5 优质果蔬智能化品质分级技术装备项目的超螺旋模式

（1）超螺旋骨架链

产业链

产业链由四家企业组成,分别是:江西绿盟科技控股有限公司、浙江求是人工环境有限公司(原浙江大学电气设备厂)、无锡海核装备科技有限公司、云南实建果业有限公司。4 家企业之间是供应商、生产商和用户的关系。

江西绿萌科技控股有限公司是本项目中的核心企业。江西绿萌科技控股有限公司成立于 2001 年,是国家高新技术企业,总部位于江西赣州,专注果蔬分选机设备研发制造。

从四家企业的经营范围来看,从事装备制造的企业有 3 家,分别是江西绿盟、浙江求是和无锡海核;从事果蔬种植、采后处理和销售的企业有 2 家,分别是江西绿盟和云南实建。江西绿盟拥有广泛的农机装备销售和客户网络以及水果种植产业基地,云南实建是水果种植和采用加工产业的核心企业,拥有广泛的水果种植产业基地。因此,江西绿盟除了承担柔性果蔬输送和卸果装置和杀菌保鲜设备的研制之外,还承担了果蔬品质在线快速检测装备的生产制造和市场销售。云南实建承担了果蔬分级装备的集成和产业示范应用。

学研链

学研链由 10 家单位组成。其中,高校 7 家,分别是浙江大学(课题牵头单位)、青岛农业大学(子课题牵头单位)、安徽农业大学、湖南工业大学(子课题牵头单位)、山西农业大学、河南科技大学、江南大学;科研院所 3 家,分别是:中国科学院微电子研究所(项目牵头单位)、中国科学院合肥物质科学研究院(课题牵头单位)、农业部南京农业机械化研究所。

中国科学院微电子所是项目总牵头单位,承担了果蔬分级装备集成的系统结构设计和上位机软件设计的研发任务,体现了第三代农机创新体系以信息技术和构建体系为核心的特点,而设备装置的生产制造不再是创新体系的核心环节。此外,由于果蔬采后分级是果蔬产业增值和提高市场竞争力的关键技术,中国科学院微电子所还承担了果蔬分级装备中的果蔬分级关键技术(称重和表面瑕疵鉴评)的研发任务。总的来说,中国科学院微电子所担任项目牵头单位,体现了智能农机装备创新体系的特点,是行业和产业发展的必然。

(2)对接基与连接键

a)"超螺旋"的核心对接基和连接键(中国科学院微电子所与江西绿盟)

本项目的核心合作是江西绿萌科技控股有限公司与中国科学院微电子研究所李功燕团队的长期密切合作,包括人才、资金设备、知识信息、价值利益等全方位的深度融合。

人才基与连接键

中国科学院微电子所与江西绿盟并没有直接的人才方面的对接,但双方通过技术作价入股的方式合办了新企业"中科微至制造科技江苏有限公司",该公司由中科微电子所的李功燕控股,公司里的研发人员主要来自中国科学院微电子所。

根据国家和中国科学院鼓励科研人员兼职的政策,李功燕在企业和中国科学院微电子所同时任职(兼职),但其团队成员并没有兼职,或者属于企业,或者属于中国科学院微电子所。这样的混合式团队,充分保证了知识信息在企业和科研院所之间的自由流动。李功燕团队为博士生研究生开出 20 万的年薪,鼓励博士生安心做科学研究和技术研发,博士毕业后,或者留任中国科学院微电子所,或者到中科微至,双方的人才完美对接。

资本基与连接键

2007 年,李功燕在中国科学院自动化研究所综合信息中心攻读博士学位期间,自发寻找企业承接合作项目。江西绿盟与李功燕团队合作的第一批项目经费 8 万元,李功燕带领着由二本和三本毕业的本科生组成的团队开始了技术攻关。2008 年李功燕博士毕业后留在中国科学院自动化研究所综合信息中心工作,后因自动化所对发表论文有硬性要求,2010 年 8 月,李功燕离开中国科学院自动化所,到中国科学院微电子研究所从事博士后研究,同期李功燕代表中国科学院微电子所开始了与江西绿盟的正式合作。

自 2007 年以来,江西绿盟持续为李功燕团队提供项目经费支持,从最初的每年 8 万元,一直到后来的每年 1500 万元,十几年时间企业累计为李功燕团队提供经费支持近亿元。

知识基与连接键

显性知识:中国科学院微电子所李功燕团队长期受江西绿盟委托进行技术研发和技术攻关,形成了大量的知识成果,这些知识成果以知识产权(专利)的形式显性表现出来,这些知识信息通过许可转让的方式传递给江西绿盟。为了保护科研成果的知识产权,保持竞争优势,李功燕团队采用了"专利+技术秘密"的组合保护,最核心的技术不通过任何形式对外公开,而是以技术秘密的形式保留在极少数核心成员手中。

隐性知识:根据国家和中国科学院鼓励科研人员兼职的政策,李功燕在企业和中国科学院微电子所同时任职(中科微至董事长,法人代表;中国科学院微电子所智能制造电子研发中心主任),但其团队成员并没有兼职,或者属于企业,或者属于中国科学院微电子所。这样的混合式团队,充分保证了知识信息在企业和科研院所之间的自由流动,特别是隐性知识的相互传递。

价值基与连接键

商品化增值分配:微电子所的专利技术成果,所有权归属微电子所,然后通过许可转让的方式让江西绿盟进行商业化和产业化应用,科研人员获得相应的经济回报。在这个过程中不涉及外部资产价格评估的事,每年上千万的长期持续科研经费支持,是江西绿盟对中国科学院微电子所科研人员所创造的成果价值的回报。

资本化增值分配:李功燕以技术作价入股,与江西绿盟、中国科学院微电子所等合作成立中科微至制造科技江苏有限公司,李功燕控股担任董事长和法人代表,通过企业薪酬和股权收益获得对所创造成果价值的回报。

b)"超螺旋"的其他对接基和连接键(其他单位之间)

本项目团队中,除了江西绿盟和中国科学院微电子所之外,还有 8 家单位。这 8 家单位通过某种联系,与江西绿盟和中国科学院微电子所融合在一起,共同实现项目任务目标。

无锡海核装备科技有限公司与江南大学

双方一直有着长期和研发合作,江南大学地处无锡,两家单位同处一地,地缘关系使两家单位之间必然也在其他方面有着紧密关系。江南大学科研人员研发的果蔬速冻技术专利,已经在无锡海核装备公司进行了实施,并且获得了非常显著的经济效益,这样的合作基础能够保证两家单位在本项目中的密切合作。

浙江求是人工环境有限公司与浙江大学

浙江求是人工环境有限公司,是由原来的浙江大学电气设备厂改制而来的,前身是浙江大学的校办企业,无论是人员,还是政策、资金等方面,两家单位之间存在着紧密的关系。

江西绿盟科技控股有限公司与农业部南京农业机械化研究所

江西绿盟与农业部南京农业机械化研究所的合作,没有太多信息。2013年江西绿盟参与起草了两项国家行业标准,并被农业部列为果业机械试验示范基地。从这个信息能够推断,江西绿盟与农业部南京农业机械化研究所的合作应该也是有着比较长的历史,而后者同时又是农业部的下属单位,属于行业领导部门。

中国科学院微电子所与浙江大学

项目负责人李功燕硕士毕业于浙江大学,是浙江大学的校友。根据超螺旋模型,校友关系是高校和科研院所与企业建立合作关系的重要纽带。在没有其他信息的情况下,可以初步判断,李功燕的校友身份,帮助中国科学院微电子所与浙江大学之间建立起了合作关系。

通过以上分析,所有这些单位在本项目之前,都已经有着长期的成功合作经验,因而能够保证本项目的顺利实施并完成预期任务目标。

5.1.5 经验总结与启示

(1) 产业发展需求拉动创新

本项目的设立具有典型的产业发展需求拉动特征。我国是世界上最大的果蔬生产大国,产量达到 10 亿吨左右,然而长期以来,我国存在重采前生产、轻采后处理的观念,采后处理率约为 30%,远低于发达国家 70% 的水平,造成果蔬产地采后腐烂损耗高达 30% 以上,直接经济损失超过 2000 亿元。造成这种局面的主要原因是:对优质果蔬智能化品质分级处理认识不足,商品附加值较低,市场竞争力差,保鲜技术落后,采后生产技术指标体系、规范标准缺乏,相关国产装备研发严重滞后。

本项目属于智能农机装备专项中共性关键技术研究类的任务方向,专项任务总体要求是,要实现"关键核心技术自主化、主导装备产品智能化、薄弱环节机械化"。本项目面向我国对分级分等果蔬供应的巨大市场需求,以内外部品质高效分级为核心,解决节能高效预冷和工业化智能储藏、内外品质在线无损检测技术、鲜切果蔬品质与营养保持工艺、自动化分级和包装关键装置、智能化果蔬分级成套技术装备集成等问题,为农产品产后智能化精细选别技术提供基础,实现果蔬分级的自动化和智能化升级。

本项目的前期技术研究和积累始于 2007 年,但之前并没有获得国家的相应计划资金资助,主要原因是当时的产业发展还没有产生相应的需求。2016年全球农机创新体系进入以信息技术为核心的智能化发展时代后,农机创新技术将传统的农机从机械控制带到了"机械、控制、通信、计算"融合的新阶段,产业发展的智能化需求日益显著,进而拉动了相关智能农机装备研发项目的立项并获得国家科技计划经费的支持。

(2) 产业经验与长期积累

项目牵头单位与产业中的龙头企业有长期的合作基础、技术积累和产业经验。本项目的牵头单位早在 2007 年就与江西绿盟开展了相关合作,江西绿萌给予了李功燕研究团队在技术研发的早期阶段 07 年至 12 年的资金,并在最初定下了企业作为技术委托,负责运营的基调,根据企业的需求来攻克技术难题,这非常有助于果蔬分级技术产业化的落实,事实上此时技术成果转化已经开始,每一步取得的技术突破基本都是基于服务市场的选择。在 12 年技术逐步成熟,可以投入市场后,企业投入资金更甚,共计投入了五千万到一个亿的资金,同时也为企业带来了巨大的效益。

之后在 2018 年李功燕负责人接手这一课题可以说是水到渠成,从产业化的角度考虑,这一时期其自主研发的果蔬智能化分级机的国内市场占有率达到 80% 以上,并走出国门,以相对国外设备低廉的价格和较为精确的识别技术开拓了海外市场,比如 2017 年绿萌拿下了南非 Fruit One 集团 12 通道柑橘分选线项目,每小时处理量达到 60 吨。

(3)产业龙头主导地位

项目团队经验丰富、基础扎实、条件完善,在果蔬产业领域居于主导地位。项目团队长期根植于果蔬采后处理领域,国内果蔬智能化品质分级处理相关工程建设 80% 以上由本项目单位主导或者参与。项目牵头单位与江西绿萌科技控股有限公司为国内唯一可提供基于重量/视觉融合的果蔬在线无损品质检测设备的单位,并在 25 个省市成功安装 600 余套果蔬采后品质分级处理生产线,并出口韩国、泰国、南非等 11 个国家。2011 年经浙江大学谭建荣院士鉴定认为达到国际先进水平并获江西省科技进步二等奖,2016 年被农业部推选为年度农产品加工业十大科技创新推广成果。

(4)中试与示范基地支撑

项目团队拥有中试基地和示范基地,为成果转化提供了重要的支撑。项目团队具有国家级、农业部重点实验室和工程技术研究中心等研究机构,具有果业机械检测技术试验示范基地,以及赣南脐橙、玉溪冰糖橙等典型产区示范地。

江西绿萌从事脐橙种植、贸易、脐橙采后商品化处理、技术服务和农业机械制造(电脑果蔬分选机),是国家高新技术企业。身处赣州,当地有信丰县现代农业产业园,是我国首个现代化产业园,面积约 5000 亩,耗资 6.6 亿元,包括高标准脐橙种植示范园、脐橙文化博物馆与脐橙产业博士后工作站与研究基地,农夫山泉信丰工厂的鲜果自动分选流水线等。因此该企业作为项目核心技术的最初投资方,是具有成果试验应用的天然优势的,果蔬分级技术可以在小试阶段就可以马上投入使用检验,无论是发现技术上的漏洞还是发现不符合市场需求问题都可进行研究解决。

云南实建果业有限公司地处云南省玉溪市新平彝族傣族自治县。云南水果出口额占全国水果出口额 33% 左右,位居全国之首。水果产业是玉溪市的优势产业,2019 年玉溪市水果在园面积 97.25 万亩,水果产量 103 万吨,水果产值达 50.16 亿元。新平县是有名的褚橙之乡,全县橙橘种植面积近十万亩。本项目将在云南实建果业有限公司建设一条国内性能最优良、自动化程度最高、业务流程最规范的优质果蔬采后智能化品质分级处理流水线,并通过示范应用基地的建设,形成具有大规模推广意义的优质果蔬采后品质分级处理工艺流程的行业规范、技术标准。

(5)首席科学家的综合能力与成果转化经验

项目负责人作为首席科学家具有多学科知识视野和能力,拥有强烈的成果转化观念和丰富的成果转化经验。在科研项目中,首席科学家身上的特质对于项目能否最终成功是至关重要的,在本项目中首席专家身上反映的主要有三点:成果转化观念浓厚;懂得企业相关业务;知识层面覆盖机械、电子、图像三大专业,与项目相匹配。首先,在项目的前期转化中,李功燕相当于是为企业工作,与业务人员沟通,为其科研团队寻找合适的产业化道路方面发挥了重要的作用。从专注科学研究到分身科研管理,需要定位和角色的转化,尤其是要从对智能化分拣这一领域科学问题的深入认识到对科研布局,战略方向以及研究方向成果的整体把握和全面理解。不过这个过程对他来说并不困难,这和他的科研经历有较大关系,他本科学的是机械,硕士学的是电子,博士学的是图像,正好与这一领域对口,因此在这一研究选题上比很多农学家都要领先成果研发进度,并在博士毕业前一年找好了企业合作,并招募一批学生专心做了五年项目,最终成果落地。

从中不难看出,想找科研人员合作的企业一定是希望在某个点技术或者功能上有所突破,在规范化的系统开发项目里,项目的首席专家需要对需求分析、研究设计、严格规划做出严谨的安排。

(6)人才联合培养,高薪吸引人才

通过中国科学院微电子所与企业联合对博士生进行培养,为博士生提供 15 万至 20 万的年薪,以确保博士生可以静心安心从事科学研究和技术攻关。博士生毕业后,可以选择留在中国科学院微电子所继续从事学术研究,也可以去合作的企业工作。通过人才联合培养与高薪吸引人才,以保持技术发展的领先竞争优势。

(7)企业长期持续稳定的技术攻关经费支持

江西绿盟连续十几年,技术攻关经费支持近 1 亿。

5.2 以人为载体的知识链深度融合转化模式
——SEBS、PCL 医用高分子原材料的研发和产业化

5.2.1 项目背景

我国人口众多,医疗器械消费量极大。对于输液袋和输液器等存储和输注类医疗器械,由于我国没有医用软质聚烯烃生产技术,仍在使用添加了大量塑化剂的聚氯乙烯(PVC)作为原材料。聚氯乙烯是一种硬质塑料,这种塑料不是原子塑料,需要往里面加增塑剂,即通常所说的塑化剂。根据需要的软硬程度的不同,塑化剂加的程度至少要 30%,最多加到 60%。临床证明这种原材料对人体健康具有一定的危害性。

此外,由于聚氯乙烯不耐辐照,辐照会加速聚氯乙烯医疗器械制品的老化,因此无法使用辐照消毒,容易出现消毒死角问题,即使用前消毒不净致使存在环氧乙烷残留,该残留对患者和医务人员都有损害。

苯乙烯类弹性体(SEBS)是一种新型复合材料,已经在自行车轮胎(不需要打气)等领域进行了广泛应用,但医用级的 SEBS 原材料没有实现国产化,主要从日本和美国进口,用于替代 PVC 原材料,进口成本非常高,给国家和患者家庭带来了沉重的经济负担,同时也使得我国医疗产业的发展受到国外制约,医疗产业安全存在着巨大的潜在威胁。而我国聚酯类医用材料主要依赖进口,严重制约了全产业链发展。

生产和制备医用安全的苯乙烯类弹性体(SEBS)树脂及相关器械并全面替代 PVC 材料产品是我国输注医疗器械发展的必然趋势,实现医用级聚己内酯(PCL)材料批量化生产能力,可填补我国聚酯类生物医用材料全产业链的不足,提升我国生物医用材料及制品的战略安全。

5.2.2 项目成果转化与技术转移路径

(1) 医用苯乙烯类弹性体(SEBS)

医用 SEBS 大规模产业化及应用是指从结构设计、单体制备、聚合工程、材料合金化和成套应用技术等基础和关键技术研究,到原材料的工业化基地建设,再到输注器械和术中耗材的产业化开发和应用。通过产学研的有机结

合,从根本上打破国外发达国家的技术和产品垄断,建立我国自主知识产权的整套完备的工业体系。

如图 5-6 所示,本项目是从原材料到最终产品,涉及很多环节,是全链条组织、一体化实施的。首先是原材料,巴陵石化负责;仅有原材料还不行,中间还需要经过合金化,合金化之后才能大规模生产。所以这样的项目如果不靠国家来组织,仅靠每个单位自己来做是做不下来的。国家的力量把所有相关单位整合在一起,把从原材料到最终产品的这条线给整合下来,保障了全链条组织和一体化实施。

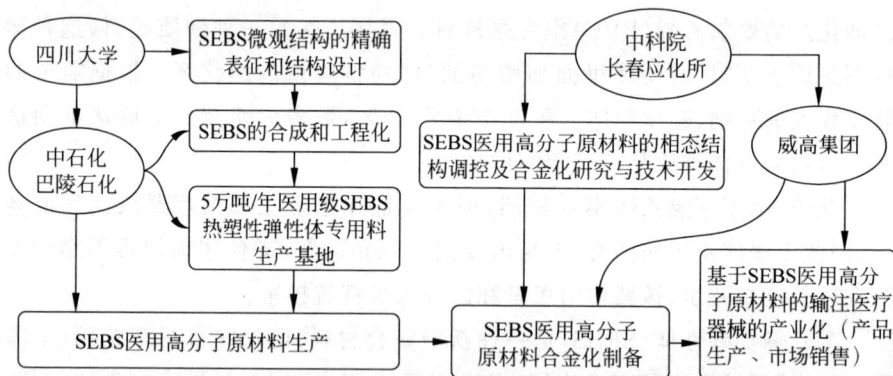

图 5-6 苯乙烯类弹性体(SEBS)医用高分子原材料成果产业化路径

巴陵石化生产的 SEBS 基础料非常软,而输液袋和输液器需要有一定的强度和刚性,即合金化。威高集团在巴陵石化医用 SEBS 基础料的基础上,采用中国科学院长春应化所的合金技术,生成输液袋和输液器的医用 SEBS 原料。最后,威高集团利用加工后的医用 SEBS 原料,生产 TPE 避光输液器、耐辐照 TPE 输液器和 TPE 精密过滤输液器等产品,并获得药监局的 CFDA 产品注册证。

TPE 避光输液器主要通过 SEBS 与聚丙烯合金化所形成的热塑性弹性体(TPE)和专用避光剂的组合,替代传统 PVC 材料的避光输液器产品,用于光敏类药物的输注。该产品导管采用三层结构,中间层为避光层,内层和外层采用透明 TPE 材料。耐辐照 TPE 输液器由改性的耐电子束辐照的 TPE 材料制备而成,可通过辐照灭菌进而取代传统的环氧乙烷灭菌方式。TPE 精密过滤输液器是 TPE 材料与精密过滤器的组合产品,替代传统的 PVC 材料制成的精密过滤输液器,可减少微粒物对人体的危害。

本项目通过解决由基础原材料到无毒、无害医用输注储器械制备的关键科学问题,将中石化资产管理公司巴陵分公司和威高集团有限公司国内医用基础高分子原材料和医用输注器械生产的两个国内龙头企业直接联系起来,有效带动国内全面替代 PVC 材料,加快实现医用输注器械的无毒、无害化的进程,为实现我国全民健康的目标发挥更大的作用。本项目对国家具有重要的战略价值,对企业具有重大的利益价值,因此企业参与都非常积极,项目的协调组织工作非常顺畅。

(2) 医用聚己内酯(PCL)

手术缝合线

手术缝合线是指在外科手术当中,用于伤口结扎、缝合止血以及组织缝合的一种特殊用线。根据其生物降解性能可分为两类:不可吸收线和可吸收线。前者在体内不降解,所以缝合后需要拆线;后者在体内可以降解成为可溶性产物,被人体吸收并逐步排泄出体外,一般在 2～6 个月时间从植入点消失。非生物降解缝合线不能被机体吸收,有不同程度的组织反应,缝合表皮容易留下疤痕。可吸收型缝合线包括天然纤维及合成高分子类缝合线,前者有羊肠线、真丝、胶原、甲壳质纤维等,后者包括聚乙交脂(PGA)类缝合线、聚乳酸(PLA)类缝合线、聚对二氧环己酮(PDS)缝合线等,它们在体内降解吸收,避免了二次手术给病人带来的痛苦,并且可以根据实际手术需要,选用降解时间不同的缝合线。

理想的生物可吸收缝合线应满足以下一些条件:纤维柔韧性好,打结强度高,结扎时操作方便,持结性能良好;在体内能保持一定时间的强度,在体液环境中不会变形,伤口愈合后被吸收;生物相容性好,不致因异物反应而发生炎症;产品质量稳定可靠、保存方便,能够对其进行彻底的消毒杀菌处理。由于可吸收医用缝合线良好的性能,因此具有很好的发展前景。

医用聚己内酯(PCL)

聚己内酯(Poly caprolactone,PCL)是由 ε-己内酯(ε-CL)开环聚合所得的线性脂肪族聚酯。它是一种半结晶型高分子,在室温下是橡胶态,其热稳定性较好,分解温度比其他聚酯要高得多。聚己内酯(PCL)的酯基(-COO-)在自然条件下易被微生物或酶分解,生成小分子产物 CO_2 和 H_2O,对人体无毒,具有优良的药物通过性和力学性能,可用作生物医用材料。PCL 用作体内植入材料以及药物控释材料,已经获得美国 FDA 的批准。

PCL 具有良好的热塑性和成型加工性,可采用挤出、吹塑、注射、熔融纺丝等方法制成各种形状的产品。同时 PCL 还具有良好的药物透过性、生物相容性、生物降解性、力学性能等优点。国内外对 PCL 的应用研究主要集中在生物医用材料领域。PCL 在组织工程中应用较广,由于 PCL 的初始强度高而且降解速率慢,因此作为可生物降解支架材料可以维持较长时间而不被破坏。线形的 PCL 不具有形状记忆效应,交联呈网络状的 PCL 耐热性能显著提高,表现出形状记忆行为。

医用聚己内酯作为药用辅料,主要用作控制药物释放的载体,它的作用是将药物包裹,形成控制药物释放的膜壁,使药物通过渗透和扩散,以恒定的速率释放,达到稳定和长期药效。

本项目针对我国现行医用级聚酯单体生产过程中普遍存在的产品纯度低和生产安全性差的问题,通过反应机理研究和本征安全性分析,项目引用微流场反应等聚酯类材料单体高效合成的关键技术,大幅提升单体纯度和生产安全性,为高性能医用级聚酯材料开发奠定基础。

本项目针对我国聚酯类医用材料普遍使用重金属催化剂导致的金属残留问题,通过模仿酶催化作用机制、借鉴金属催化剂作用原理,结合开环聚合反应机理,项目创制不含任何金属元素、兼具生物安全性和高催化活性的仿生催化体系,有效提升医用级聚酯材料的生物安全性。

原材料研发由南京工业大学和中国科学院青岛能源所负责,中国科学院长春应化所提供合金化技术,最后威高集团利用合金化后的 PCL 原材料生产可吸收性手术缝合线。如图 5-7 所示。

"聚己内酯(PCL)医用高分子原材料"成果产业化路径

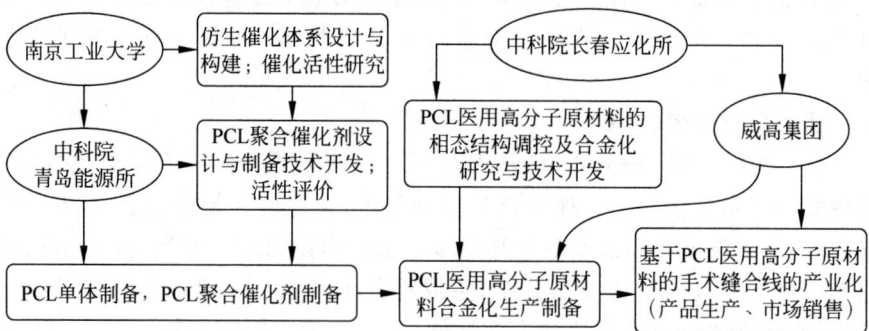

图 5-7 聚己内酯(PCL)医用高分子原材料成果产业化路径

5.2.3 项目成果转化模式：以人为载体的知识链深度融合转化模式

项目中的知识链

科技创新中的知识链是指以企业为创新的核心主体，以实现知识共享和知识创造为目的，通过知识在参与创新活动的不同组织之间流动而形成的链式结构。知识链由拥有不同知识资源的组织构成，这些组织包括：核心企业（盟主）、大学、科研院所、供应商、经销商、客户甚至竞争对手。

知识经济时代，组织持续竞争优势的获得取决于组织对内、外资源的融合能力，尤其是组织对外部知识资源的吸收能力很大程度上决定了组织的持续竞争优势。随着知识的更新速度不断加快，组织自身所拥有的知识资源有限，为了获取持续竞争优势，企业与大学、科研院所、供应商、客户甚至竞争对手结成战略伙伴关系，构成组织之间的知识链，通过知识链组织之间的知识流动，促进知识链组织之间的交互学习，实现知识链知识共享和知识创造，从而形成知识链的知识优势。知识链的竞争优势表现为知识链通过知识协同形成的知识优势，并为知识链带来知识增值效应。

在本项目中，威高集团作为核心企业与中国科学院长春应用化学研究所在长达 20 多年的密切合作中，实现了知识资源的有序流动，产生了知识增值的协同效应。如图 5-8 所示。

知识链关系治理

知识链构建之初，主要是以文本形式的正式治理机制，但是由于组织之间的关系既不是纯粹的市场交易，也不是单一企业内部部门之间的关系，无法通过上下级命令解决各种冲突，因此，正式治理机制将很难从根本上解决知识链中组织利益矛盾和冲突。关系治理作为实现组织间关系控制、沟通与协作、提高组织间关系绩效的一种非正式制度，强调在组织成员间建立相互信任、彼此合作的长期关系，设计一套控制、协调、激励和约束机制来处理好成员之间的关系。因此，相对于正式治理，关系治理能够较为有效地解决知识链运行中组织成员关系的冲突和矛盾，为组织间知识高效共享创造良好的环境，为知识链有序运行提供有利的保障。

在本项目中，威高与长春应用化学研究所合作，在长春建立威高医用高分子研究中心，并要求应化所选派科研人员到威高兼任总工程师。这是一种非常有效的知识链关系治理机制。长春应化所的科研人员兼任威高的总工程师、副总工程师，有效提高了威高和长春应化所之间的关系控制、沟通协调

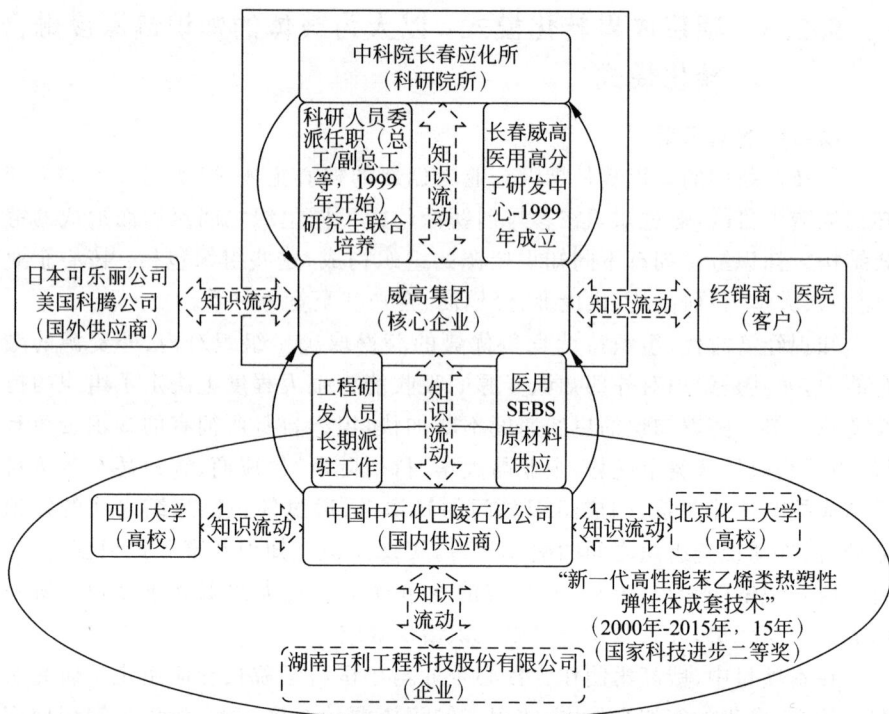

图 5-8　医用苯乙烯类弹性体(SEBS)原材料国产化研发与产业化项目知识链

和信任合作,实现了威高和应化所合作文化的深度融合,保障了彼此的利益,规避了机会主义行为,降低了冲突发生的概率,促使威高和应化所的关系更加和谐,增强了彼此的信任,加速了知识的共享和创造,保证了威高、应化所和相关科研人员的收益,提高了合作绩效。

知识链演化中的组织间信任

知识链演化中的组织间信任主要是指在知识链演化的生命周期过程中,成员企业间在不同的演化周期阶段因受不同影响因素的作用,所表现出的阶段性的不预期损害其他知识链成员的利益的关系表现。

根据知识链生命周期理论,知识链的生命周期分为:酝酿期、组建期、运行期和解体期四个阶段。在知识链的演化过程中,伴随着知识链不同的生命周期阶段,组织间信任机制也呈现出动态性、阶段性和多维性的特点。

知识链演化中的组织间信任可以划分为:计算型信任、制度型信任、市场型信任和联结型信任 4 个维度。计算型信任主要是指在知识链合作酝酿期,知识链成员企业间基于理性初步判断成本和收益所形成的信任关系,计算型信任可以使企业间产生"资源互补"的合作效果。制度型信任主要是指在知识链合作组建期,知识链成员企业间基于法律法规所订立的契约及交易惯例进一步确认合作关系所产生的信任关系,通过制度型信任的建立,企业间会产生合作与交易行为上的路径依赖效果,即"行为依赖"效果。

市场型信任主要是指随着知识链成员企业间合作关系的进一步推进(正式契约已经建立或者已经按照交易惯例继续合作),知识链合作进入运行期。在这一时期,知识链成员企业间因交易成本和收益的比例关系,会对合作伙伴形成一个基于市场价格机制的信任判断,进而决定双方信任关系的下一步走向。随着企业间合作交往的加深,交易成本纵深刻画为专用性资产,即根据企业间知识链合作内容的不同所形成的投资于特定场地的、特定物质资源的、特定人力资本的、特定客户要求的和特定品牌的专用性资产等等,这种专用性资产会使知识链上的双方(或者多方)合作程度加深甚至产生"锁定"和"依赖",彼此间形成一种"竞争相依"的合作效果。

联结型信任是市场型信任发展的自然结果和自然延续,知识链成员企业间的合作预期和交易历史决定了知识链成员间是否可以产生联结型信任。当知识链成员企业间的合作预期和交易历史较为理想(双方同期获益)时较易产生联结型信任。知识链合作组织间联结型信任的建立使知识链合作进入更新期,即知识链合作组织间产生"共生相依"的合作效果,彼此间联系程度较为紧密可以维系长期的合作关系。联结型信任是知识链演化中组织间信任的最高级维度,一旦形成会固化成知识链合作组织间的企业文化、价值判断和企业愿景等方面的共识。

威高集团前身是成立于1988年的集体所有制企业——威海国营医疗器械厂一分厂,以生产一次性使用无菌输液器为主导产品。最初的时候,威高的输液器产品出了问题,往南方运时没有问题,冬天往北方运的时候经常出现碎裂,也就是输液器材料的韧性不够,需要把性能改进,提高输液器材料的低温抗冲击性和低温硬性。于是威高就找到了长春应化所。这是威高与长春应化所的最初接触,这是基于理性初步判断成本和收益所形成的信任关系。

输液器材料性能改进问题得到解决之后,威高和长春应化所发现彼此之间的配合与合作很好,于是在不断继续合作的基础上,开始探索建立基于契约与惯例的制度型信任关系。1999年,威高与长春应用化学研究所合作,在长春建立威高医用高分子研究中心。

长春威高医用高分子研究中心成立以后,威高每年支付长春应化所几百万科研经费,没有具体的任务要求,专门供养着长春应化所相关的几个课题组的生存和发展。威高和长春应化所通过这样的操作,逐渐形成专用性资产,锁定彼此之间的依赖性合作关系,建立市场型信任。

随着威高和长春应化所之间合作程度的日益加深,威高提出要求长春应化所选派科研人员到威高兼任总工程师,他们一半工作时间在长春应用化学所,一半工作时间在威高。之后,长春应化所又派出7名博士到威高从事博士后研究,派出3名博士担任威高的总裁助理、副总工程师、总工程师助理和国家工程实验室副主任等职务。这是在市场型信任关系基础上进一步发展形成的"共生共依"的联结型信任,是知识链演化中组织间信任的最高级维度,这种信任关系已经固化成威高和长春应化所之间在企业文化、价值判断和企业愿景等方面的共识。

以人为载体的知识链协同深度融合转化

如图5-9所示,威高自成立之初就开始了与中国科学院长春应用化学所的密切合作。威高最初做的产品是输液器,那个输液器是聚丙烯的一种高分子材料做的一次性针管。这个材料韧性不够,需要把性能改进提高低温抗冲击性和低温硬性。威高找到应化所,应化所对这个问题给予了很好的解决。之后双方配合得很好,于是继续合作,越做越大,一直做到现在。

1999年,威高集团与中国科学院长春应用化学研究所合作,在长春建立威高医用高分子研究发展中心,并要求应化所选派科研人员到威高兼任总工程师。2001年8月高分子物理与化学国家重点实验室(2000年获批)高性能高分子材料组课题组学术带头人殷敬华研究员赴任威高。自此以后,威高的总工程师、副总工程师都是由长春应化所的科学家兼任和担任,他们一半工作时间在长春应用化学所,一半工作时间在威高。

与此同时,威高集团还积极推动博士后科研工作站建设,把长春应化所毕业的博士推荐引进到威高博士后工作站,针对企业发展的重大科研问题进行攻关研究。威高集团把博士后科研工作站作为人才引进、协同创新的重要载体,采取"导师引领、项目分解、接力进站、柔引精留"的工作模式,积极助力企业的转型升级和跨越发展。这些博士后出站后,大部分继续在威高或者到长春应化所工作,确保了相关科研任务的持续不间断,深入推动了威高和长春应化所之间知识链的深度融合,提升了企业的知识创新竞争优势。

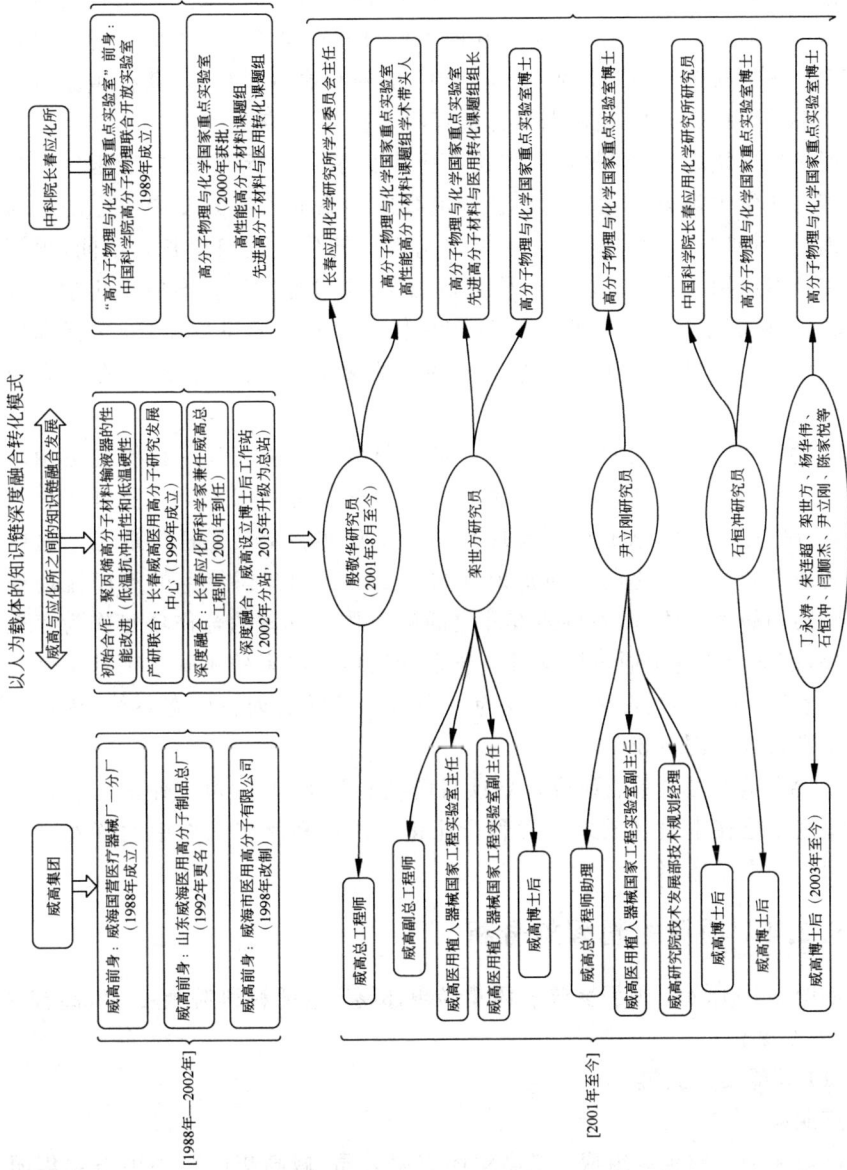

图 5-9　以人为载体的知识链深度融合转化模式

人才在知识链深度融合中的作用机理：以栾世方研究员为例

栾世方本科和硕士毕业于四川大学,2006 年博士毕业于长春应用化学研究所做博士研究,2007 年至 2009 年进入威高集团植入器械国家工程实验室进行博士后研究。2009 年,栾世方在博士后研究期间参与研发的一种可以替代聚氯乙烯的聚烯烃热塑性弹性体(TPE)的新型高分子材料,获得国家科技进步二等奖,目前,TPE 输液器累计销售收入超过 37 亿元。

博士后出站之后,栾世方入职长春应用化学研究所工作,先后担任高分子物理与化学国家重点实验室和长春威高医用高分子研究发展中心的普通科研人员、科研骨干和先进高分子材料与医用转化课题组组长。期间,根据威高和长春应用化学研究所的合作惯例做法,栾世方又被长春应用化学研究所推荐、被威高集团聘任为医用植入器械国家工程实验室副主任、主任和威高集团副总工程师。栾世方一半工作时间在威高,一半工作时间在长春应化所。

栾世方领导的高性能高分子材料组课题组和先进高分子材料与医用转化课题组,先后有 7 名博士在威高集团从事博士后研究,3 名博士正在担任总裁助理、副总工程师、总工程师助理和国家工程实验室副主任等职务。这些人才为威高和长春应化所之间知识链的深度融合和知识信息的有序流动提供了坚实和稳固载体,而不再使彼此之间的合作以具体的合作项目作为存在的前提,也不会让这个通过国家重点研发计划培育出来的团队在项目结束之后轻易解散,而是继续深入发展成为一个自生发展的创新生态系统,依据市场规则进行合作创新和竞争发展。

栾世方是本国家重点研发计划项目的核心骨干,其学习工作经历和任职特性决定了他在本项目成果研发和产业化的协调和落实工作中发挥着决定性的引领和主导作用。

5.2.4 项目的超螺旋分析

如图 5-10 所示,项目参与主体单位共 6 家,包括科研院所 2 家,高校 2 家,企业 2 家。

(1) 超螺旋骨架链

产业链

产业链由 2 家企业组成:威高集团有限公司(威高集团)、中国石化集团资产经营管理有限公司巴陵石化分公司(中石化巴陵石化)。

中国石化集团巴陵石化是国内领先的苯乙烯类热塑性弹性体研发生产

"SEBS、PCL医用高分子原材料的研发和产业化" 项目的 "超螺旋" 模式

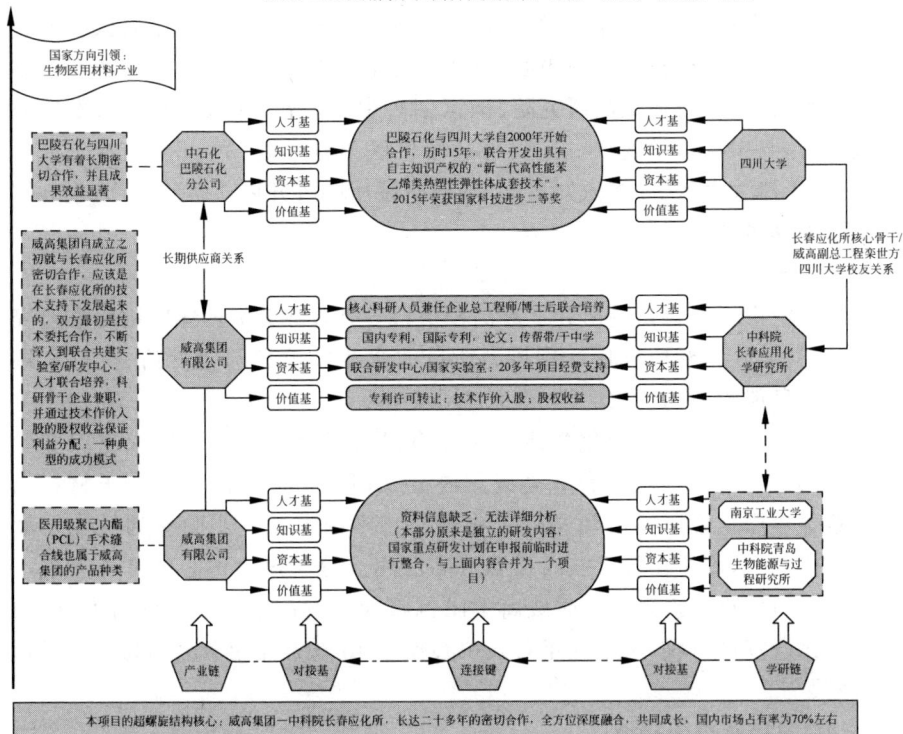

图 5-10　SEBS、PCL 医用高分子原材料研发与产业化项目的超螺旋模式

企业,是世界第二大的苯乙烯类弹性体制造企业。巴陵石化是威高集团的原材料供应商。

威高集团是国内最大的医疗器械龙头企业。威高集团下辖医用制品、血液净化、骨科、医疗装备、药业、心内耗材、医疗商业、生基、普瑞、洁瑞、血液技术、手术机器人 12 个产业集团。拥有输注耗材及设备、输血器材、心内耗材、留置针及各种异型针、血液净化设备及耗材、骨科材料、手术设备及附件、创伤护理、手术机器人、微创器械及设备、ICU 产品及附件、大容量注射液及其他药品、肾科产品、生物诊断试剂、手术缝合线、牙种植体、感控设备及耗材、PVC 及非 PVC 原料等 1000 多个品种、15 万多个规格,医疗器械在全球 15 大细分市场中进入了 11 个领域。威高集团高端输注耗材、血液设备及耗材、药包材等产品国内市场占有率为 70% 左右,骨科材料系列、血液净化系列、心内耗材等系列产品国内市场占有率为 30% 左右。

威高集团建有国家认定企业技术中心、植入器械国家工程实验室、全国创新试点型企业、院士工作站、博士后工作站、山东省高性能医疗器械研究中心、山东省医疗器械技术创新中心、省级工程技术研究中心、泰山学者实验室等创新平台,加快打造威高研究院、国家创新中心平台、北京及长春研发中心三大平台,与中国科学院、中国工程院、军事医学科学院、301 医院、哈尔滨工业大学、天津大学等 30 多家知名大学、科研院所院校开展产学研合作,建立了30 多个研发机构。

学研链

学研链由 2 家科研院所和 2 家高校组成：中国科学院长春应用化学研究所(中国科学院长春应化所)、中国科学院青岛生物能源与过程研究所(中国科学院青岛能源所),四川大学、南京工业大学。

中国科学院长春应用化学研究所拥有高分子物理与化学国家重点实验室、国家光谱分析中心、长春威高医用高分子研发中心。医用高分子材料已列为长春应用化学研究所和高分子物理与化学国家重点实验室的优先发展研究方向之一,该所在已建立的长春威高医用高分子研发中心的基础上进一步加大人、材、物的投入。同时威高集团也将加大对该中心的资助力度,已与长春应化所签订协议,未来 5 年对该中心投入 4000 万元用于医用高分子材料的研发。

（2）对接基与连接键

在本项目中,中国科学院长春应化所与威高集团是超螺旋结构的核心。两家单位之间长期密切合作,在人才、资本、知识、价值等方面都有全方位的深度融合,并且产生了非常好的效益。四川大学与中石化巴陵石化之间也是有着长期的密切合作,自 2000 年开始联合进行技术攻关,历经 15 年获得成功并获得国家科技进步二等奖。

中国科学院长春应化所与威高集团

威高集团前身是成立于 1988 年的集体所有制企业——威海国营医疗器械厂一分厂,以生产一次性使用无菌输液器为主导产品。最初的时候,威高的输液器产品出了问题,往南方运时没有问题,冬天往北方运的时候经常出现碎裂,也就是输液器材料的韧性不够,需要把性能改进,提高输液器材料的低温抗冲击性和低温硬性。于是威高就找到了长春应化所。这是威高与长春应化所的最初合作。

输液器材料性能改进问题得到解决之后,威高和长春应化所发现彼此之间的配合与合作很好,于是不断继续深入合作。1999 年,威高与长春应用化学研究所合作,在长春建立威高医用高分子研究中心,威高每年支付长春应化所几百万科研经费,没有具体的任务要求,专门供养着长春应化所相关的几个课题组,让科研队伍自由进行科研探索和技术攻关,这样的资金投入保证着这支科研力量的生存、发展和不断壮大。

随着威高和长春应化所之间合作程度的日益加深,威高提出要求长春应化所选派科研人员到威高兼任总工程师。2001年8月高分子物理与化学国家重点实验室(2000年获批)高性能高分子材料组课题组学术带头人殷敬华研究员赴任威高。自此以后,威高的总工程师、副总工程师都是由长春应化所的科学家兼任和担任,他们一半工作时间在长春应用化学所,一半工作时间在威高。

与此同时,威高集团还积极推动博士后科研工作站建设,把长春应化所毕业的博士推荐引进到威高博士后工作站,针对企业发展的重大科研问题进行攻关研究。威高集团把博士后科研工作站作为人才引进、协同创新的重要载体,采取"导师引领、项目分解、接力进站、柔引精留"的工作模式,积极助力企业的转型升级和跨越发展。这些博士后出站后,大部分继续在威高或者到长春应化所工作,确保了相关科研任务的持续不间断,深入推动了威高和长春应化所之间知识链的深度融合,提升了企业的知识创新竞争优势。

如何实现专家人才效用的最大化,是博士后科研工作站建设的关键点。威高集团实施"以才荐才、人才接力"工作法,通过导师引领将项目分解,博士后接力进站开展研发工作,提升了重点科研项目的产业化水平。

2003年,集团通过公司总工程师、中国科学院长春应化所学术委员会主任殷敬华研究员,引进了第一位博士后丁永涛博士,开始"功能化、高性能化医用高分子材料"研发。通过丁永涛博士在站两年的研究,项目初见成效,可一个新产品尤其是具有核心竞争力的产品,其研发时间远不止2年。为解决博士后制度在站研究时间较短与医疗器械项目研发周期较长的矛盾,公司决定实行"接力研发",将项目分拆成几个阶段,每个阶段引进不同的博士后进站研究,最终实现产品落地,推向市场。

在集团的高度信任和大力支持下,熟悉公司情况的殷敬华研究员经过深思熟虑,结合研究进展与技术方向,推荐朱连超和栾世方博士先后进入集团博士后科研工作站继续该系列产品的研发。最终,历经数年开发出一种可以替代聚氯乙烯的聚烯烃热塑性弹性体(TPE)的新型高分子材料。目前,TPE输液器累计销售收入超过37亿元。2009年,由丁永涛、朱连超、栾世方等博士后参与接力研发的系列化学和生物改性聚烯烃项目,获得国家科技进步二等奖、省科技进步一等奖；2012年他们参与研发的输入与介入类医用耗材技术获得国家技术发明二等奖。

静脉留置针是威高的拳头产品，留置针套管是留置针的关键器件，需要和人体组织、血液进行长期接触。聚氨酯具有良好的生物相容性及体感软化特性，是制备外周套管的最理想材料，然而如何解决聚氨酯套管的精密挤出成型关键技术是产业公认的难题。为了实现这一技术突破，威高集团博士后工作站继续采用博士后接力方式。杨华伟博士、石恒冲博士通过不断实验摸索，成功制备出了具有体感软化性能的聚氨酯套管，该套管进入血管后可产生明显软化性质，对血管壁刺激小，还具有优良的抗弯折性，相比FEP套管在临床上具有更低的静脉炎以及药液渗漏发生率，平均留置时间多出1-2天。后期，闫顺杰博士则针对聚氨酯材料本身的特点，为其量身定做了具有抗菌抗凝血功能的套管涂层。经过三位博士接力研发的抗菌抗凝血留置针，平均留置时间显著增加，各项性能指标达到国际先进产品水平，填补了国内空白。产品上市后预计实现年销售收入4亿元，利润1亿元。

威高集团把博士后科研工作站打造成聚才载体，充分发挥博士后科研工作站"联合育才、柔性引才、精准留才"的平台作用，切实将博士后科研人才作为企业创新发展的宝贵财富。建立返聘、留任制度，让科研人才把威高当"娘家"，为他们明确职业发展方向，与企业一起成长，一起发展，共创、共享事业辉煌。威高集团坚持用事业留人、以平台留人，以"技术有专攻、学术有所研、事业有所成"为目标，不断加大人才培养和科技研发投入，提供优质的科研平台和广阔的发展空间，使博士后科研人员个人成长与企业发展高度契合，不断增强其作为学术带头人的成就感；提供高薪、住房、子女教育、后勤保障等优厚的福利待遇和人才服务，切实增强博士后科研人员的归属感和幸福感。集团先后已有3位博士后人员出站后留在了企业。栾世方博士被聘为集团副总工程师，负责指导企业研发工作；尹立刚博士出站后，被聘为国家工程实验室副主任，陈家悦博士出站后留在国家工程实验室继续从事研发工作，闫顺杰博士出站后留在公司继续从事医疗器械新技术的开发和研究。

在多年的人才合作中，长春应化所连续派出7名博士到威高从事博士后研究，其中3人担任威高的总裁助理、副总工程师、总工程师助理和国家工程实验室副主任等职务。威高与长春应化所在人才上形成一种共生共依关系，并且发展成为彼此之间在企业文化、价值判断和企业愿景等方面的共识。这种共生共依关系，既保证了知识信息在威高和长春应化所之间的自由流动和分享，也保证了长春应化所科研人员的价值利益获取。

为了不断壮大企业自身的研发力量,威高集团与长春应化所等高校和科研院所合作,在企业建设了医用植入器械国家工程实验室等一批研发机构,为自身的研发人员提供了良好的环境条件,同时也成为与长春应化所在人才对接方面的坚实的纽带。

经过 20 多年的密切合作,威高集团与长春应化所已经成功探索出了一种非常好的发展模式,威高集团已经成为国内最大的医疗器械龙头企业,高端输注耗材、血液设备及耗材、药包材等产品国内市场占有率为 70% 左右,骨科材料系列、血液净化系列、心内耗材等系列产品国内市场占有率为 30% 左右。

其他单位之间的关系

在调研过程了解到,四川大学高分子材料学院与中石化巴陵石化有着长期的密切合作,巴陵石化与威高集团也有着长期的密切合作关系。

由于 SEBS 性能优异,自 20 世纪 80 年代正式工业化以来,一直是国际上公认的用途广泛的新型弹性体材料。SEBS 成功国产化前,生产技术被美国科腾(Kraton)公司和日本可乐丽公司垄断。我国巴陵石化公司对 SEBS 的研究始于 20 世纪 90 年代。1996 年,中国石化巴陵石化首席科学家梁红文带领项目组从零起步,开始 SEBS 前驱体合成技术及茂系催化加氢技术研究。1998 年完成 SEBS 小试研究并通过中石化技术鉴定,2003 年完成 SEBS 中试技术开发。2006 年 3 月,年万吨级 SEBS 工业化装置投产,填补了国内空白。梁红文是中国国内 SEBS 方面最领军的专家。

2015 年梁红文牵头完成的"新一代高性能苯乙烯类热塑性弹性体成套技术"项目,获得国家科技进步二等奖。该项目由巴陵石化携手四川大学、北京化工大学、湖南百利工程科技股份有限公司联合完成,前后历时 15 个年头,开发出具有自主知识产权的 SEBS 工业化成套技术,使绿色环保的 SEBS 成为替代材料,提高了我国医用、消费类电子、日用品等与国计民生密切相关产业的核心竞争力。2015 年初,新一代高性能苯乙烯类热塑性弹性体成套技术项目,也因此荣获 2014 年度国家科技进步二等奖。

巴陵石化是医用级 SEBS 材料的研发和生产方,是威高的国内供应商;威高是医用级 SEBS 材料的使用方,威高是巴陵石化的用户。巴陵石化的 SEBS 产品能否满足威高的使用需求,是巴陵石化与威高之间合作成功的关键。为了能及时得到 SEBS 材料在医疗器械产品研制中的使用情况反馈,巴陵石化专门选派了工作人员常驻威高,与威高负责使用 SEBS 材料研制医疗器械产品的科研技术人员密切合作,第一时间获取相关信息并反馈回巴陵石化对医用级 SEBS 材料的研制进行调整。

在本项目团队中还有两家单位，是中国科学院青岛生物能源与过程研究所（中国科学院青岛能源所）和南京工业大学。这两家单位负责医用级聚己内酯（PCL）手术缝合线的研发工作。由于医用级聚己内酯（PCL）手术缝合线与苯乙烯类热塑性弹性体（SEBS）输注器械是完全不同的东西，原本两个不同的研发内容，被国家重点研发计划合并成为一个项目。这两个研发内容的研发团队此前没有长期密切合作的工作基础，在调研中项目总负责人也没有过多介绍，因此此处没有仔细分析。

5.2.5　经验总结与启示

（1）产业龙头主导地位

中国石化集团巴陵石化是国内领先的苯乙烯类热塑性弹性体研发生产企业，是世界第二大的苯乙烯类弹性体制造企业。公司拥有中国石化集团合成橡胶加工应用中心，中国石化集团苯乙烯类弹性体重点实验室。巴陵石化拥有八套自主开发的 SBS/SEBS/SEPS/SSBR 合成小试装置，三套 300 吨/年苯乙烯类弹性体中试装置，四套 SBS/SEBS/SEPS 工业生产联合装置，总产能 28 万吨/年。巴陵石化梁弘文是国内 SEBS 材料技术的领军科学家，其牵头完成的"新一代高性能苯乙烯类热塑性弹性体成套技术"项目，2015 年获得国家科技进步二等奖。巴陵石化基础设备齐备，技术领先。

威高集团国内最大的生产医疗器械的龙头企业。威高集团下辖医用制品、血液净化、骨科、医疗装备、药业、心内耗材、医疗商业、生基、普瑞、洁瑞、血液技术、手术机器人 12 个产业集团。拥有输注耗材及设备、输血器材、心内耗材、留置针及各种异型针、血液净化设备及耗材、骨科材料、手术设备及附件、创伤护理、手术机器人、微创器械及设备、ICU 产品及附件、大容量注射液及其他药品、肾科产品、生物诊断试剂、手术缝合线、牙种植体、感控设备及耗材、PVC 及非 PVC 原料等 1000 多个品种、15 万多个规格，医疗器械在全球 15 大细分市场中进入了 11 个领域，成为全球品种齐全、安全可靠、值得信赖的医疗系统整体解决方案制造商。获得国家 863 产业化基地、国家火炬计划重点高新技术企业、国家知识产权示范企业、行业排头兵企业等荣誉称号。2020 年中国企业 500 强第 375 位，中国制造业企业 500 强第 176 位，中国民营企业 500 强 165 位，中国民营制造业 500 强 92 位。

（2）产业经验与长期积累

威高集团前身是成立于 1988 年的集体所有制企业，1998 年企业改制为威海市医用高分子有限公司。早在 2003 年，威高集团就开始通过博士后工作站从长春应化所引进博士从事"功能化、高性能化医用高分子材料"研发。历经数年开发出可以替代聚氯乙烯的聚烯烃热塑性弹性体（TPE）的新型高分子材料。以此材料为原料的 TPE 输液器累计销售收入超过 37 亿元。2009 年，威高化学和生物改性聚烯烃项目获得国家科技进步二等奖；2012 年，威高输入与介入类医用耗材技术获得国家技术发明二等奖。

中国科学院长春应用化学研究所早在 1989 年就获批了高分子物理联合开放实验室，1998 年与威高集团合作建立了长春威高医用高分子研究发展中心，2000 年获批高分子物理与化学国家重点实验室，2001 年长春应化所学术委员会主任殷敬华研究员兼任威高集团总工程师，2003 年长春应化所首位博士毕业生进入威高进行博士后研究。

威高集团与长春应化所已在产业内发展了 30 年，丰富的产业经验和技术积累，奠定了威高集团在产业内的龙头地位，也为本项目的顺利实施打下了坚实的基础。

（3）以人才为载体的深度融合合作

1998 年威高与长春应化所合作建立长春威高医用高分子研究发展中心以后，双方展开了以人才为载体的深度融合合作。

2001 年，长春应化所学术委员会主任殷敬华研究员兼任威高集团总工程师。2002 年，殷敬华研究员主导设立了博士后工作站。2003 年，殷敬华研究员从长春应化所引入了第一位博士毕业生到威高从事博士后研究工作。此后的十几年中，长春应化所先后有 7 位博士到威高从事博士后研究工作，以接力研究的方式帮助威高实现了转型升级和跨越发展。这些博士后出站之后，或者回到长春应化所工作，继续从事与威高相关的医用高分子研究工作；或者留在威高担任核心技术骨干和领导工作；或者同时兼任长春应化所和威高双方的工作。这些都不断加强了威高与长春应化所之间的深度融合和密切合作，为相关科研成果的研发和转化奠定了良好的基础。

在本项目中，除了威高与长春应化所的密切合作，还有威高与巴陵石化的密切合作。巴陵石化是医用级 SEBS 材料的研发和生产方，是威高的国内供应商；威高是医用级 SEBS 材料的使用方，威高是巴陵石化的用户。巴陵石化的 SEBS 产品能否满足威高的使用需求，是巴陵石化与威高之间合作成功的关键。为了能及时得到 SEBS 材料在医疗器械产品研制中的使用情况反馈，巴陵石化专门选派了工作人员常驻威高，与威高负责使用 SEBS 材料研制医疗器械产品的科研技术人员密切合作，第一时间获取相关信息并反馈回巴陵石化对医用级 SEBS 材料的研制进行调整。

（4）启示建议：一个项目是否需要大而全？

不同的研发内容是否需要合并成为一个项目？多个国家重点研发计划项目的负责人都曾提出，宁可少要一些经费，也不愿意把原本不属于一起的东西全部放在一起，这使得管理协调工作变得非常复杂。有许多工作，并不是越全面、越复杂越好。全面化和复杂化，会增加管理成本，降低工作效率。

5.3 依托农技人员和新型职业农民"能人效应"的成果转化模式——棉花化肥农药减施技术集成研究与示范

5.3.1 项目背景

棉花是我们国家一个重要的经济作物。2018 年我们国家棉花种植面积是 1 万亩，年产量是 600 万吨。同年进口皮棉 158 万吨，出口纺织品达到了2700 亿美元，这是我们国家出口创汇非常重要的一个途径。在我们国家，棉花有三大棉区，河南、河北、山东、山西、陕西统称为黄河流域棉区，就是我们的华北地区；江苏、湖北、湖南、江西还有浙江的一部分，叫长江流域棉区；新疆以及甘肃的河西走廊这一块叫西北部棉区。在 20 世纪 90 年代的时候，我们三大棉区的产量各占 1/3，就是当时所谓的三足鼎立。但是从 2010 年以后，近十年来我们国家的作物的产业结构发生了巨大的一个调整，棉花在长江流域、黄河流域的种植规模大幅度地下降，新疆的棉花产量已经占到了我们全国棉花产量的绝大部分，2018 年新疆棉花产量占到全国的 83.4%，实际的情况估计比这个比值还要大一点，说明基本上现在所有的棉花全部在新疆。

棉花生产当中问题非常突出。我们的化肥使用量、农药使用量远远高于国际上的一些发达国家的产业水平，而且我们化肥农药的利用率也远低于国际的产业水平，如新疆北、南疆棉田纯氮用量分别为 20～25、22～28 公斤/亩、是美国棉花带最高推荐施氮量（6 公斤纯氮/亩）的 3.33～4.17、3.67～4.67 倍，农药（不含除草剂）平均用量 147.67 克/亩（折百量）、是美国平均水平（49.94 克/亩）的 2.96 倍，化肥农药的利用率远低于世界平均水平，由此带来的生产成本居高不下、环境污染严重等问题日益突出。导致这一现象的主要原因是我们化肥农药减释的核心技术缺乏,另外就是有了很多现成的技术,但是这个技术的集成配套的程度不够,这是我们非常关键的问题。另外还有一个,就是技术要贴近应用,不能靠科研人员去推广,要靠技术推广体系去推广。我们技术推广体系队伍建设也存在问题,整个技术推广的效率不够高。

本项目以新疆南部、新疆北部、新疆东部及甘肃河西走廊、黄河流域、长江流域五大优势产区为主要研究区域,创新研发、优化或筛选棉花化肥农药新产品、高效利用新技术及其配套器械、化肥减施增效的替代使用新方法以及病虫害绿色防控新产品,丰富棉花化肥农药减施增效核心技术产品;革新棉花施肥用药理念与方式,提出棉花化肥农药减施增效对策与途径,基于棉花养分需求特性与限量标准、有害生物防治指标与化学农药限量标准以及棉花种植制度,集成构建适用于不同优势产区和种植制度以及全程机械化生产的棉花化肥农药减施增效技术模式与规程,进行示范应用;创新信息服务与技术推广模式,引领产业应用,推进化肥农药减施增效技术的大面积推广。

5.3.2 项目成果转化与技术转移路径

我国化学肥料和农药过量施用严重,由此引起环境污染和农产品质量安全等重大问题。我国化肥和农药过量施用的一个主要原因是,针对不同种植体系肥料和农药减施增效的技术研发滞后,亟须加强技术集成,创新应用模式。因此,加强肥料有机替代和病虫害绿色防控技术的集成创新与应用,是我国实现化肥和农药减施增效的一种关键途径。

基于棉花化肥和农药的核心产品明显缺乏、关键应用技术与替代新技术严重滞后的严峻现状以及"双减"专项项目对棉花化肥农药减施增效技术产品研发关注度不高的现实,本项目设置了棉花化肥农药减施增效共性技术、区域集成示范、信息与标准体系建设 3 部分研究内容。首先,研发、优化或筛选棉花化肥农药新产品、化肥农药高效利用新技术、化肥农药减施增效替代新方法,丰富棉花化肥农药减施增效核心技术,突破化肥农药减施增效的技术瓶颈;其次,针对五大棉花优势产区及其种植制度,结合化肥农药施用现状以及棉花养分需求、病虫害发生等规律,综合使用不同减施增效核心技术产品,创新集成区域性的棉花化肥农药减施增效技术模式与体系,实现减施增效;最后,构建全国棉花化肥农药减施增效技术信息服务体系与平台,创新技术推广模式,促进棉花减施增效技术推广应用。

5.3.3　项目成果转化模式：依托农技人员和新型职业农民"能人效应"转化

我国化肥使用量、农药使用量远远高于国际上的一些发达国家的产业水平，而且我国化肥农药的利用率也远低于国际的产业水平，导致生产成本高、环境污染严重等问题。这里面主要问题还是我国化肥、农药解释的核心技术缺乏，另外就是有了很多现成的技术，但是这些技术的集成配套程度不够，这是非常关键的问题。另外还有一个，就是技术要贴近应用，不能靠科研人员去推广，要靠技术推广体系去推广。我国农业技术推广体系队伍建设也存在问题，整个技术推广的效率不够高。为了解决这个问题，本项目特别加强了对农业技术人员和新型职业农民的培训，这是项目重要的考核指标和棉花化肥农药减施增效技术推广应用的重要手段。

如图 5-11 所示，本项目总计培训农业技术人员 7000 人次，培训新型职业农民 20 万人次。其中，新疆棉花培训农业技术人员 4300 人次，培训新型职业农民 9 万人次；黄河流域棉区培训农业技术人员 1500 人次，培训新型职业农民 3 万人次；长江流域棉区培训农业技术人员 500 人次，培训新型职业农民 15000 人次。此外，作为全国性的农业技术推广机构，以及新疆重要的农业技术推广机构（新疆维吾尔自治区植物保护站、新疆维吾尔自治区土壤肥料工作站、新疆生产建设兵团农业技术推广总站），在总结五大棉花产区的技术规程的基础上，形成 8 项技术标准和 1 个棉花化肥农药减施技术信息服务平台，培训农业技术人员 2200 人次，培训新型职业农民 8 万人次。

本项目对这些农业技术人员和新型职业农民的培训，为棉花化肥农药减施增效技术的推广体系队伍建设打下了良好的基础，有力支撑了新疆棉区 900 万亩棉田示范应用和 1800 万亩棉田辐射推广、黄河流域棉区 300 万亩棉田示范应用和 600 万亩棉田辐射推广、长江流域棉区 150 万亩棉田推广示范和 300 万亩棉田辐射推广。并且随着农业技术人员和新型职业农民培训人次的增加，棉花化肥农药减施增效技术在未来会得到更加广泛的推广和应用。

项目将显著提升棉花化肥科学使用与病虫害绿色防控技术水平，实现棉花肥药减施增效、促进棉花节本增效、确保棉区生态环境安全，支撑棉花产业绿色发展。

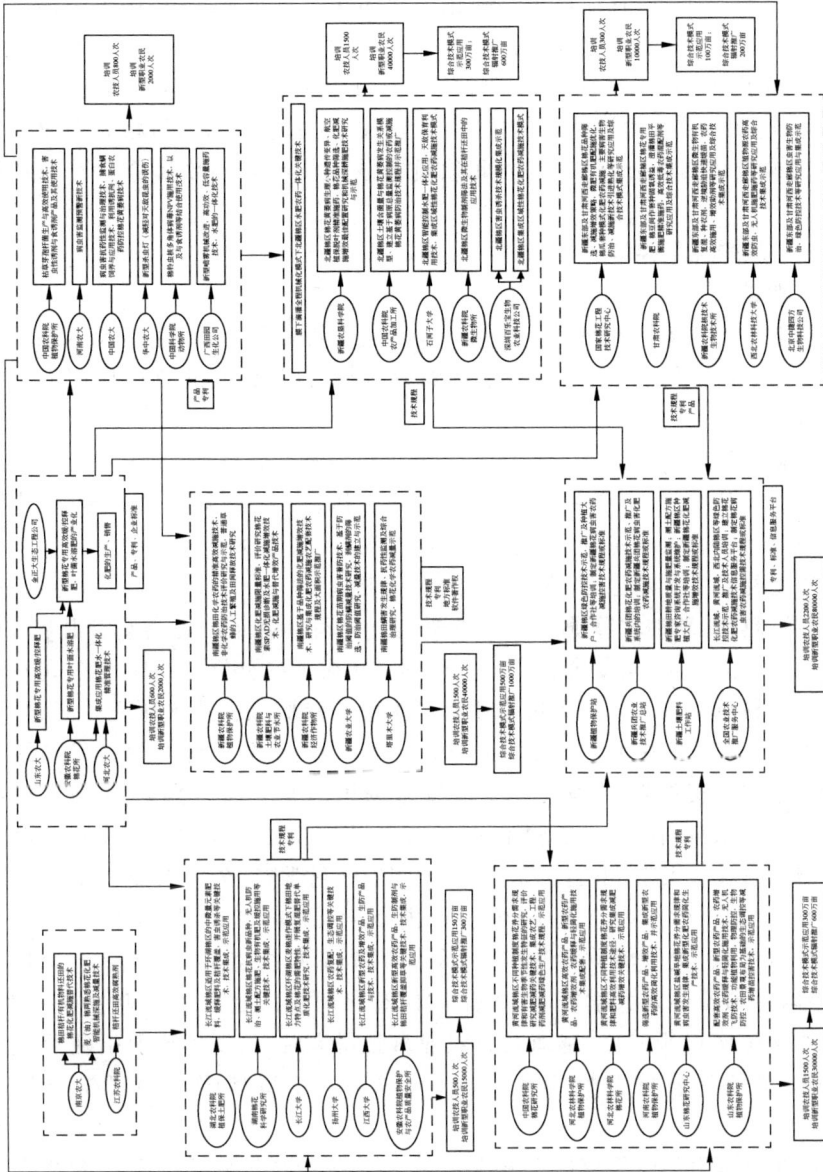

图 5-11　依托农技人员和新型职业农民"能人效应"的成果转化模式

5.3.4　项目的超螺旋分析

如图 5-12 所示，本项目属于棉花产业的化肥农药减施项目，为了能够让成果在广大农户中推广应用，必须要引入农技推广部门。因此本项目的超螺旋结构属于超螺旋局部变异为三螺旋。项目由中国农业科学院植物保护研究所牵头，共 42 家优势科研单位、高等院校、技术推广部门与相关企业联合申报。本项目具有公益性质，因此项目团队单位绝大多数都是高校和科研院所。

（1）超螺旋骨架链

产业链

产业链由 4 家企业组成：广西田园生化股份有限公司、金正大生态工程集团股份有限公司、深圳百乐宝生物农业科技有限公司、北京中捷四方生物科技股份有限公司。

金正大集团是国家重点高新技术企业和国家创新型企业、缓控释肥料行业、国家与国际标准起草单位，先后在山东临沭、山东菏泽、安徽长丰、河南驻马店、辽宁铁岭、贵州瓮安、云南晋宁、广东英德、新疆阿克苏、湖北潜江、新疆阜康等地建有生产基地，并在美国、澳大利亚、印度、西班牙、挪威、以色列、德国、荷兰、越南、新加坡等地设有分支机构。公司具有年产各类新型肥料 710 万吨的生产能力，公司复合肥产销量连续 9 年居国内首位。2010 年公司在深圳证券交易所上市。金正大集团建有国家缓控释肥工程技术研究中心、复合肥料国家工程研究中心、国家认定企业技术中心、养分资源高效开发与综合利用国家重点实验室、土壤肥料资源高效利用国家工程实验室、农业部植物营养与新型肥料创制重点实验室、博士后科研工作站等高端研发平台。公司先后与山东农业大学、中国农业大学、中国农业科学院、全国农业技术推广服务中心、中国科学院南京土壤研究所、国家杂交水稻工程技术研究中心、上海化工研究院、美国佛罗里达大学、美国农业部系统实验室、挪威生命科学大学、以色列希伯来大学等 40 多家高校和科研院所建立了长期合作关系，并与德国施诺德研究院、越南南方农业科技研究院、埃塞俄比亚哈瓦萨大学等近 20 家科研机构开展学术交流，共同致力于新型肥料的研发与推广应用。

广西田园生化股份有限公司是一家经营领域涵盖农药、药肥、智能农业机械、城镇害物防治及园林植保营养、品牌农产品等 5 大业务板块的企业集团。公司在广西、江西、河南、贵州四省区拥有六个生产基地，目前已发展成

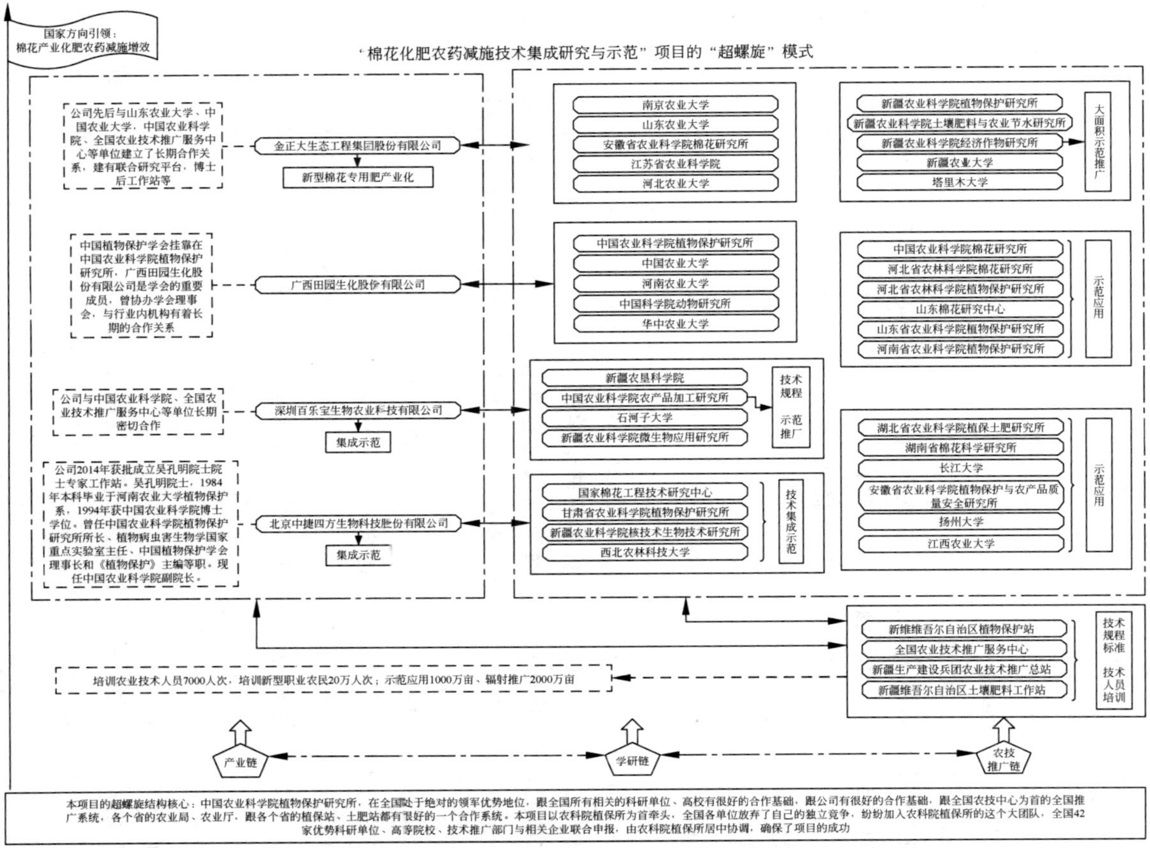

国家项目引领：
棉花产业化肥农药减量增效

"棉花化肥农药减施技术集成研究与示范"项目的"超螺旋"模式

大面积示范推广
- 新疆农业科学院植物保护研究所
- 新疆农业科学院土壤肥料与农业节水研究所
- 新疆农业科学院经济作物研究所
- 新疆农业大学
- 塔里木大学

示范应用
- 中国农业科学院棉花研究所
- 河北省农林科学院植物保护研究所
- 山东农业大学
- 山东省农业科学院植物保护研究所
- 河南省农业科学院植物保护研究所

示范应用
- 湖北省农业科学院植物保护土壤肥料研究所
- 湖南省植物保护研究所
- 安徽省农业科学院植物保护与农产品质量安全研究所
- 长江大学
- 扬州大学
- 江西农业大学

技术规程标准
技术人员培训

南京农业大学
山东农业大学
安徽省农业科学院植物保护研究所
江苏省农业科学院
河北农业大学

中国农业大学
中国农业科学院植物保护研究所
广西田园生化股份有限公司
河南农业大学
中国科学院动物研究所
华中农业大学

技术规程示范推广
- 国家棉花工程技术研究中心
- 中国农业科学院农产品加工研究所
- 新疆农业科学院微生物应用研究所

技术成果示范
- 甘肃省农业科学院植物保护研究所
- 新疆农业兵团农业技术研究工作站

新疆维吾尔自治区植物保护站
全国农业技术推广服务中心
新疆生产建设兵团农业技术推广总站

农技推广 学研政 产业链

深圳市乐宝生物农保科技有限公司 集成示范

北京中捷四方生物科技股份有限公司 集成示范

金正大生态工程集团股份有限公司 新型棉花专用肥产业化

图 5-12 棉花化肥农药减施技术继承研究与示范项目的超螺旋模式

为国内最大的水稻及甘蔗用农药产品生产企业,同时也是中国西南地区销售和利税规模最大的农药企业,在全国农药制剂行业中排名前列。公司建有农业部"农药研制与施用技术重点实验室"、人社部"博士后工作站"、大学生就业实习国家级示范基地,以及广西地区重点技术中心、工程中心、院士工作站。先后完成科技部、财政部、农业部、国家发展改革委等部委 18 项国家科技开发和成果转化项目,以及 24 项省级和 33 项市级科研开发和成果产业化项目。自 2000 年以来,贵州大学绿色农药与农业生物工程国家重点实验室培育基地的研究队伍,联合全国农业技术推广服务中心、江苏安邦电化公司、广西田园生化股份有限公司、广西壮族自治区植保总站等单位,共同承担并完成了防治农作物病毒病及媒介昆虫新农药研制与应用项目,获得国家科技进步二等奖。2016 年销售收入超 12 亿元,员工近 2000 人,有近千人的推广和技术服务队伍,合作的批发商有 4000 多个,零售商约 5 万个,销售服务网络覆盖中国主要农业区 20 多个省市。

深圳百乐宝生物农业科技有限公司是澳大利亚百乐宝生物科技有限公司于 2012 年 3 月注册成立的全资子公司,实缴注册资金 830 万美元。百乐宝于 2018 年与中国工程院吴孔明院士(1984 年本科毕业于河南农业大学植物保护系,1994 年获中国农业科学院博士学位;曾任中国农业科学院植物保护研究所所长、植物病虫害生物学国家重点实验室主任、中国植物保护学会理事长和《植物保护》主编等职;现任中国农业科学院副院长)团队共同建立"深圳百乐宝院士工作站",是深圳市战略性新兴产业基地集聚区现代农业生物育种创新基地内的核心单位。百乐宝致力于农业病虫害防治及土肥管理解决方案的研发、制造、销售,技术和产品覆盖了小麦、玉米、棉花、花生等大田作物,马铃薯、番茄、黄瓜、辣椒、白菜等蔬菜作物,桃、梨、苹果等果树和烟草、枸杞、草莓、枣等特色经济作物,市场遍布美国、加拿大、澳大利亚、南非、巴西、阿根廷等主要农业国家。在国内的技术推广涉及了中国大陆除西藏以外的所有省份。百乐宝拥有强大、广阔的合作网络。包括多家国内外顶尖的研究机构、院校,如中国农业科学院、全国农业技术推广服务中心、美国蒙大拿州立大学、美国密歇根州立大学、英国格林尼治大学、南非甘蔗研究中心、国际原子能机构等,旨在成为全球领先的、安全高品质农业投入品领导者。

中捷四方生物科技股份有限公司主营业务包括 150 余种昆虫信息素产品及 20 余种配套诱捕器、10 余种生物农药肥料、30 余种物理防控产品、10 余种天敌产品的生产和销售;同时,公司还提供以绿色防控、生物防控为主的技术服务和高效生态健康种植技术的示范培训等。产品销售及技术服务已基本覆盖全国各个省区。公司产学研能力和科技成果转化能力强。2014年获批成立院士专家工作站,并已聘请国内外10多位专家为本工作站进站专家。目前公司已经实现业务全国覆盖,公司拥有一支业务水平高的销售团队,同时拥有一支创新能力强的研发团队,不仅建立了覆盖全国的营销网络与植保技术服务体系,产品出口已经覆盖至北美、南美、东南亚、西亚、中东和欧洲国家,并与智利、巴基斯坦、土耳其和美国的当地公司签署销售协议。

学研链

科研院所(22家):中国农业科学院植物保护研究所、中国农业科学院棉花研究所、新疆农业科学院植物保护研究所、国家棉花工程技术研究中心、新疆农垦科学院、湖北省农业科学院植保土肥研究所、中国农业科学院农产品加工研究所、中国科学院动物研究所、新疆农业科学院土壤肥料与农业节水研究所、新疆农业科学院经济作物研究所、新疆农业科学院核技术生物技术研究所、新疆农业科学院微生物应用研究所、山东棉花研究中心、山东省农业科学院植物保护研究所、河北省农林科学院棉花研究所、河北省农林科学院植物保护研究所、河南省农业科学院植物保护研究所、江苏省农业科学院、安徽省农业科学院棉花研究所、安徽省农业科学院植物保护与农产品质量安全研究所、湖南省棉花科学研究所、甘肃省农业科学院植物保护研究所

高校(13家):南京农业大学、中国农业大学、西北农林科技大学、华中农业大学、河北农业大学、河南农业大学、山东农业大学、扬州大学、长江大学、江西农业大学、新疆农业大学、石河子大学、塔里木大学

中国农业科学院植物保护研究所是首批成立的中国农业科学院五个直属专业研究所之一,是专业从事农作物有害生物研究与防治的社会公益型科学研究机构。在中国农业科学院2012—2019年连续八年科研院所评估中,植保所位居人均实力第一。中国植物保护学会挂靠研究所。

农业推广机构链

农业推广机构(4家):新疆维吾尔自治区植物保护站、全国农业技术推广服务中心、新疆生产建设兵团农业技术推广总站、新疆维吾尔自治区土壤肥料工作站。

(2)对接基与连接键

农科院植保所在全国行业内处于龙头单位,跟全国所有相关的科研单位、高校有很好的合作基础,跟公司有很好的合作基础,跟全国农技中心为首的全国推广系统,各个省的农业局、农业农村厅,跟各个省的植保站、土肥站

都有很好的一个合作系统。这些合作基础包含了人才、资金设备、知识信息、价值利益分配等各个方面。

正是全国各单位对农科院植保所的认可,他们都放弃了自己独立的竞争申报,纷纷加入农科院植保所的项目团队,组成了42家全国优势单位的一个强大队伍,由植保所居中协调,分8个课题组共同完成项目的研发任务。

金正大生态工程集团股份有限公司:金正大集团建有国家缓控释肥工程技术研究中心、复合肥料国家工程研究中心、国家认定企业技术中心、养分资源高效开发与综合利用国家重点实验室、土壤肥料资源高效利用国家工程实验室、农业部植物营养与新型肥料创制重点实验室、博士后科研工作站等高端研发平台。公司先后与山东农业大学、中国农业大学、中国农业科学院、全国农业技术推广服务中心、中国科学院南京土壤研究所、国家杂交水稻工程技术研究中心、上海化工研究院、美国佛罗里达大学、美国农业部系统实验室、挪威生命科学大学、以色列希伯来大学等40多家高校和科研院所建立了长期合作关系。

广西田园生化股份有限公司:公司建有农业部"农药研制与施用技术重点实验室"、人社部"博士后工作站"、大学生就业实习国家级示范基地,以及广西壮族自治区重点技术中心、工程中心、院士工作站。先后完成科技部、财政部、农业部、国家发展改革委等部委18项国家科技开发和成果转化项目,以及24项省级和33项市级科研开发和成果产业化项目。自2000年以来,贵州大学绿色农药与农业生物工程国家重点实验室培育基地的研究队伍,联合全国农业技术推广服务中心、江苏安邦电化公司、广西田园生化股份有限公司、广西壮族自治区植保总站等单位,共同承担并完成了防治农作物病毒病及媒介昆虫新农药研制与应用项目,获得国家科技进步二等奖。

深圳百乐宝生物农业科技有限公司:百乐宝于2018年与中国工程院吴孔明院士团队共同建立"深圳百乐宝院士工作站",是深圳市战略性新兴产业基地集聚区现代农业生物育种创新基地内的核心单位。百乐宝拥有强大、广阔的合作网络。包括多家国内外顶尖的研究机构、院校,如中国农业科学院、全国农业技术推广服务中心、美国蒙大拿州立大学、美国密歇根州立大学、英国格林尼治大学、南非甘蔗研究中心、国际原子能机构等,旨在成为全球领先的、安全高品质农业投入品领导者。

中捷四方生物科技股份有限公司:公司产学研能力和科技成果转化能力强。2014年获批成立院士专家工作站,进站院士中国工程院院士吴孔明院士(1984年本科毕业于河南农业大学植物保护系,1994年获中国农业科学院博士学位；曾任中国农业科学院植物保护研究所所长、植物病虫害生物学国家重点实验室主任、中国植物保护学会理事长和《植物保护》主编等职；现任中国农业科学院副院长），并已聘请国内外 10 多位专家为本工作站进站专家。

5.3.5 经验总结与启示

（1）依托农业科技人员和新型职业农民的能人效应实现新技术的推广应用

农业技术推广是农技推广组织机构与普通农民之间进行的技术传播活动，是系统间知识、信息、科技等要素的双向交流。农业技术推广工作主要由农业技术人员负责，但在农业技术推广中还存在一个被称作"能人"的关键性"中介"群体。

这些能人具有鲜明的特质。他们源于农民，具有普通农民的农艺经验基础，自身就是农业的好手和带头人，他们拥有一定范围的权力以及社会关系网络，眼界和视野高于普通农民。在农技推广过程中，普通农民作为技术需求方，与农技推广组织机构存在着信息不对称和供需脱节的双重障碍。能人架起的沟通桥梁起到了关键作用。在农业技术推广中，由于新技术具有一定风险性，普通农民的抗风险能力较弱，因而没有足够的勇气去尝试。相较于普通农民，能人率先了解并掌握现代化农业技术，凭借其经济实力、试验能力和信息渠道作为保障，动力较强。能人在普通农民中具有一定的威信，基于其权能、技能等特质，在所在某一农村社区范围内具有较为强烈的个人感召力。普通农民会对能人提出的意见建议较为信服，从而凭借其人格魅力推动现代化生产技术传播。

能人在农业技术推广中能够有效降低推广单位与普通农民之间的交易成本，深受农技推广组织机构的欢迎，并使得多方受益。新技术可能带来产量的不确定性使得农民更多选择依赖传统经验，但能人能够通过率先采用新技术产生示范效应，新技术取得的良好效果，会被周边普通农民追随，从而在农村这个"熟人社会"中受到广泛推崇。最终，示范效应影响力扩大为普通农民现代化农业技术运用能力的普遍提高。

本项目对棉花化肥农药减施增效技术的推广中，就是充分发挥了农业技术人员和新型职业农民的能人效应。这些新型职业农民市场意识强，愿意率先尝试和采用新技术，在当地棉农中具有示范带头作用。通过对 20 万人次新型职业农民的新技术培训，支撑了五大棉花产区 3000 万亩棉田的示范应用和辐射推广。就像项目总负责人所说，如果仅依靠科研人员去做新技术推广肯定是行不通的,只有建设好一支包括农业技术人员和新型职业农民在内的农业技术推广队伍,才能顺利完成项目预期目标,显著提升棉花化肥科学使用与病虫害绿色防控技术水平,实现棉花肥药减施增效、促进棉花节本增效、确保棉区生态环境安全,支撑棉花产业绿色发展。

(2)科研机构与企业长期的密切合作:合作共赢

本项目中的牵头科研机构与四家企业都有特别好的扎实的长期合作基础,这是确保项目成功的关键。

本项目所涉及的农业领域的企业现在很多,企业的规模、企业的实力、企业对科研、对成果转化的重视程度、资金投入力度、企业的信誉等,这些东西都要经得起考验,因为拿了钱以后要去解决问题的。有这些前期的合作基础,心里很踏实,彼此了解,相互获益。

这样的合作案例有很多,比如课题组有个产品研发出了性诱剂,被评为了 2018 年度农业农村十大新技术。这个产品专利出来后需要进行产品登记,但两三百万的登记费用课题组从项目上拿不出来。后来课题组就跟合作的企业协商,对专利进行了独家转让,企业支付给课题组一次性转让费 30 万元。从科研单位的角度,经济利益确实很重要,但是社会效应特别是对产业的贡献力更加重要,他们希望只要能把这个产品登记好,把产品卖好就行了。课题组只收了 30 万元就把一个产品进行了全部转让,这是因为前期双方有着很好的合作基础,彼此都非常熟悉,非常信任。企业对该产品进行了大力推广,获得了社会上的认可,在产业上也进行了大规模应用,非常成功。

有了这个先期的合作,并且整个产品的推广过程中也给予了企业大量支持,企业对课题组非常感谢。所以说虽然前面一个专利只给了 30 万元,企业后面提出来的一些新需求,比如企业需要研制另外一个新产品,就会给课题组一个定向的订单,提供相应的经费进行定向研发。在中国文化中特别讲究这种感情,这种感情是相互的,前期你第一个产品很好,但是对他们的要价很低,而且通过各种方式的协调,也在促进了他们产品的推广、应用、销售,他们在这里面获得了很多利润。虽然企业再从这个上面给钱不合适,但可以通过其他的方式进行补偿,比如委托一些新项目,通过这些新合作,企业可以给课题组提供新的研发经费资助。这种的交集就会越来越多,也促进双方的合作。所以跟企业的合作还是两方面:第一,科学家根据产业的需要,根据自己的理解研发出来产品转让给企业。第二,企业对市场非常熟悉,他们会根据市场需要提出新的需求,然后由科学家带领团队进行攻关。

企业参加国家重点研发计划项目有着自身独特的需求,虽然从经费上来讲,企业从国家重点研发计划项目中能够获得的资金一般很少,但企业能够在信誉、市场、技术等方面获得多重回报。企业参加国家重点研发计划项目能够提升自己的知名度,获得良好的品牌声誉。企业在推广自己的产品时,通常会在信誉方面受到质疑,参加国家重点研发计划之后,企业及其产品就带有了国家信誉的背书,这对企业开拓市场和进行市场竞争具有重要的优势。企业能够通过参加国家重点研发计划项目,结识新的合作伙伴,打开新的市场空间。如前面所说的性诱剂产品,原来的市场是华北地区,要想在北疆、南疆、东疆进行推广,就可以通过与项目课题里的合作单位进行对接合作来实现。企业的目的是盈利,企业盈利需要技术和市场,国家重点研发计划项目恰恰能够为他提供这两点。企业跟科学家合作,能够得到第一手的技术信息。企业参加项目汇报,能够第一时间掌握整个技术发展动态,他会第一时间去沟通,这个信息对他来说非常重要。

(3)合作企业要有良好的产业基础、研发实力和成果转化平台

金正大 2005 年自己公司研发化肥,自己公司还获得了一个国家科技进步二等奖,就是说他的转化能力、研发能力很强。广西田园是在广西南宁,他是一个农药企业,每年他销售额达到接近 20 亿元,他的科研研发队伍一百多号人。所以说为什么跟他们合作,就是他有一个巨大平台,产业化的平台,科学家的研发团队拿出来一个初步的产品甚至一个初步的概念,企业很快就能够落地,这是他们的特色。所以说所谓的成果转化,不仅是靠着他们的这种体系,更要靠他的成果转化的平台。比如说研发食诱剂,这个食诱剂里面的挥发物是研发团队的特长,科学家把它研制出来,但是挥发物放在地里面三分钟就挥发完了,靠什么东西要把它留住。它有一个特殊的材料,缓释体系,把挥发物放在缓释体系里面能够挥发十天。这个缓释体系就是材料学,科学家的专长是昆虫研究,对材料学不懂,而人家公司有工程师,他一天到晚在筛选这个缓释体系。所以说要跟他们合作,对科学家团队来说也是必需的,如果离开企业,科学家团队只是用来做实验,但是永远形成不了产品,推广不到生产上面去。

在农药产品转化的过程当中最大的问题在植保企业。植保企业是两方面:一个是农药企业,第二个就是农药以外的其他的这些植保产品的研发的企业。我国植保企业的自主研发能力太弱,这是我们国家现在巨大的问题。科研单位拿出来的东西通常不是一个成品,它其实是一个半成品,还需要后面企业再去加一把火,把它再去熟化一下。植保企业的这种研发能力弱,规模有限,就导致这些新技术、新产品在产品化的过程当中、推广的过程当中,推动力不足。对企业来讲,用得越多成本越低,用得越少成本越高。所以现在的植保企业是非常成问题,甚至很多的大型农药企业也是如此。有许多大型的农药企业,做到了几个亿、几十个亿的规模,但不重视研发,研发队伍都非常弱。而本项目中的合作企业广西田园起码有一百多人的研发队伍,这是非常了不起的。

(4)项目牵头单位在业内的优势地位

这么大的一个项目,好几千万元,40多家单位,又跨地区的,作为总负责人协调各方非常重要。项目负责人认为,这不是说个人行为、个人能力的问题。所有的项目为什么说务必要有优势单位来牵头组织?所谓的优势单位特别重要,比如说像棉花这个项目,棉花的植保研究,从六五公关开始,全是由中国农科院植保所牵头的,所以说更加简单化说,刚才说公司的参与前期有合作基础,科研单位、高校也是一样的。所以说中国农科院植保所跟所有的科研单位,全国相关的科研单位、高校有很好的合作基础,跟公司有很好的合作基础,已经跟全国农技中心为首的全国推广系统,各个省的农业局、农业农村厅,跟各个省的植保站、土肥站都有很好的一个合作系统。这就是优势单位,因为以前也一直主持,大家认可你这个单位,你说的话、要求的事情,人家都能够有效地执行。不是很难的事情,从我的理解不是靠个人,靠整个单位在整个产业当中、在整个科学研究当中、在整个棉花行业当中的影响力,它会有影响力。就像这个项目申请的时候,中国农科院植保所说要牵头申请项目,全国其他单位也就不再自行组织团队进行竞争申报,而是统统加入植保所的团队,全国所有相关单位组成一个项目团队,全国一盘棋。这些单位参加进来以后,优势单位下面设了八个课题,由优势单位、一些著名的专家来牵头,他们都很重要,比如说项目团队单位中的中国农药研发所等,他们在产业当中、在整个学科当中非常有影响力,他都是一层一层,都是靠着以往若干年的基础跟若干年积累下来的影响力、积累下来的这么多年的感情在维护。

棉花呢,第一,它是一个传统作物,从“六五”时期开始、从20世纪80年代初开始,项目一直延续到现在几十年,所以说有一个非常稳定的团队,有很好的合作关系。第二,它是一个单一作物,这些问题相对处理起来会容易一些。而且农业的科研跟其他的不一样,比如为北京地区研制出来一个技术、一个产品,不一定放到全国任何地方都适用,不可能放之四海而皆准。所以说研发出来的东西,还是要跟地方上的科研单位,比如说地方上的农科院、高校去合作,请他们把这个技术在当地进一步地去优化跟熟化。所以说这些全国性的跨区域的项目,平时之间的交流也非常广泛。

（5）大田示范

大田示范现在有两种主要的模式,第一个就是现在大田示范还是跟政府合作,就是各个地方的农业局等合作,这是一种传统的模式。第二,现在产生了很多所谓的新型农业主体,有很多公司,有的公司做的规模大的都在新疆包棉花、种棉花都 100 万亩,上百万亩的棉花种植。还有很多合作社等,新疆还有一个特殊情况,就是兵团,一个兵团二三十万亩地的兵团非常多,就跟他们合作。合作肯定就是前期对接,对接以后跟他共同商定全年的一个技术方案,棉花种植之前给他们进行广泛的技术培训,给他构建技术推广队伍。原来比如说像兵团,兵团每个团、每个连都有技术人员,如果今年在你团厂做培训,要对他的整个技术人员能够系统地进行培训,来讲解。整个过程当中是科技人员指挥技术员,技术员去指挥农民,把技术产品逐一进行落地。这里边技术的推广其实有两个层面:第一个就是技术模式,今年比如说 20 万亩地,能够解决你 19 万亩地的问题这些技术模式,这是一个。第二个就是再拿个 1 万亩地出来,把新技术、新产品做集中展示。明年再把新技术、新产品当中成熟的再给到技术模式当中。一方面,像这些工作肯定不是一年完成的,项目也好、各个科研单位也好,都有长期的点,就在那里一年一年做,老百姓就是第一去了以后,谁都知道这是农科院的专家,能够解决问题;另一方面,他都会问今年有什么新的技术,或者他给你反馈,去年什么东西危害特别重,能不能帮助想办法解决,就是这些反馈。所谓的技术规程不是一个死的东西,它肯定是根据农业生产的不同问题,逐年在调整,在不断地优化,针对这些新的问题再进行不断发展。

（6）农户能人的示范带头

在新疆进行新技术的示范和推广,采用的方式是培训对接技术人员,就靠技术人员,不可能去教每一个农民,去教技术人员,一个地区你教会比如说 200 个技术人员,现在村里都有技术人员,200 个、500 个技术人员,每个技术人员再教 200 个农民,一级一级往下走。

对技术人员免费给他们培训,还给他们印制很多比如说技术手册,甚至农民家里像日历一样的挂图,上面是病虫害防控的,下面是月份的,那就是想办法。在新疆还有比如说汉语、维吾尔语等,告诉人家如何识别、如何有效地防控等,进行咨询。然后他们看到这个效果之后,慢慢地他们会花钱去买。

产品务必要有一个小的区域,新的产品有小的区域的集中展示,找一点生产经验非常足的,就是在当地属于种地种得特别精的人。他在当地有很好的示范作用,这种人第一他脑子很活,他也愿意接受新的技术,把新的技术在那里去弄,一下子他有带动作用,他有这种作用。比如说棉花,比如说人家打药打了 10 次、15 次,他打了 5 次解决问题,一下子人家就愿意过来,毕竟少打药了,少折腾、少花钱,谁都愿意。然后后面企业就跟着大规模开始入场。

需要一个展示的平台,要以农民教农民的方式非常重要。其实各个地方都有很多种地,行行出状元,种地也有很多高手,他能够把农业生产上的一些实际的技术、把一些新的产品应用得淋漓尽致,他也能琢磨很多办法,跟这些人合作。

(7) 农业技术推广的公益性

农业有一个特殊性,它的这个工作,研发出来的所谓的技术也好、产品也好有两类:一类能够进入转化系统的,就是能够通过公司,公司形成产品、产品销售。另一类是公益性的,打个比方说,在生产方面发展了一个非常好的农药使用技术,这个使用技术的用户是农民,不可能用了以后一亩地 3 元钱也收不到。所以说农业领域的功能很大程度上是公益性的。公益性就是服务,产业服务。产品能够标准化生产的,它就是一个成果转化。所以说公益性的服务在产业服务这一块、在农业技术上面,它能够占了很大的一个比重。起码一半一半。

更加简单化说,化肥、品种的研发就是一个成果转化非常典型的例子,能够卖给农民,但是农民如何施好化肥,它也是一个核心当中的核心,然后告诉农民什么时候施化肥、什么时候科学施化肥、沟挖多深、量是多少等,就告诉他这个。这个东西给不到钱,它是个公益性技术,但是它对化肥的使用效率、它对化肥农药解释、它对农业生产技术的提升极其关键。化肥品种的创制很重要,但是化肥的使用技术同样重要,不然一个好的品种到最后就用砸了。

这个跟售后服务还不一样,卖化肥的人用得越多他越高兴,但从科研的角度、从推广角度,让你用得越少越好。所以做农业这个技术需要点情怀,就是说它不是纯商业化的。企业他考虑的就是如何赚钱,从推广部门、科研部门考虑有了这个产品,如何把这个产品用好,能够让老百姓减少生产成本的投入,能够提升效率、能够减少污染、能够降低劳动力的投入,它无非就是这四个逻辑。

5.4 基于"规模农场＋土地托管"的田间应用示范模式——智能化精准施肥及肥料深施技术及其装备

5.4.1 项目背景

我国农业一直存在化学肥料利用率低下的问题,本项目针对规模经营条件下的粮食作物(小麦、水稻、玉米、马铃薯)和经济作物(棉花、油菜)空间变异,研发适用于不同作物和不同生产条件下的智能化精准施肥技术和多用途肥料深施技术与装备,构建肥料利用率评价技术体系,依托施肥播种龙头企业进行规模化田间应用示范。

本项目面向黄淮海地区、东北地区、长江中下游地区、华南地区、西北地区等不同区域设置了八个研究课题。八个研究课题的研究内容是围绕不同作物的基肥施用、种肥施用、追肥施用具体情况而设置的,包含一部分共性关键技术,同时根据不同区域具体研究对象的不同,每个研究课题保持相对的独立性。

5.4.2 项目成果转化与技术转移路径

本项目面向黄淮海地区、东北地区、长江中下游地区、华南地区、西北地区等不同区域设置了八个研究课题,八个研究课题的研究内容是围绕个同作物的基肥施用、种肥施用、追肥施用具体情况而设置的,包含一部分共性关键技术,同时根据不同区域具体研究对象的不同,每个研究课题保持相对的独立性,即每个课题都有相对独立的技术装备的推广应用的路径和模式。如图 5-13 所示。

课题1"基于3S技术的作物基肥变量施用技术与装备":北京农业信息技术研究中心完成基于3S技术的小麦基肥分层变量施用技术与装备研究工作;中国农业科学院农业信息研究所完成小麦玉米基肥变量施肥管理模型的研究工作;中国农业机械化科学研究院完成车载土壤养分准在线快速测量技术与装备研究;江苏大学完成南方稻茬地旋耕灭茬精准施肥技术与装备研究工作;吉林大学完成东北黑土地区玉米基肥变量施用技术与装备研究工作;

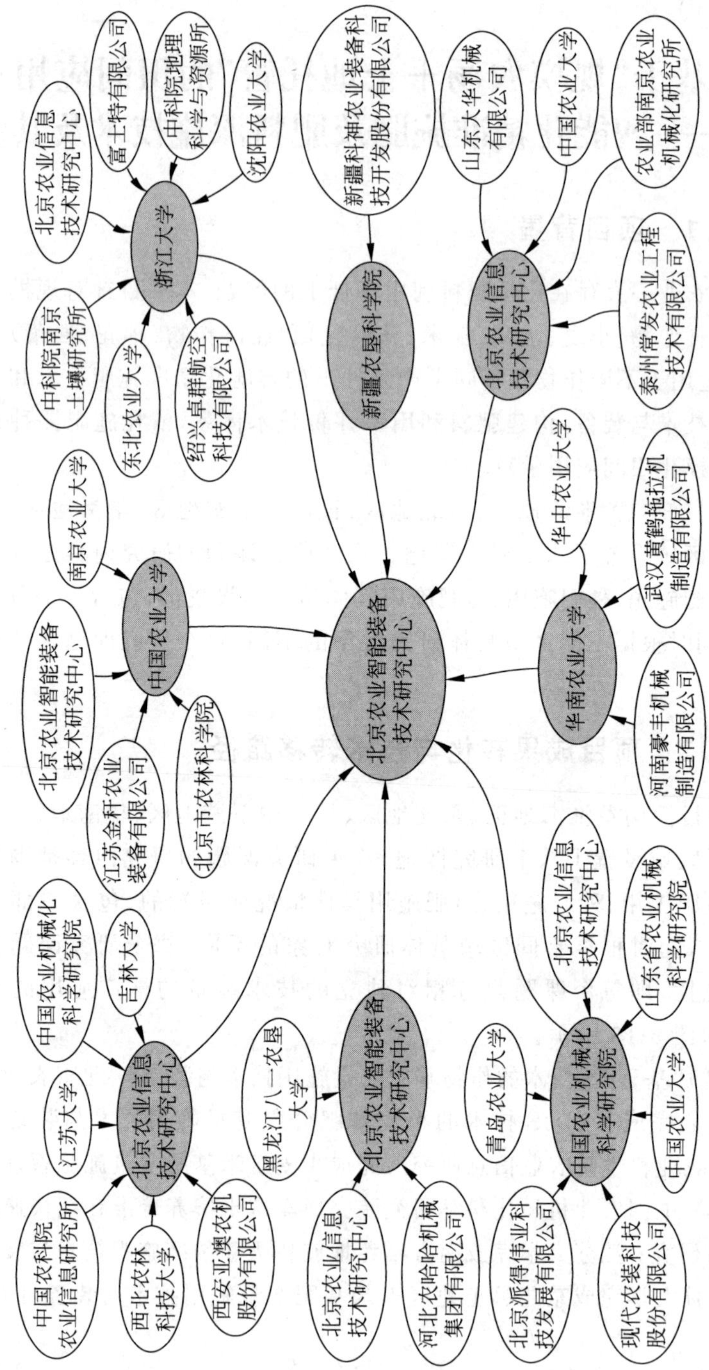

图 5-13　智能化精准施肥及肥料深施技术及其装备成果转化与技术转移路径

西北农林科技大学完成西北干旱地区玉米基肥变量施用技术与装备研究工作；西安亚澳农机股份有限公司完成基于 3S 技术的作物基肥变量施用技术与装备集成应用示范工作。

课题 2"基于传感器的变量施肥关键技术与装备"：中国农业大学主要完成点—面阵组合式作物生长信息实时获取传感器系统以及基于传感器的东北水稻和玉米实时变量施肥技术与装备研究；南京农业大学主要完成南方稻麦轮作区稻麦精准变量施肥管理模型研发以及基于传感器的南方稻麦轮作区稻麦精准变量施肥技术与装备研发；北京市农林科学院主要完成华北小麦/玉米轮作区小麦/玉米精准变量施肥管理模型研发；北京农业智能装备技术研究中心主要完成基于传感器的华北小麦/玉米轮作区小麦精准变量施肥技术与装备研发；江苏金秆农业装备有限公司主要完成基于传感器的变量施肥技术与装备集成示范。

课题 3"基于低空遥感的作物追肥变量管理技术与装备"：浙江大学主要完成基于低空遥感的南方水稻油菜追肥变量管理技术与装备；中国科学院南京土壤研究所完成基于无人机低空高精度遥感的冬小麦和夏玉米变量施肥管理模型；北京农业信息技术研究中心、中国科学院地理科学与资源研究所、沈阳农业大学共同完成基于低空遥感的东北水稻、玉米，华北小麦、玉米，新疆棉花营养诊断与变量追肥管理模型与技术装备；东北农业大学完成基于低空遥感的东北水稻、玉米追肥变量管理技术装备东北地区集成与示范,面向中耕施肥机的处方接口与变量施肥控制系统；富士特有限公司完成变量追肥装备样机部件试制及测试验证、基地示范；绍兴卓群航空科技有限公司完成无人机及飞控系统的试制和测试。

课题 4"宽行距作物精准对行分层深施关键技术与装备"：由新疆农垦科学院承担。

课题 5"种行肥行精准拟合与判断关键技术与装备"：北京农业信息技术研究中心主要完成基于 GNSS 的小麦种行肥行精准拟合与判断技术装备研究；中国农业大学完成基于机器视觉的玉米苗行株行精准施肥技术装备研究；农业部南京农业机械化研究所完成水稻插秧同步侧位穴精准深施肥技术装备研究；山东大华机械有限公司完成小麦种行肥行精准拟合与判断技术装备集成应用示范、泰州常发农业工程技术有限公司完成水稻插秧同步侧位穴精准深施肥技术装备集成应用示范。

课题 6"南方作物精量播种和精密化肥深施关键技术及装备"：华南农业大学完成水稻精量播种和精密化肥深施关键技术及装备研究；华中农业大学

完成长江中下游地区莜麦精量播种深施肥技术及其智能化装备研究；河南豪丰机械制造有限公司完成水稻精量播种和精密化肥深施关键技术及装备试制、技术集成应用示范、武汉黄鹤拖拉机制造有限公司完成长江中下游地区莜麦精量播种深施肥技术及其智能化装备试制、技术集成应用示范。

课题7"北方作物精量播种和精密化肥深施关键技术与装备"：中国农业机械化科学研究院完成东北、西北非免耕小麦玉米精量播种与肥料深施技术与装备研究；北京农业信息技术研究中心完成黄淮海非免耕小麦精量播种与肥料深施技术装备研究；山东省农业机械科学研究院完成黄淮海非免耕玉米精量播种与肥料深施技术装备研究；中国农业大学完成免耕条件下小麦玉米精量播种与肥料深施技术装备研究；青岛农业大学完成马铃薯精量播种与肥料精密分层深施技术装备研究；北京派得伟业科技发展有限公司完成北方作物精量播种和精密化肥深施技术装备集成应用示范；现代农装科技股份有限公司完成北方作物精量播种和精密化肥深施技术装备集成应用示范。

课题8"玉米智能化中耕施肥关键技术与装备"：北京农业智能装备技术研究中心主要完成智能化自仿形中耕施肥技术与装备研究；黑龙江八一农垦大学主要完成大马力配套智能中耕施肥机技术与装备研究；北京农业信息技术研究中心主要完成玉米智能化中耕追肥技术肥料利用效率评价体系构建；河北农哈哈机械集团有限公司完成玉米智能化中耕施肥装备集成和调试，并进行规模化应用示范。

项目预计申请国家发明专利28项，突破智能化精准施肥与深施技术20项，研制基于3S技术的小麦、玉米基肥分层变量施用装备、莜麦兼用型精量播种深施装备等新型技术装备12~15套；建立示范基地5个，累计推广应用示范面积200万亩以上，实现精准施肥技术比习惯施肥化肥减量施用10%~12%，化肥利用率提高5~6个百分点，智能化施肥效率是人工施肥的10倍以上。

5.4.3 项目成果转化模式：基于"规模农场＋土地托管"的田间应用示范转化

本项目的任务是研发智能化精准施肥及肥料深施技术及其装备并进行应用示范。科研院所和高校负责相关技术及其装备的研发，企业负责装备的生产制造，然后在农场和托管的土地上进行应用示范。本项目并没有将装备的销售收入列入考核指标，而是侧重了技术积累和装备的应用示范面积要求。

项目中共有 12 家企业参与,每个课题都有 1～2 家企业参加并负责装备的试制、实验和集成制造。这些企业全部都是农机企业,他们自身没有可以用于示范的大田,只有小试和中试的小田,他们与当地的农业生产合作组织和农民合作组织都有联系,与一些地域性的农场有着长期的合作,并且也在逐渐开展对散户农民土地的托管业务。这些农场和农民托管的土地保证了项目要求的应用示范面积。当前情况,大型农场是进行应用示范的主要合作对象,这些规模农场已经满足了项目示范的需求。土地托管刚刚起步,是未来农业的一个发展方向。农机企业除了直接的市场销售之外,还将通过土地托管的方式对农机装备进行推广应用。

农机企业的参与,提供了田间试验条件

科研院所为了完成研发任务,需要对部件机构进行反复的改装和实验,还要进行田间试验,这些农机企业积极配合并且提供了试制条件,并且他们基于长期在农业一线进行机器销售的经验,能够向科研院所反馈农民的生产需求和农机企业对机器装备的改造要求等相关信息,这为科研院所完成研发任务提供了必要的支持和帮助。

在本项目中,基本上每一个课题里头都有 1～2 个企业,他们全程参与,提出需求,然后课题组根据这些需求进行相应的研发。这些农机企业在厂区边上都会有一块地,随时可以下地去进行田间试验,这就避免了直接到农民土地上去进行田间试验的弊端。

应用示范 200 万亩的用量,基本上就能把这些机器装备稳定定型了。应用示范和装备定型之后就是交给企业做的事情了,不在本项目的范畴之内。

田间试验基地与应用示范农场

在研发过程中,有些东西是要放到地里头才能够发现的,因为整个项目涉及和包含了不同的生产空间。农业部的现代农业园区、农业示范县,新疆的农垦师(共青团农场、106 师、农八师等)等,是主要的田间试验合作对象。这些地方都拥有规模农场,便于管理,便于统一作业,便于去协调。单个的农民很难结合,因为他们的想法经常会变。

无论农业园区、示范县农机部门,还是农垦系统,都是走的政府的这一条线往下推,期间科研人员要针对农技人员和农民不停地开展培训工作。

5.4.4 项目的超螺旋分析

本项目面向黄淮海地区、东北地区、长江中下游地区、华南地区、西北地区等不同区域设置了八个研究课题。八个研究课题的研究内容是围绕不同作物的基肥施用、种肥施用、追肥施用具体情况而设置的,包含一部分共性关键技术,同时根据不同区域具体研究对象的不同,每个研究课题保持相对的独立性。本项目共有 34 家单位参加,其中科研院所 10 家、高校 12 家、企业 12 家,该项目的超螺旋模式如图 5-14 所示。

(1)超螺旋骨架链

产业链

产业链由 12 家企业组成,这些企业都是具有代表性的农机资质的农资企业和科技型的企业:西安亚澳农机股份有限公司、江苏金秆农业装备有限公司、富士特有限公司、绍兴卓群航空科技有限公司、新疆科神农业装备科技开发股份有限公司、泰州常发农业工程技术有限公司、山东大华机械有限公司、河北农哈哈机械集团有限公司、现代农装科技股份有限公司、武汉黄鹤拖拉机制造有限公司、河南豪丰机械制造有限公司、北京派得伟业科技发展有限公司。这些企业都与高校和科研院所有着长期密切合作。

学研链

学研链由 10 家科研院所和 12 家高校组成。

科研院所(10 家):北京农业智能装备技术研究中心、北京农业信息技术研究中心、中国农业科学院农业信息研究所、中国农业机械化科学研究院、中国科学院地理科学与资源研究所、中国科学院南京土壤研究所、农业部南京农业机械化研究所、北京市农林科学院、山东省农业机械科学研究院、新疆农垦科学院。

高校(12 家):中国农业大学、浙江大学、江苏大学、吉林大学、华南农业大学、南京农业大学、西北农林科技大学、沈阳农业大学、东北农业大学、华中农业大学、青岛农业大学、黑龙江八一农垦大学。

(2)对接基与连接键

项目团队中北京农业信息技术研究中心、北京派得伟业科技发展有限公司、北京农业智能装备技术研究中心同属于一个组织架构体系,单位和人员关系如图 5-15 所示。这样的关系自然保证了项目中的紧密配合。项目团队中的所有企业都与高校和科研院所有着长期的密切合作,在人才、资本、知识、利益等方面建立了紧密对接。

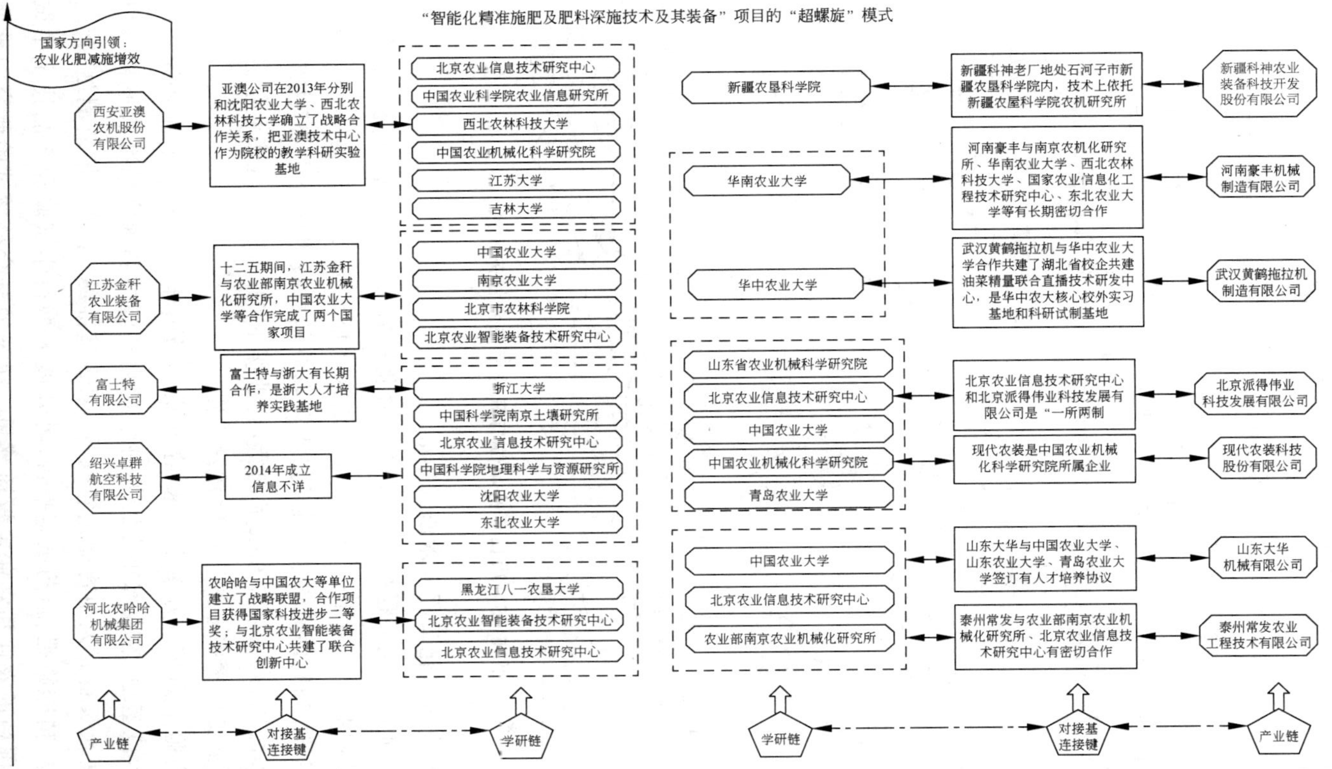

图 5-14 智能化精准施肥及肥料深施技术及其装备项目的超螺旋模式

项目牵头单位与其他单位之间的合作关系图

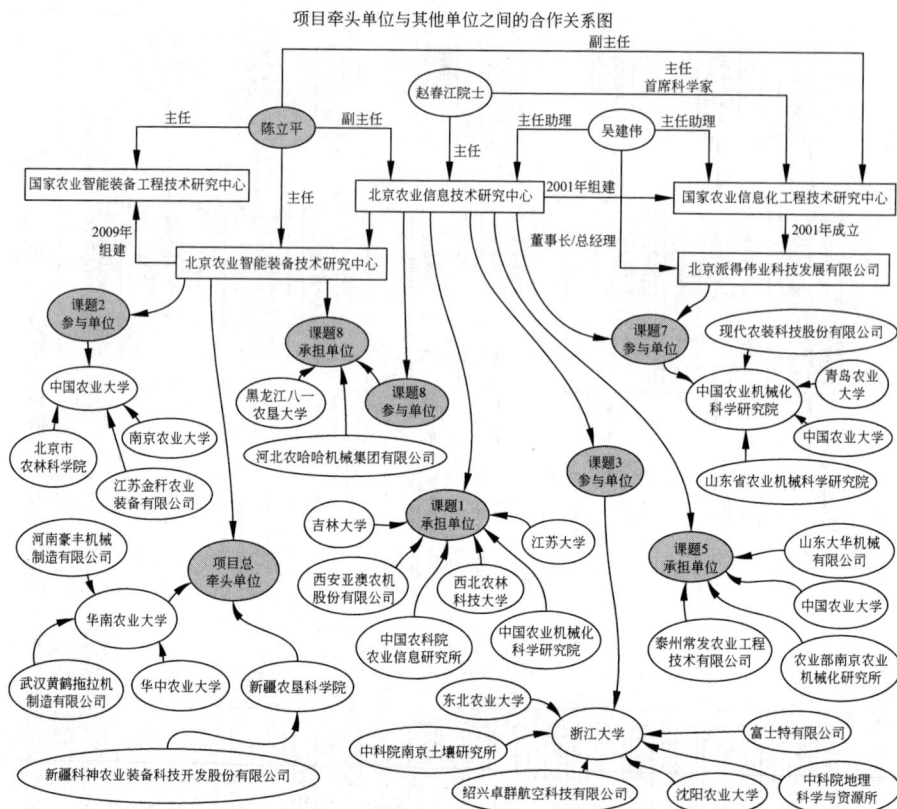

图 5-15 项目牵头单位与其他单位合作关系图

国家农业信息化工程技术研究中心

国家农业信息化工程技术研究中心由北京农业信息技术研究中心和北京派得伟业科技发展有限公司两个独立法人实体构成,采取的是"一所两制"的组织及管理体制,国家事业编制的"北京农业信息技术研究中心"主要负责中心的基础研究、人才培养和技术创新,企业编制的"北京派得伟业信息技术有限公司"主要负责中心的产业化开发工作。

中心实验室面积1万多平方米,在北京小汤山建立有2500亩的国家精准农业研究示范基地,农业部重点野外科学观测试验站和国家精准农业科普教育基地。基地装备有大型智能化农机具、GPS基准站,土壤墒情监测站,智能化监控温室,精准施肥、施药试验平台,可开展大型科学试验和产品技术中试工作,是我国精准农业和农业定量遥感星—机—地联合科学试验研究的重要基地。中心科技成果已在全国 30 个省市得到示范应用,建立成果转化基地 100 多个,部分科技成果还推广到越南等东南亚国家。

赵春江院士是北京农业信息技术研究中心主任和国家农业信息化工程技术研究中心主任。陈立平是北京农业智能装备技术研究中心主任兼北京农业信息技术研究中心副主任,国家农业智能装备工程技术研究中心主任,国家现代农业产业体系小麦体系智能管理与精准作业岗位专家。吴建伟是中心主任助理、首都科技条件平台北京市农林科学院基地主任、农业农村部农业物联网系统集成重点实验室副主任,派得伟业公司董事长/总经理;负责北京派得伟业科技发展有限公司的全面运营。

国家农业智能装备工程技术研究中心

国家农业智能装备工程技术研究中心(NERCIEA)是在北京农业智能装备技术研究中心的基础上于 2009 年组建。国家农业智能装备工程技术研究中心在国家 863 计划、国家发展改革委、国家自然科学基金等项目的支持下,围绕农业智能装备通信标准规范、关键技术产品、系统集成三个环节,进行学科交叉研究和技术创新,在农业智能装备理论方法研究、重要产品开发和技术平台构建上实现了重要突破,形成了农田信息采集、农业精准监测、农业自动控制、智能农机具、田间作业导航五大类、50 多个产品,填补了我国在该领域的多项空白,缩短了与发达国家的差距。形成了面向大田作物、设施农业、节水灌溉的绿园、绿水技术产品品牌。针对我国各地不同生产经营规模条件,进行配套组合应用,形成了"套餐"式技术应用模式,使中心的技术成果在全国 20 多个省市得到应用,研发的设施环境控制器、灌溉控制器产品还出口到俄罗斯、以色列等国。中心主任是陈立平研究员,中心学术委员会主任是赵春江院士。

西安亚澳农机股份有限公司

亚澳公司在 2013 年三个项目实施的同时,还分别和沈阳农业大学、西北农林科技大学确立了战略合作关系。亚澳技术中心作为院校的教学科研实验基地,为大学生的就业实习提供了优质的平台。

江苏金秆农业装备有限公司

农业部南京农业机械化研究所承担的两项"十二五"科技支撑计划子课题"茶园作业机器人关键技术与装备研发"与"苎麻联合收割技术和装备研究与示范",项目的协作单位包括中国农业大学、扬州大学、南京林业大学、江苏金秆农业装备有限公司等。

富士特有限公司

中国·富士特有限公司始创于 1991 年,公司位于全国民营经济的发源地、中国植保与清洗机械之都——浙江省台州市路桥区。公司是一家集植保机械、园林机械的研发、制造、销售和服务于一体的高新技术企业、浙江省专利示范企业和浙江省农业科技企业、首批中国农机工业"AAA"级信用企业,同时公司也是国家农机标准委员会植保机械分委员会会员单位。富士特有限公司与浙江大学有着长期的合作,是浙江大学人才培养的实习基地。

绍兴卓群航空科技有限公司

公司成立于 2014 年,位于浙江绍兴,法人代表黄良峰,其他信息不详。

新疆科神农业装备科技开发股份有限公司

新疆科神农业装备科技开发有限公司是原"新疆兵团农机推广中心"改制后成立的高新技术企业,专业从事现代农业装备研发和生产制造,老厂地处石河子市新疆农垦科学院内,新厂地处石河子经济技术开发区,厂区占地2 万多平方米。公司技术上依托新疆农垦科学院农机研究所,自身拥有专业技术人员 15 人,其中具有高级专业技术职务者 6 人,一线合同制工人百余人,技术实力雄厚。

山东大华机械有限公司

山东大华机械有限公司成立于 2006 年,是一家主要从事农机具研发制造的现代化农机高新技术企业,行业内规模较大的耕种机械生产企业之一。建有行业内的保护性耕作机具研发基地、中国农业科学院创新工程耕整地机械研发试验基地、山东省"一企一技术"研发中心及山东省院士工作站。与中国农业大学、山东农业大学、青岛农业大学签订人才培养协议,吸引专业技术人才,为技术研发积蓄后备力量。

公司产品类别主要包括耕整地机械、种植施肥机械、收获后处理机械、农田基本建设机械等四大类 130 多个机型。公司自成立以来一直致力于保护性耕种装备和关键零部件的研发,在耕整地机械及种植施肥机械领域取得了丰硕的研发成果。其中深松机、深松整地联合作业机及系列播种机械等主要产品在行业内市场份额连续多年呈现递增的良好态势。公司目前具备全自动涂装线、产品装配线、焊接机器人、大功率激光切割机、数控折弯机等现代化加工设备,大大带动了公司装备水平及生产研发能力。大华坚持以提供现代化农机装备产品和热情的服务为使命,关键部件采取国外市场多元化采购路线,以达到为用户提供质量稳定的产品。公司已有近百家长期合作的供应商伙伴,并建有完善的市场信息和销售服务网络,600 多家销售服务网点分布国内 25 个省市及自治区。

泰州常发农业工程技术有限公司

2012 年 12 月 15 日江苏省农业装备工程技术创新中心成立,农业部南京农机化研究所曹曙明书记、国家农业智能工程和农业信息化工程中心赵春江主任以及来自 13 个省辖市农机主管部门的负责人、省农机局各处室及直属单位的负责人、有关科研院所、协会、企业代表及新闻媒体记者参加了会议。

江苏省农业装备工程技术创新中心是由江苏常发农业装备股份有限公司和江苏省农业机械技术推广站共同组建,目的是加强先进适用农业装备工程技术的研究开发,提升现有农机装备技术性能和科技含量,加快与大中型拖拉机配套机具、特色农产品种植和收获装备、农产品加工装备、农业智能和农业信息化技术与装备的研发生产,从而加快推进我省农机化和农业现代化的发展。

河南豪丰机械制造有限公司

河南豪丰机械制造有限公司是集科研、生产、销售为一体的新型企业,公司与南京农机化研究所、河南农业大学、河南省机械研究所等单位有长期合作。

河南豪丰机械制造有限公司在华南农业大学罗锡文院士及其团队的支持下,不仅组建了河南省现代农业机械装备院士工作站,而且成立了现代农业机械装备企业创新技术联盟。以罗锡文院士为中心,吸纳了西北农林科技大学、国家农业信息化工程技术研究中心、山东理工大学、内蒙古农业大学、东北农业大学等单位的 30 余位国内农业机械装备领域的知名专家,不定期召开学术研讨会、项目论证会、成果对接会等,有针对性地开展科技培训和技术交流。为了把院士工作站做深、做实,把企业做大做强,河南豪丰机械制造有限公司每年定期召开了农机化专业委员会年会暨科技成果对接会。目前,已有 11 个新产品在企业中试。企业创新技术联盟真正实现了专家与企业深入合作、紧密合作和务实合作,对促进行业发展、企业技术进步产生了极大的推动作用。

武汉黄鹤拖拉机制造有限公司

武汉黄鹤拖拉机制造有限公司是原武汉拖拉机厂搬迁改制而组建的农机制造企业,是华中农业大学工学院的核心校外实习基地和科研试制基地。武汉黄鹤拖拉机制造有限公司与华中农业大学合作共建了湖北省校企共建油菜精量联合直播技术研发中心。

现代农装科技股份有限公司

现代农装科技股份有限公司成立于 2001 年,是中国农业机械化科学研究院所属的专业从事现代农业装备研发、生产和经营的高新技术企业。公司总部位于北京奥运村核心地区,在岗员工 1300 余名,目前拥有 2 个分公司、1 个全资子公司和 4 个控股子公司。公司是国家科技部归口管理的"农业装备产业技术创新战略联盟"主要创建单位,"土壤植物机器系统技术国家重点实验室""农业生产机械装备国家工程实验室"和"国家农业机械工程技术研究中心"联合共建单位,是中国农机工业协会企业信用等级 AAA 级企业。

河北农哈哈机械集团有限公司

河北农哈哈机械集团有限公司现有资产总额 1.5 亿元,员工 1500 余人,产品有播种机械、收获机械、耕整机械、采暖锅炉等 4 大系列 60 余个品种,其播种机械连续 10 年全国产销量第一,产品市场占有率高达 70%。河北农哈哈机械集团有限公司与国家农业智能化装备技术研究中心、北京机械工程学会签署合作协议,就农机智能化及农艺园规划设计共同组建联合创新中心,该协议于 2020 年 10 月份签署。农哈哈承担着多项国家科技攻关、星火项目,与中国农大、河北农大、河北省农机研究所等国内多家知名科研院所结成了战略联盟,吸引了国内众多专家学者扎根农哈哈倾情科研生产。中国农业大学,黑龙江省农业机械工程科学研究院,辽宁省农业机械化研究所,山东理工大学,河北农业大学,河北农哈哈机械集团有限公司联合完成的"北方玉米少免耕高速精量播种关键技术与装备",获得 2019 年国家科技进步二等奖。

5.4.5　经验总结与启示

经验做法:

(1) 农机企业参与,提供试制和田间试验条件

科研院所进行技术和装备的研发,需要试制和试验条件。这些农机企业都拥有生产制造能力,能够对部件机构提供试制条件;他们都拥有自己的小田试验基地,能够提供田间试验条件。除此之外,这些农机企业长期与一线农民合作进行农机装备销售,他们了解农民的生产需求,也了解对传统农机装备的改造要求,所有这些信息都能对科研院所的研发工作提供支持和帮助。

（2）农机企业的遴选，长期合作的经验基础

国家重点研发计划这样的项目，参与单位众多，经费数额巨大，时间紧任务重，因此合作伙伴的遴选至关重要。本项目中的所有农机企业，都与项目牵头单位或课题承担单位有着长期密切的合作关系，对他们在农机市场的所占份额、他们的技术优势与技术能力、他们的可信任度和做事能力等，都有深入的了解并且有着长期成功的合作经验，只有这样才能保证项目的成功。

（3）政府农技推广体系与规模农场的应用示范

农技推广是一项系统工作，必须纳入在政府的农技推广体系中才能达到预期的理想效果。农技推广与单个的散户农民合作是很困难的，普通的散户农民不愿意冒险，通常不愿意率先接受新鲜事物，并且想法经常多变。因此，规模化的应用示范，需要与农业部的现代农业园区、农业示范县的农技推广部门合作，需要与新疆生产建设兵团的农技推广部门合作，这些单位都有规模农场，都有农技推广队伍，便于协调管理，便于统一作业，能够帮助顺利实现项目的预期应用示范目标。

（4）"科研院所/高校＋企业＋农场/土地托管"的成果转化模式

本项目的任务是研发智能化精准施肥及肥料深施技术及其装备并进行应用示范。科研院所和高校负责相关技术及其装备的研发，企业负责装备的生产制造，然后在农场和托管的土地上进行应用示范。本项目并没有将装备的销售收入列入考核指标，而是侧重了技术积累和装备的应用示范面积要求。

项目中共有 12 家企业参与，每个课题都有 1 至 2 家企业参加并负责装备的试制、实验和集成制造。这些企业全部都是农机企业，他们自身没有可以用于示范的大田，只有小试和中试的小田，他们与当地的农业生产合作组织和农民合作组织都有联系，与一些地域性的农场有着长期的合作，并且也在逐渐开展对散户农民土地的托管业务。这些农场和农民托管的土地保证了项目要求的应用示范面积。当前情况，大型农场是进行应用示范的主要合作对象，这些规模农场已经满足了项目示范的需求。土地托管刚刚起步，是未来农业的一个发展方向。农机企业除了直接的市场销售之外，还将通过土地托管的方式对农机装备进行推广应用。

（5）农机企业的参与，提供了田间试验条件

科研院所为了完成研发任务，需要对部件机构进行反复的改装和实验，还要进行田间试验，这些农机企业积极配合并且提供了试制条件，并且他们基于长期在农业一线进行机器销售的经验,能够向科研院反馈农民的生产需求和农机企业对机器装备的改造要求等相关信息,这为科研院所完成研发任务提供了必要的支持和帮助。

在本项目中,基本上每一个课题里头都有1~2个企业,他们全程参与,提出需求,然后课题组根据这些需求进行相应的研发。这些农机企业在厂区边上都会有一块地,随时可以下地去进行田间试验,这就避免了直接到农民土地上去进行田间试验的弊端。

应用示范200万亩的用量,基本上就能把这些机器装备稳定定型了。应用示范和装备定型之后就是交给企业做的事情了,不在本项目的范畴之内。

(6)田间试验基地与应用示范农场

在研发过程中,有些东西是要放到地里头才能够发现的,因为整个项目涉及和包含了不同的生产空间。农业部的现代农业园区、农业示范县,新疆的农垦师(共青团农场、106师、农八师等)等,是主要的田间试验合作对象。这些地方都拥有规模农场,便于管理,便于统一作业,便于去协调。单个的农民很难结合,因为他们的想法经常会变。无论农业园区、示范县农机部门,还是农垦系统,都是走的政府的这一条线往下推,期间科研人员要针对农技人员和农民不停地开展培训工作。

启示建议:

(1)国家重点研发计划专项之间项目的衔接

国家重点研发计划专项设置时对项目进行了分类,有的项目属于基础研究,有的项目属于共性关键技术,有的项目属于应用示范。但是并没有对不同类别项目之间的衔接进行明确要求,比如示范类项目是否应该侧重对前面基础研究和共性关键技术类项目成果的示范推广。

这样没有达到专项当时设置几类项目的初衷,能不能在前后项目的衔接上做出相应的要求?比如示范类项目,项目团队除了要有示范条件,另外还应该要对前面的关键技术、基础研究项目有所了解,对前面的项目成果要有一个转化的方案,具备这些条件才能加入到这个专项研究里来,简单来说,就是后面的项目不能自己另起炉灶又开始做研究。尤其像优势单位,比如植保所,他们是一个实力非常强的单位,完全可以从基础研究开始全部都做下来。但是在这个专项里可能就不是这样做事情了,这个项目至少应该专心,80%应该用在示范推广这个项目去,然后才能达到整个专项的设计效果。应用示范类项目应该多花一点精力在系统集合和配套上可能会好一些,有人做设备,有人做肥料,那么做示范的人就把肥料和设备连在一起,再去作业推广,这样大家的精力投入得会少一点。

(2) 项目与课题经费的拨付方式

"十三五"国家重点研发计划的经费是直接拨给项目主持单位,由项目主持单位再拨给各课题承担单位。但在这个过程中,项目主持单位没有对课题承担单位和课题组的考评权限,只能是全额直接拨款。多了这道程序,给项目主持单位财务管理工作增添了许多工作量。项目主持单位不能借用经费这个抓手对下设的课题组进行监督和管理,而许多课题组一旦拿到相应的经费之后,就不再听从项目主持单位的管理,对项目的顺利执行产生了不利影响。

(3) 企业的配套经费

国家重点研发计划项目中,科研院所属于事业单位,没有经费配套能力。本项目中 6400 万元经费是来自中央财政经费投入,还有 3130 万元是需要企业进行经费配套的。本项目共有 12 家企业参加,均分下来,每家企业都需要配套 300 多万元,对企业确实也是个考验和压力。

此外,由于企业对国家重点研发计划所要求配套经费的理解不清楚,有的企业甚至过于把这个事情看简单了,觉得每年投那么多钱,都是投,没问题,就签了配套,但是最后有可能审计的时候出问题,无法合理解释配套经费的相关性。于是项目负责人还要安排财务人员去教企业如何做账才能符合审计提出的相关性要求。

其实对企业的配套投入,除了直接的经费投入,还应考虑其他间接性的投入,比如企业配合科研项目去做,他的生产线可能就不能生产别的,他就专门给你做这个事情了,像这都是投入,但是咱们就非要人家投入。所以说这个投入跟这个的相关性,很多东西说不清楚相关性的,要不就让人家承诺,一开始申报阶段就让人家承诺投多少钱。

(4) 实验员与技术工人的地位作用与认可

任何研发项目到实现成功转化的过程中,除了科研人员之外,还需要大量的实验员和技术人员的工作。农业领域的研发项目更是如此,经常需要实验员到田间地头去做调查,仅靠科研人员是做不到的。项目的顺畅执行,需要大量的实验员和技术人员,这些人员很多时候比科研人员做的工作还要多,但国家重点研发计划中既不能给予这些人员名义上的直接认可,也不能给与相应的酬劳津贴,无名无利,直接影响了这些人员的工作积极性,不利于项目的顺利执行。

国家重点研发计划的资源配置,不应过度侧重研发阶段,除了研发人员之外的其他所有相关人员都应该有相应的资源分配支持。

(5) 项目经费的使用管理

国家重点研发计划项目的经费管理,各个省市的做法各有差异,有的要求材料 10 万以上需要走政府采购,有的则规定不管多少万以上都得要走政府采购。农业方面的项目课题有自身的特殊性,比如材料费用具有多次少量的特点,不能一批大量采购,这样一来,如果每次都严格执行招标,则时间周期会拉长,不利于项目的按时顺畅执行。

农业方面的项目课题还有困扰的问题。科研人员做实验的时候通常设想都很好,但是也常常有不好的情况出现,就是不同的地方有不同的当地情况和不同的农机情况。这样一来,科研人员准备的条件可能就有不足的时候,那么就要去在现场买一些别的东西。我国的国情,基本到了县一级以下,尤其到了乡、镇、村,没有发票这个概念了,没有公务卡这个模式了。那么这个时候这个事做不做?如果做,就涉及费用的问题,3 块、5 块肯定没有问题,一百、两百也没有问题,通常三五百就让这些科研人员很苦恼了,原本因公出来做实验,还要自掏腰包,最后回单位以后还是不承认的。一次两次这样没问题,但常年都做这样的实验,每次都出现这个问题,科研人员的积极性就会出现问题。

其实国家对资金的使用现在政策放得特别宽了,宽到已经现在抓不住手,已经没有抓手,在实操层面其实操作性也不大,国家一直在放管,一直在往下放,然后到单位接的时候,他接不住那么灵活的事情,只能一刀切性质的那种接。接下来之后就发现有些其实没接住,如果要是都能接触这些好政策的话,可能就不存在这种障碍性。

5.5 基于"产学研医全程实时联动体系(利益共同体)"的成果转化模式——新型血液净化材料及佩戴式人工肾关键技术研发及产业化

5.5.1 项目背景

根据《柳叶刀》最新公布的报告"1990—2017 年全球、区域和国家慢性肾脏病负担:2017 年全球疾病负担研究的系统分析"指出,截至 2017 年,全球慢性肾脏病患者人数达 6.975 亿,其中中国肾病人数达 1.323 亿,患病率高达 10%。中国在 2014 年的终末期肾脏病人(ESRD)患者接近 200 万人,按照美国肾脏病数据系统统计数据中慢性肾病最后发展为 ESRD 的比例 1.5% 进行推算,到 2030 年将达到 315 万人这一惊人的数字。ESRD 患者需要终身进行透析以维持正常的生活需求,但是受各种因素的影响,中国 ESRD 患者接受血液透析治疗的比例仅为 15% 左右,远低于全球治疗率 37%。随着医保覆盖率以及仪器普及率的提高,中国血透治疗的患者数量持续增长,成为极具潜力的蓝海市场,有望达到千亿规模。目前,国内高端血液透析器市场主要被德国费森尤斯、美国金宝、日本尼普洛等占据。高端血液透析器在医疗器械领域属于"卡脖子"的材料与技术,研发具有自主知识产权以及市场竞争力的血液透析器具有重要的民生和社会意义。

市场上主流的血液透析膜种类有聚砜膜 PS(费森尤斯、贝朗、东丽、贝尔克、威高)、聚醚砜膜 PES(欧赛、佩尼、尼普洛、贝尔克)、聚甲基丙烯酸甲酯 PMMA(东丽)。但是,高分子材料血液相容性较差,在与血液接触时极易触发凝血瀑布导致血栓在透析膜表面形成,进而导致膜孔堵塞、膜通量大幅度衰减、毒素清除率降低;并且也会引发体内补体活化,使血液透析膜受到人体免疫系统的攻击。在临床应用中,通常需要注射肝素(未分级肝素或者低分子量肝素)以抑制透析器内血栓的形成。但是肝素的代谢困难,这对于一些出现出血症状的病人是不适用的,并且长期注射肝素还会导致血小板减少症、高钾血症、骨质疏松等。因此提高透析膜材料的血液相容性,研制自抗凝透析器,实现无肝素透析是目前血液透析的发展趋势。

中国尿毒症人群尽管透析救治率逐年提高,但由于传统透析模式的局限,患者难以回归社会去创造价值,尿毒症成为沉重的社会负担,尿毒症人群也逐渐被边缘化。未来的血液净化,只有瞄准患者生活质量的改善和劳动能力的提高,才能逐步解决尿毒症这一社会难题,因而安全有效、特异高效、集成便携成为血液净化耗材及体外循环设备主流发展方向。

本项目以解决临床及产业对先进血液净化材料及设备的迫切需求为目标,立足开发掌握一批具有国际先进或领先水平的核心技术群,针对聚醚砜原材料及抗凝高通血透膜产业化关键技术、适用于个体化治疗与透析配套的高选择性血液净化吸附剂制备关键技术、佩戴式人工肾关键技术,在临床医生团队的指导和产品临床验证反馈中,开展产学研医紧密合作的技术攻关,实现创新链、产业链及临床应用的有效衔接。

5.5.2 项目成果转化与技术转移路径

本项目的成果目标是研发新型血液净化膜材料和滤器、血液净化吸附材料和佩戴式人工肾装置,主要包括血液透析膜材料和滤器实现国产化,研发高选择性和高效血液净化吸附剂,研发佩戴式人工肾装置,以及建立临床验证协作平台和评价规范。

围绕项目的目标,分解为 4 个课题:聚醚砜原材料及抗凝高通血透膜关键技术及产业化;高性能吸附剂关键技术研发及产业化;佩戴式人工肾关键技术研发;临床需求、评价和验证。

如图 5-16 所示,本项目的成果转化和技术转移路径如下:

(1)聚醚砜原材料的生产。四川大学高分子科学与工程学院负责聚醚砜原材料的生物学评价;威海帕斯砜新材料有限公司负责聚醚砜原材料的生产,年生产 100 吨规模,达到医用级要求。

(2)纺丝生产线的研发、中空纤维膜的纺制和滤器组装。四川大学高分子科学与工程学院负责纺丝生产线关键技术研究;成都欧赛医疗器械有限公司责纺丝生产线的研发,负责中空纤维膜的纺制,负责利用自行设计的封装生产线完成滤器组装,各种性能指标参数达到要求时提交临床验证,通过反馈进一步改进和提高。

(3)高性能吸附剂的研发及产业化。大连理工大学负责高性能吸附剂关键技术的研发;广东百合医疗科技有限公司负责抗体吸附柱批量生产线建设,提交抗体吸附柱进行临床试验,申请产品注册证。

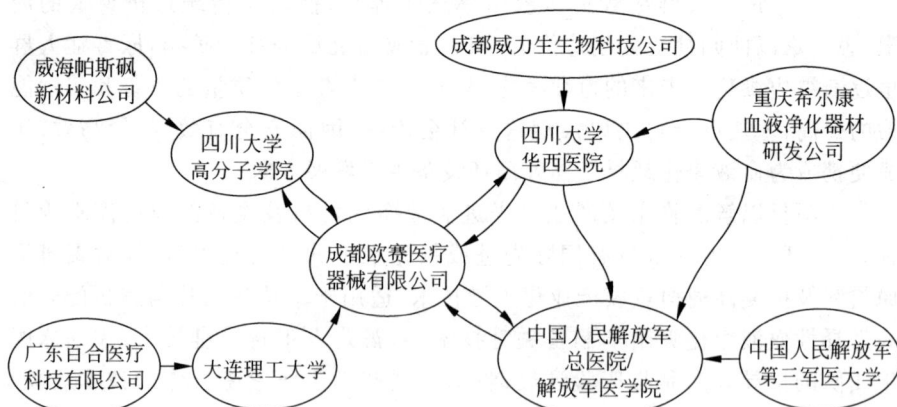

图 5-16 项目成果转化与技术转移路径

(4) 佩戴式人工肾装置。重庆希尔康血液净化器材研发有限公司负责透析液再生研究、尿素分解吸附微球和氨氮吸附微球的研发和滤过型人工肾装置中全血毒素吸附剂的研发;成都威力生生物科技有限公司负责透析机各部件的小型化和微缩化,负责佩戴式透析型人工肾装置的组装、调试和性能评价;成都欧赛医疗器械有限公司负责研发生产和提供小面积血液透析器和血液滤过器;四川大学(华西医院)和中国人民解放军第三军医大学负责佩戴式人工肾装置动物实验和临床试验。

(5) 临床需求、评价和验证。成都欧赛医疗器械有限公司负责血液透析膜、血液滤过膜和血浆分离膜及其滤器产品的准备,参与临床评价验证;重庆希尔康血液净化器材研发有限公司负责 β2-微球蛋白、内毒素吸附剂产品的准备,参与临床评价和验证;中国人民解放军总医院、四川大学(华西医院)、中国人民解放军第三军医大学负责佩戴式人工肾装置的临床评价和验证。中国人民解放军总医院负责佩戴式人工肾装置的临床需求,负责建立产学研医全程实时联动体系和评价平台。

5.5.3 项目成果转化模式:基于"产学研医全程实时联动体系"转化

如图 5-17 所示,本项目通过会议研讨确定产、学、研、医全程实时联动机制,建立全国医疗产品临床验证协作平台;在设计阶段提出临床需求、对初级产品提供生物学检测、就功能模块提出改良方向、将终级产品提交临床验证,建立"提交-反馈"工作程序;建立新型人工肾产品的临床评价规范;运用"评价—改良—再评价—提高"的医疗产品临床评价工作程序,促进产品质量改进提高。

本项目是产学研医相结合的一次真正尝试,对我国生物材料和医疗器械的研究具有重大意义。

5.5.4 项目的超螺旋分析

如图 5-18 所示,本项目参与单位 9 家,由成都欧赛医疗器械有限公司牵头,由四川大学高分子材料学院赵长生负责。在本项目中,医院链已经与学研链紧密缠绕在一起,四川大学作为高校,其所附属的华西医院承担着临床试验的职能任务。中国人民解放军第三军医大学也是如此。

(1) 超螺旋骨架链

产业链

产业链由 5 家企业组成:成都欧赛医疗器械有限公司、广东百合医疗科

"新型血液净化材料及佩戴式人工肾关键技术研发及产业化" 项目基于 "产学研医全程实时联动体系" 的转化模式

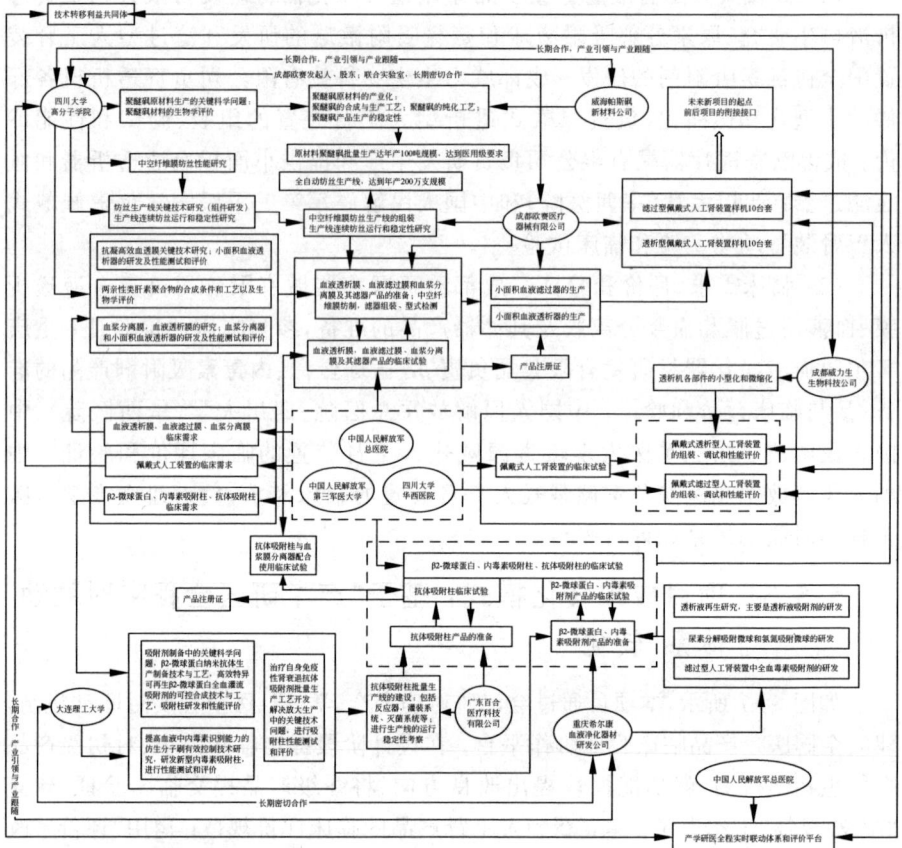

图 5-17　新型血液净化材料及佩戴式人工肾关键技术研发及产业化项目转化模式

技股份有限公司、威海帕斯砜新材料有限公司、成都威力生生物科技有限公司、重庆希尔康血液净化器材研发有限公司。

　　成都欧赛医疗器械有限公司是项目的核心企业。成都欧赛医疗器械有限公司成立于 2005 年,是一家专业致力于研发、生产和销售血液净化及其相关医疗器械产品的具有独立法人资格的高新技术企业。公司于 2009 年取得高通量血液透析器注册证,拥有多项血液透析器生产的自主知识产权。公司自成立伊始,便与四川大学高分子材料学院建立了联合实验室,共同致力于生物膜材料在血液净化领域应用的研发及临床治疗。通过长期不断的创新和努力,欧赛医疗掌握了血液净化系列产品研发与制造的核心技术、获得了众多与之相关的发明专利,长期致力于中国血液净化产业规模化发展。

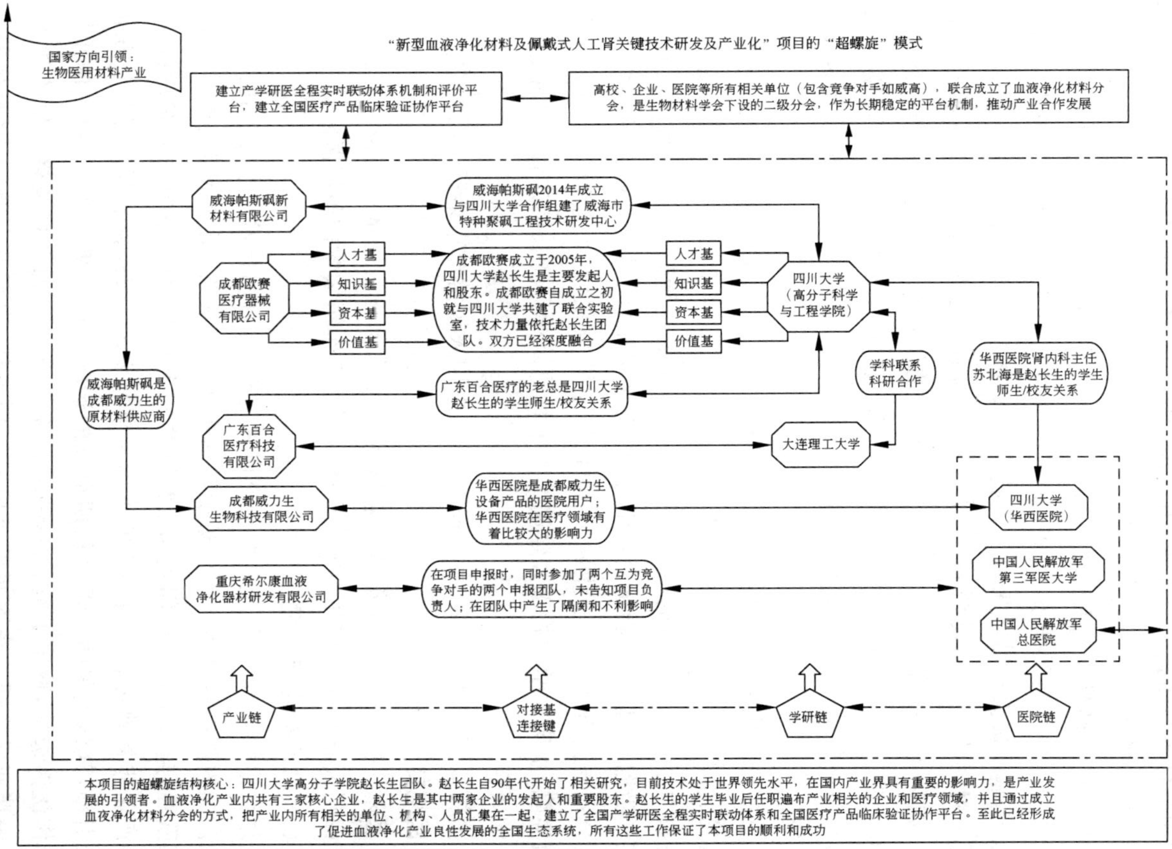

图 5-18 新型血液净化材料及佩戴式人工肾关键技术研发及产业化项目超螺旋模式

广东百合医疗科技股份有限公司创办于 1999 年,公司主营业务为一次性使用医用耗材等医疗器械的研发、生产和销售,是一家现代工程技术和临床医学相结合的高新技术企业,是国内高端医用耗材领域能够与国外产品形成强有力竞争的为数不多的企业之一。

威海帕斯砜新材料有限公司成立于 2014 年,注册资本 7000 万元,是专业从事特种工程塑料的研发、生产、销售的高科技企业。公司技术和研发实力雄厚,组建了威海市特种聚砜工程技术研发中心,高分子材料检验检测平台,高分子材料检验检测仪器齐全,为本公司的研发及同行业提供检验检测服务。2015 组装完成一条年产量 300 吨聚砜的生产线;2016 年聚砜产能提高至 1000 吨。未来聚砜规划产能为 3000 吨。公司积极开展产学研合作,组建威海市特种聚砜工程技术研发中心,与四川大学高分子学院共同开展医用聚砜研究。

重庆希尔康血液净化器材研发有限公司是一家专业致力于血液净化器材研发、生产及临床研究的高新技术企业。自 2009 年成立以来,希尔康公司始终致力于血液灌流器的研发和制造,产品涵盖树脂吸附柱、树脂炭吸附柱、胆红素吸附柱、低密度脂蛋白吸附柱、内毒素吸附柱、特异性吸附柱等六大领域。公司与南开大学分子生物所、中国科学院煤化所、大连理工大学环境与生命学院、重庆大学生物工程学院等多个科研院所保持长期的合作关系。

学研链

高校 3 家:四川大学、大连理工大学、中国人民解放军第三军医大学

医院链

医院 1 家:中国人民解放军总医院。实际参与临床试验的医院有三家,还有四川大学华西医院和中国人民解放军第三军医大学的附属医院。

(2)对接基与连接键

赵长生团队自 90 年代开始研究血液透析器,目前技术水平已经达到世界领先。国内能够自己生产血液透析器的企业只有三家:山东潍高、常州朗生、成都欧赛,赵长生是常州郎生和成都欧赛的发起人,都是重要的股东,所以对这个产业非常熟悉。血液透析的市场需求和未来发展,经常都是赵长生在推动和引领,其他人跟随。正是长期形成的这种合作发展关系,为项目的组队和合作伙伴选择,奠定了坚实的基础,广东百合医疗的老总是赵长生的学生,因此协调非常方便。华西医院肾内科的副主任、书记苏北海,是赵长生的博士,负责佩戴式人工肾的临床试验,统筹很简单。

赵长生的学生毕业后任职遍布产业相关的企业和医疗领域,并且通过成

立血液净化材料分会的方式,把产业内所有相关的单位、机构、人员汇集在一起,建立了全国产学研医全程实时联动体系和全国医疗产品临床验证协作平台。至此已经形成了促进血液净化产业良性发展的全国生态系统,所有这些工作保证了本项目的顺利和成功。

5.5.5　经验总结与启示

（1）企业之间的竞争与合作：选择欧赛,放弃威高

四川大学高分子学院赵长生团队在血液净化领域是国内最强的,本项目最初的设计方案,是四川大学与山东威高集团合作,威高集团是国内最大的血液净化方面的企业。按原定的合作方案,川大和威高是强强联合。

由于赵长生是成都欧赛公司的发起人,与欧赛有着密切的关系。赵长生出面协调,欧赛同意参加项目团队,由山东威高集团作项目牵头单位。但由于山东威高要求项目负责人也要是他们,并且要把欧赛排除到项目参加的团队之外。由于山东威高的这种竞争保护和垄断要求,最终四川大学赵长生团队没能与威高合作,而是各自组队进行申请。

从这个经过也验证了威高集团与长春应化所的合作是以人为载体的知识链深度融合转化模式。威高之所以能同意让长春应化所的人员担任项目负责人,就是因为两家单位以人为载体的深度融合模式,应化所的人员在威高有兼任职务和工作,两家单位从利益上是一体的。

（2）合作企业的选择：长期的合作,长期的投入

赵长生团队前期的研究都是与成都欧赛一家企业密切合作,与其他企业之间只是合作交流,后来随着项目的发展,规模的扩大,需要引入新的企业,于是就把其他这些企业也都引入团队。由于事前与这些企业都有各种程度的合作,因此就避免了出现企业只参与拿钱不做事的问题。

医疗器械要赚钱盈利,企业需要长期的投入。企业投上十多年的钱之后打水漂的情况很多,能赚钱的更少,很多都是这种。因此,合作企业的选择,要考虑企业在这个领域的长期投入和坚持。中国科学院苏州医工所与吉林亚泰集团合作的双光子-受激发射损耗复合显微镜项目所出现的问题,就是出于这两个原因,既没有与企业长期合作的经验积累;所选企业也是刚刚转型进入医疗器械行业,没有之前长期的投入,没有形成能力积累,当股市价格发生波动时企业对项目的投入就受到了影响。

（3）科研团队长期的研究积累、业内的领先优势和前瞻性设计布局

四川大学高分子学院赵长生团队自1993年开始就一直在做这个研究,已经积累了 20 多年,研究成果在世界上具有领先地位,世界范围内血液透析膜和血液净化膜领域发表的学术文章中,有 10% 左右的论文成果都是赵长生团队发表的,因此从研究的角度,赵长生团队是很强的,并且很早就开始研发工作的前瞻布局,早在 2014 年就开始了设计布局,计划"十三五"期间做出样机,"十四五"期间进行产业化。综合这些因素,赵长生团队在项目申请答辩时的得分是同组所有 30 多个申请项目中最高的,并成功获批项目。

(4) 项目牵头人在产业内具有重要影响力,深悉并引领产业发展

赵长生团队对国内血液净化的产业发展市场非常了解,整个国内的血液净化产业就是赵长生引领组建起来的。

90 年代之前中国没有血液透析器,都是从国外进口。那个时候中国的血液透析只是一个低通量的透析,还没有出现高通量,高通量透析最开始还是赵长生提出来的概念。当时的低通量透析器都是进口的国外产品,价格很贵,普通病人根本负担不起。

赵长生团队自 90 年代开始研究血液透析器,并且和当时国内出现的一些血液透析器组装企业进行合作。目前国内能够自己生产血液透析器的企业只有三家:山东潍高、常州朗生、成都欧赛,赵长生是常州郎生和成都欧赛的发起人,都是重要的股东,所以对这个产业非常熟悉。血液透析的市场需求和未来发展,经常都是赵长生在推动和引领,其他人跟随。正是长期形成的这种合作发展关系,为项目的组队和合作伙伴选择,奠定了坚实的基础,避免了临时拼凑的麻烦。

由于项目牵头人在产业内的重要影响力和引领地位,企业都是主动前来合作,主动给经费,并且不加任何附加条件,有的甚至是先给钱再签合同,主动权完全交给赵长生团队。这也保证了那些入选项目的企业,都会积极配合。

本项目的典型特点是项目牵头人选企业,而不是企业选项目牵头人,项目牵头人在项目执行中具有绝对的威望和影响力。

(5) 科学家的企业工作经历:懂企业,懂市场

赵长生大学本科毕业先在企业工作过。在企业工作过的时候,倒过班,先在生产车间倒了半年班,生产车间几个车间倒班。后来的时候就是原料进厂,进厂的化验,产品出厂的化验,都干过。然后再后面的时候就新厂建立,新厂建立的时候要了解市场,当时四个建厂元老,只有赵长生是做技术的,那他就要了解市场,要有市场意识。然后基建也弄,这一栋大楼基建用多少钢筋、用多少水泥,全部可以预算出来。这样的经历,让赵长生对企业对市场整个都有所了解。

（6）项目的超前规划，前瞻设计，系统布局

国家重点研发计划的申报需要超前规划和前瞻性布局。如果是突然性的新想法，可以去申请国家的自然基金项目，这是比较合适的。但是国家重点研发计划项目不能是突然性的新想法，需要超前规划和提前布局。

本项目中的许多研发内容，早在 2014 年就开始了，而其中的思路和想法甚至更早就有了思考和规划。当前的项目中所做的研发工作，既有前期应用基础研究阶段的（技术成熟度 2/3/4 级），也有后期小试、中试阶段的（技术成熟度 8 级）。

佩戴式人工肾关键技术研发这个项目最开始设计的时候是这样的，一方面量大面广，把这个先国产化，这是一大块，是主要的。另一方面有前沿性的，就是佩戴式人工肾那一块，要做到 5 公斤的，这就是前沿性的，全世界现在都没有。15 公斤的，国际上最有名的公司都做不出来了，现在都停下了，而赵长生团队现在已经是开始在做动物实验了，比国外的还小、还好的。他们的原因实际上就是材料不过关。

赵长生团队目前做的研发工作，既包括了已经很成熟正在产业化（产业化阶段）的东西，也包括了当前国内外正处于技术验证阶段（实验室阶段）的东西，还包括了可能引领未来发展的新思路和新方向（基本原理概念阶段）的东西。这样的超前规划、前瞻设计、系统布局，奠定了赵长生团队在产业内的主导和领军地位，为项目的成功奠定了基础。

有了这样的规划和布局，后续既可以不断申请国家重点研发计划项目的支持，而当拿不到国家支持的时候同样还可以依托企业自身的资源进行投入，从而确保了后续的可持续发展和产业内的国内外竞争力。

如果不是这样做的话，这个项目做完了也就放到那里，如果是产业化的就产业化，没有产业化的往那里一扔就不管了，这样实际上就是浪费。这个思路和想法，在长春应化所与威高的合作项目中也是如此，都奠定了项目成功的重要基础。

（7）医疗器械的产品注册证

医疗器械的产品注册证，申请周期比较长。由于产品注册证是项目验收的考核内容，因此需要结合项目的技术研发进行提前规划，否则项目的执行周期是完成不了的。

医疗器械申请产品注册证的程序是这样的：先中试，完了从这个线上生产出产品拿出来，叫形式检测；形式检测完了之后再报国家局进行临床试验；临床试验完了之后，临床实验结果再报国家局。这样的周期一般都要几年时间。所以如果不是到了中试这种差不多的研发阶段，是不可能拿到产品注册证的。

如果前面概念性的东西要想做，就要根据实际的情况了，如果做得快的话，那到结题的时候能够到了中试，所以本项目当时设计的一部分就是拿证，另一部分就是拿出样机来，再能做几例临床实验，不管结果好坏，就达到目的了，这个项目就算完成了，这个是为再下一步做准备，下一步的话就可以全部把它产业化。这就要求事先把它设计全了、想全了才行。

（8）研发方向的选择与把控：跟跑、并跑与超越领跑

赵长生团队起步研究的时候，有自己的一个大方向，并且始终保持自己的大方向不变。在这个发展过程中，赵长生团队不断向国外的先进经验做法学习，把他们最新的东西结合到自己的总方向中，把别人东西嫁接过来，使自己沿着自己的大方向不断得到发展和提升。如果只是一味地学习国外的新东西，国外出来一个新东西就跟过去，出来另一个新东西又跟过去，这样最终只能是永远跟跑，永远跟不上别人，即使跟上也至多是跟别人并跑而已。

赵长生团队按照自己的做法，在跟跑国外一二十年后，到 2010 年发展到与国外并跑，最近几年超越了国外变成了领跑。

（9）国家政策变化、科学家的企业退股、科学家的科研情怀与科研发展

作为常州朗生、成都欧赛的发起人，赵长生最初是持有两家公司的股票的。2013 年的时候，国家要求学校处级干部都要退掉所持有的企业股票。按照这个政策要求，赵长生以很低的价格退掉了所持有的两家企业的股票。

2016 年李克强总理考察四川大学，提出根据新的科研政策，赵长生可以把退掉的公司股份再要回来。但是赵长生并没有再要回两个公司股份，因为作为企业股东，要操心企业的各种事务，占用时间和精力比较多。赵长生更希望全心做科研。也正是这种科学家的情怀，才有了血液净化领域的国际领先。

而常州郎生的股份被退回后，之后的经营一直亏损，也说明企业的发展需要有技术创新的力量支持和推动，企业与科学家的密切合作，对企业发展具有重要的意义。

（10）项目内部良好的协调管理机制：利益共同体/产学研医全程实时联动体系

项目下设了四个课题：项目负责人赵长生负责一个，大连理工大学负责一个，四川大学华西医院负责一个，中国人民解放军总医院负责一个。大连理工那边是由广东百合医疗科技有限公司进行配套，而广东百合医疗的老总是赵长生的学生,因此协调非常方便,做事很老实。华西医院肾内科的副主任、书记苏北海,是赵长生的博士,负责佩戴式人工肾的临床试验,统筹很简单。

重庆希尔康血液净化器材研发公司是项目中最大的问题,他在没有事先声明的情况下,同时参加了本团队和威高那边的团队,同时竞争申报同一个项目,这样的做法虽然对他公司是有利的,无论哪方成功都会有他参与,但这个做法却是一种不诚信的行为,直接导致与团队其他成员之间产生了隔阂。项目负责人赵长生通过控制经费的方式约束其完成该做的任务。

成都威力生生物科技公司是做透析型人工肾机器的,赵长生现在给他技术,但通过材料来控制公司的相关行为。此外,因为他的机器最终是要卖给医院,医院这块由苏白海来把控,苏白海是医院里的负责人,在这个领域里很有影响力。控制住上游的材料和下游的医院用户,就能很好地把这家企业聚拢过来了。

除此之外,赵长生借用其学术界的影响力,在生物材料学会下面牵头组织了一个二级分会——血液净化材料分会,成员有做材料的,搞企业的,更多的是医院的医生,通过这样的组织形式把科研人员、企业人员、医院医生等都凝聚在一起,形成产学研固定的合力,特别是通过一线医生能够把器械设备推广销售出去。这种长期稳定的协会组织形式,把所有相关人员和单位由原来的合作关系变成了一种利益共同体关系,合作伙伴的身份也变成了内部成员关系,这样就最大限度地消除了信息不对称和信任不足带来的市场成本,同时也规避了无序和恶性竞争。无论对项目执行,还是医疗器械产品产业的发展都是非常有利的。

另外,作为团队的领导者,赵长生做事在前、利益分配在后,这种领导风格也加强了团队的凝聚力和向心力。

5.6 基于专利与标准构建行业平台、引领行业发展规范的成果转化模式——新型节能环保农用发动机开发

5.6.1 项目背景

长期以来我国农机装备技术基础研究不足,整机可靠性和作业效率不高,核心部件和高端产品依赖进口,农业投入品使用粗放,生产机械严重缺

乏,导致农业综合生产成本居高不下;国际知名农机企业凭借技术和资本优势全面进入中国,抢占高端农机市场,我国农业生产和产业安全面临严峻挑战。

当前我国量大面广的农用发动机存在的可靠性差,排放高,发动机噪声、振动大,用户分散,维修不便,维护保养差,智能化低等问题,需要进行全面技术升级。为此需要将发动机排放等级从当前的国三逐步提升,优化燃烧,提高热效率,选择合适的技术路线控制排放,降低发动机油耗。同时,需要有自主开发的关键零部件,以打破国外品牌的垄断,需要进行精益制造研究,保证产品性能的一致性并进行整车验证考核。

本项目分为农用小功率柴油机开发、农用大功率柴油机开发、关键共性技术开发、智能控制与信息管理、关键零部件技术研究五个子课题,意在突破新型节能环保农用柴油机动力性、经济性、排放和降噪等关键技术,建立非道路柴油机新产品开发平台,形成具有完全自主知识产权的核心技术,开发满足非道路国四排放,国五样机、国六潜力的柴油机,缩小与国外一流柴油机差距,支撑现代农业发展、保障粮食和产业安全,同时为中国农机装备"走出去"提供科技支撑。

5.6.2　项目成果转化与技术转移路径

本项目是为了突破我国农用发动机动力性、经济性、排放和降噪等关键技术,建立非道路柴油机新产品开发平台,形成具有完全自主知识产权的核心技术。项目设立了 5 个课题,课题 1"农用小功率发动机开发"和课题 2"农用大功率发动机开发"是主课题,其余三个课题为支撑课题,其研发成果按计划逐步集成入两个主课题。如图 5-19 所示。

课题 1"农用小功率柴油机开发",任务是开发覆盖 37-56kW 功率段的适合农机使用的小功率柴油机平台,达到国四、国五排放要求,具备国六升级潜力。安徽全柴动力股份有限公司负责根据市场需求进行产品正向开发,结合天津内燃机研究所整机和零部件单项技术研究的经验和能力为产品开发提供技术支持。在安徽全柴动力股份有限公司主导下完成发动机开发后,天津内燃机研究所、南昌工学院全程提供技术支持,样机装配完成并经过试验验证后,由安徽全柴动力股份有限公司进行精益制造和生产。

课题 2"农用大功率柴油机开发",任务是开发覆盖 100-180kW 功率段的适合农机使用的大功率柴油机平台,达到国四量产,国五样机,具有国六潜力。由天津雷沃动力有限公司联合济南汽车检测中心、雷沃重工股份有限公

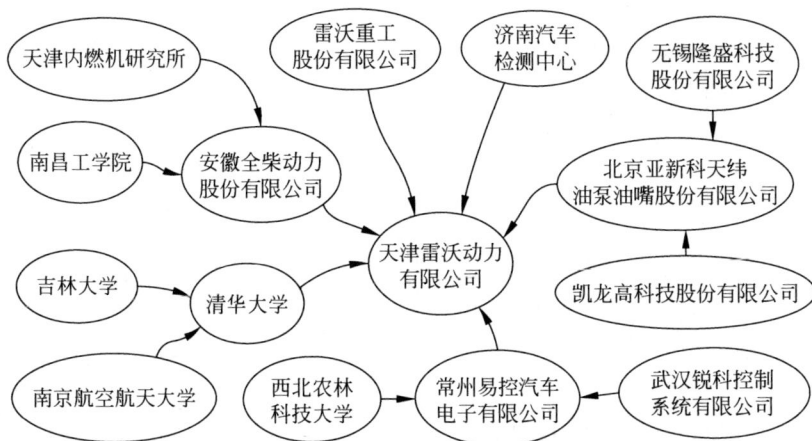

图 5-19　新型节能环保农用发动机开发项目成果转化与技术转移路径

司共同承担。

课题 3"关键共性技术开发",任务是研究制约我国农用发动机技术升级的关键共性技术,提升我国农用发动机开发整体技术水平由清华大学、吉林大学、南京航空航天大学共同承担。

课题 4"智能控制与信息管理",任务是开发支持非道路国四到国六排放标准及智能控制要求的 ECU 软件/硬件平台及产品;开发集动力输出智能化控制、发动机安全管理、远程状态监控及故障诊断于一体的智能管理系统。由常州易控汽车电子有限公司、西北农林科技大学、武汉锐科控制系统有限公司共同承担。

课题 5"关键零部件技术研究"。任务是为自主开发满足国四、国五,国六标准要求的关键零部件,具体目标为自主开发高压共轨燃油系统,SCR、DPF、DOC 等高效后处理器,智能节气门、智能 EGR 阀等先进空气系统零部件。由北京亚新科天纬油泵油嘴股份有限公司、凯龙高科技股份有限公司、无锡隆盛科技股份有限公司共同承担。

5.6.3　项目成果转化模式:基于专利与标准构建行业平台、引领行业发展规范的成果转化

如图 5-20 所示,柴油发动机作为农业机械装备的核心零部件,不同发展阶段国家都有相应的非道路柴油移动机械排放标准,这些排放标准对应着不同的技术路线、技术特点和技术平台,本项目的研发目标就是要建立非道路

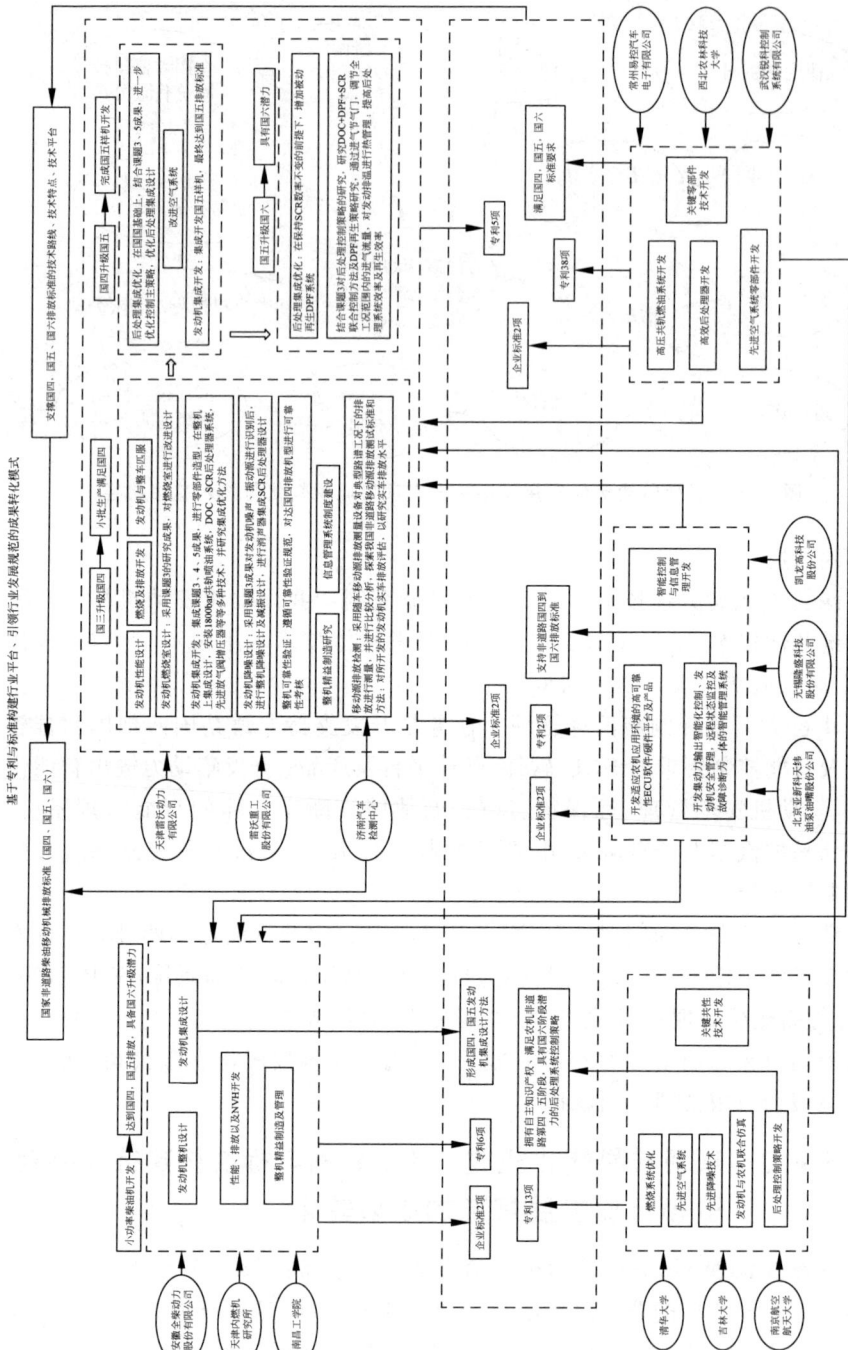

图 5-20 新型节能环保农用发动机开发项目成果转化模式

柴油机新产品开发平台,形成具有完全自主知识产权的核心技术,开发满足非道路国四排放,国五样机、国六潜力的柴油机,缩小与国外一流柴油机差距,支撑现代农业发展、保障粮食和产业安全,同时为中国农机装备"走出去"提供科技支撑。

要实现智能农机首先零部件要智能,在零部件里发动机又是智能农机的一个重要组成部分。项目的任务目标是突破新型节能环保农机发动机的动力性、经济性、排放、降噪的关键指标,开发具有智能控制、远程数据传播、故障自动诊断的发动机,建立一个对全国具有示范作用的非道路柴油机开发平台,为国家将来实现农机互联网做一个基础平台。任务的重点内容是如何建立具有自主知识产权的非道路国4排放的全国性示范平台。

由于在立项申报的时候,天津雷沃团队与一拖/潍柴团队(一拖:中国一拖集团有限公司,潍柴:潍柴动力股份有限公司)实力非常接近,科技部看到这两个项目单位在技术路线上是不同的,解决的方案不一样,所以就把智能农机发动机项目进行了拆分,由两个项目团队分别来承担,让这两个单位都去做,等到中期的时候再去评审,看看哪个单位能够做得更好一点,然后再往后边进一步实施。两个项目组技术路线不一样,做的目标都是要实现智能农机的国4、国5排放法规、智能化、减排降噪,都是这样的目标,但是采用的手段有些差别。

本项目的考核,主要是依据已经发布的《GB/T 20891—2014 非道路移动机械用柴油机排气污染物排放限值及测量方法(中国第三、四阶段)》《GB/T 21404—2008 内燃机发动机功率的确定和测量方法一般要求》《GB/T 21405—2008 往复式内燃机发动机功率的确定和测量方法排气污染物排放试验的附加要求》《GB 28239—2012 非道路用柴油机燃料消耗率和机油消耗率限值及试验方法》《GB/T 14097—2018 往复式内燃机噪声限值》《GB/T 1147.2—2017 中小功率内燃机第 2 部分:试验方法》等国家标准对零部件和样机进行指标测评,同时申请 64 项发明及实用新型专利和 8 项企业标准。

为了能够引领智能农机发动机的行业发展,使自己团队的技术路线、技术特点、技术平台在国家非道路柴油移动机械排放标准中发挥主导作用,项目把承担国家非道路排放法规的起草单位济南汽车检测中心吸纳进了项目团队,从始至终参与智能农机发动机的研发工作,从而对国家制订非道路排放法规施加重要的影响以保证本项目团队的引领和主导优势。

5.6.4 项目的超螺旋分析

如图 5-21 所示,本项目参与单位 15 家,由天津雷沃动力有限公司牵头,项目参与单位包括了 8 家企业、5 家高校、1 家科研院所和 1 家检测机构。

(1) 超螺旋骨架链

产业链

企业(8 家):天津雷沃动力有限公司、雷沃重工股份有限公司、安徽全柴动力股份有限公司、常州易控汽车电子有限公司、北京亚新科天纬油泵油嘴股份有限公司、凯龙高科技股份有限公司、无锡隆盛科技股份有限公司、武汉锐科控制系统有限公司。

珀金斯雷沃动力(天津)有限公司(简称:雷沃动力),是一家集发动机研发、制造、销售为一体的先进技术型企业。雷沃动力公司是在原中英合资珀金斯动力(天津)有限公司的基础上,为适应动力产品国际化趋势要求,建立自主品牌,引入新的战略合作伙伴,扩大资产规模,提升生产能力,升级产品技术后建立的现代化企业。在消化和吸收原英国珀金斯技术的基础上,针对全球动力领域的需要,公司与世界顶级技术咨询公司及国内著名科研院所合作,设计开发了具有欧洲血统和现代领先技术、排放标准达到欧Ⅲ乃至欧Ⅴ、满足国内外市场要求的经典动力。公司拥有从英、美、德、法等国家购入的七条现代化生产线,具有年产 6 万台发动机的生产能力。

安徽全柴动力股份有限公司是国内专业的发动机研发与制造企业,1998年在上交所成功上市,拥有天和机械、欧波管业、锦天机械、中能元隽等多家全资或控股子公司。具有年产 60 万台多缸柴油发动机和 5 万吨塑料管材的能力。

常州易控是原来清华大学欧阳明高团队分出来的,成立于 2005 年,是国内电控技术领域最大的企业。公司致力于满足行业通用标准的电控硬件平台和模块化底层软件平台的开发,致力于动力系统控制软件的开发,致力于动力系统电控关键零部件的开发,并以此为基础,为客户提供定制化的开放的电控平台,支持客户以电控平台为基础完成整套动力系统的集成工作。

北京亚新科天纬油泵油嘴股份有限公司(简称亚新科天纬)是北京汽车工业控股有限责任公司与美国亚新科工业技术公司(ASIMCO)共同设立的,属外商投资企业,是美国亚新科工业技术公司中国汽车零部件集团成员之一和中国大型燃油喷射系统制造厂商之一。亚新科天纬产品属汽车零部件高精密产品,全部采用国际标准制造,适用于汽车、工程机械、农用机械等。为

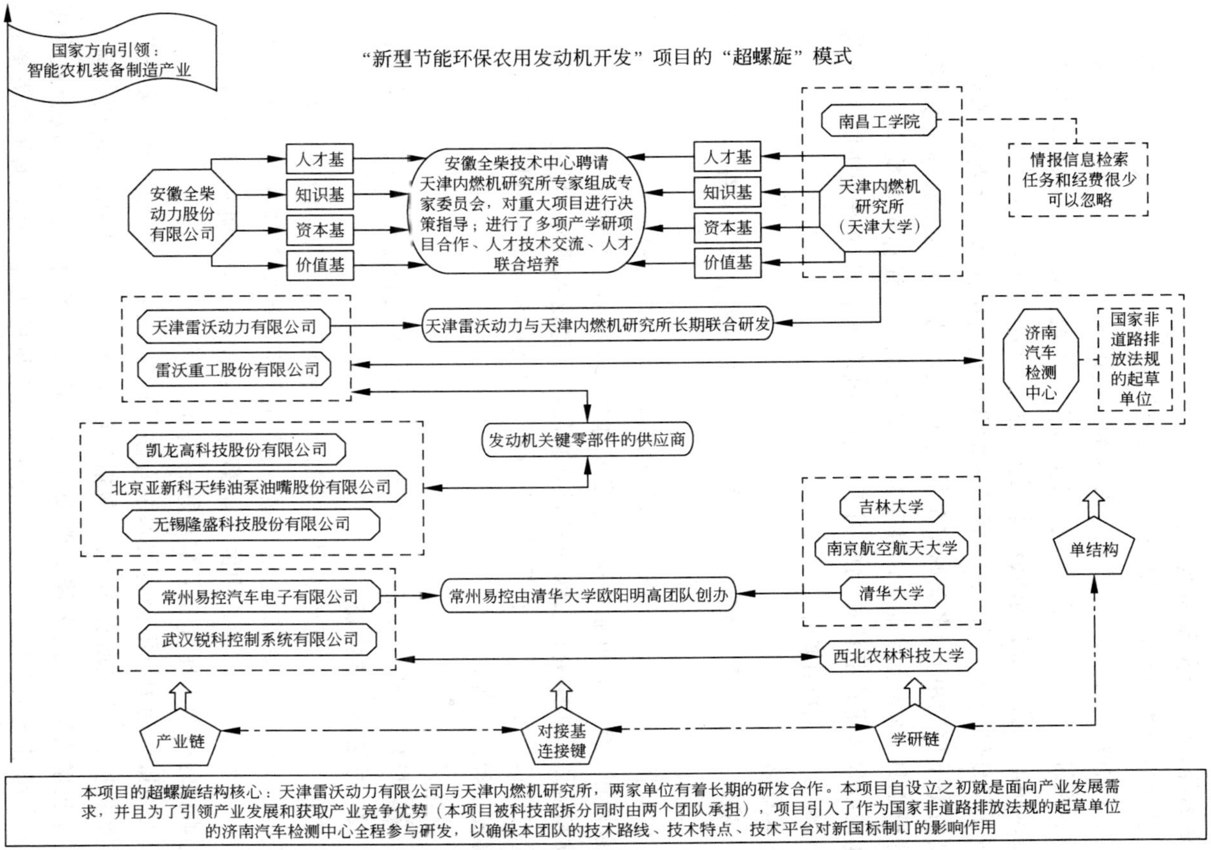

图 5-21 新型节能环保农用发动机开发项目超螺旋模式

本项目的超螺旋度结构核心：天津雷沃动力有限公司与天津内燃机研究所，两家单位有着长期的研发合作。本项目自设立之初就是面向产业发展需求，并且为了引领产业发展和获取产业竞争优势（本项目自科技部分同时由两个团队承担），项目引入了作为国家非道路排放法规的起草单位的济南汽车检测中心全程参与评定，以确保本团队的技术路线、技术特点、技术平台对新国标制订的影响作用一汽大柴、锡柴、东风康明斯、朝柴以及玉柴、云内、天津雷沃动力、潍柴道依茨、潍柴华丰、福田环保动力等 50 多家柴油机厂配套,并远销美国、欧洲、亚洲、非洲等 20 多个国家和地区。

武汉锐科控制系统有限公司是一家从事汽车电子产品及工业控制系统开发的民营高科技企业。其发起人为留学回国人员、汽车电子资深专家及工业控制系统开发资深工程师。公司坐落于武汉经济技术开发区,毗邻东风集团技术中心。公司依托东风汽车集团,立足于自主开发,与国内主要汽车公司建立了良好的合作关系。公司研发的柴油机高压共轨电子控制单元、LNG发动机电子控制单元、多能源整车控制单元、电动汽车电池管理系统、汽车总线分析工具、高端售后服务诊断工具、汽车装配线下线标定及检测系统、高端汽车总线仪表等产品已成功应用于包括东风汽车集团、重汽集团在内的许多客户,部分产品远销海外。

学研链

高校(5 家):清华大学、吉林大学、西北农林科技大学、南京航空航天大学、南昌工学院。

科研院所(1 家):天津内燃机研究所。天津内燃机研究所创建于 1958 年,系天津大学直属事业单位。主要从事整车、发动机及相关零部件的设计、开发和应用技术研究;二四冲程润滑油及其评定技术研究;摩托车质量监督检验与认证;整车、发动机及其零部件检测设备的研发制造,以及企业检测设施集成工程设计等。

单结构

检测机构(1 家):济南汽车检测中心,国家非道路排放法规的起草单位。

(2)对接基与连接键

本项目所选择的高校成员与项目牵头企业天津雷沃动力过去都有过成功的合作经验;所选择的企业成员,特别是负责关键零部件的企业,都是项目牵头企业的供应商。项目中的企业都与学研单位有着长期密切深度合作,这些为项目的协调管理打下了非常好的基础。

天津雷沃动力有限公司技术中心注重产学研的合作,与国内外多个著名的咨询机构、科研院所合作,其中包括奥地利 AVL 咨询机构、西南研究院、中国汽车技术研究中心、天津大学及河北工业大学等外部机构。以企业为主体,充分利用"借脑",使产品推陈出新适应市场的需求,大大缩短研发周期,及时占领市场。

常州易控是原来清华大学欧阳明高团队分出来的,成立于 2005 年,是国内电控技术领域最大的企业。

安徽全柴动力股份有限公司拥有国家企业技术中心及国内先进的产品实验室,建有国家博士后科研工作站、安徽省院士工作站。聘请了天津内燃机研究所、合肥工业大学、江苏大学及国内外行业有关专家组成专家委员会,对重大项目进行决策指导。全柴从80年代起,先后与天津内燃机研究所、合肥工业大学、江苏大学、重庆汽车研究所等进行了多项产学研的项目合作,通过多元的人才引进与培养,使企业产品研发水平和研发实力持续提升。

5.6.5　经验总结与启示

(1) 引入国家法规起草单位:构建行业平台,确保行业引领和主导地位

柴油发动机作为农业机械装备的核心零部件,不同发展阶段国家都有相应的非道路柴油移动机械排放标准,这些排放标准对应着不同的技术路线、技术特点和技术平台,本项目的研发目标就是要建立一个给全国行业具有示范作用的非道路柴油机新产品开发平台,同时也为国家将来实现农机互联网做一个基础平台。

由于在立项申报的时候,天津雷沃团队与另一个申报团队(一拖/潍柴团队)实力非常接近,科技部看到这两个项目单位在技术路线和解决方案上不一样,就把智能农机发动机项目进行了拆分,由两个项目团队分别来承担,让这两个单位都去做,等到中期的时候再去评审,看看哪个单位能够做得更好一些,然后再根据情况继续推进。两个项目组目标都是要实现智能农机的国4、国5排放法规、智能化、减排降噪,但是技术路线不一样,采用的手段有些差别。

为了能够引领智能农机发动机的行业发展,使自己团队的技术路线、技术特点、技术平台在国家非道路柴油移动机械排放标准中发挥主导作用,雷沃团队把承担国家非道路排放法规的起草单位济南汽车检测中心也吸纳进了项目团队,从始至终参与到了智能农机发动机的研发工作之中,以保证本项目团队的引领和主导优势。

(2) 团队合作成员单位的选择:实力优先,优势互补

项目团队成员都是全国优秀的非道路自主科研机构和企业。项目团队成员单位的选择原则和标准是:(1)强强联合。在各业务领域选择合作单位时,选择各相关业务领域前10名之内的单位列入公司考察与选择对象;(2)多家竞选,优中选优。在各业务领域选择合作单位时,采取多家竞选,至少有三家参加竞选,选择优势资源;(3)战略联盟。被选择企业自动进入战略联盟清单,共享利益,长期联合和合作协议,开展业务交流,分享行业动态。

在项目团队成员中,雷沃重工是中国最大的、产品系列最全的农业装备制造龙头企业,是目前国内唯一一家可以提供农业全程机械化的企业。安徽全柴动力股份有限公司是国内专业的发动机研发与制造企业,具有年产60万台柴油发动机的能力,在小发动机那块做得比较好。天津内燃机研究所是国内领先的独立中小发动机设计研究机构,隶属于天津大学。国家每个排放法规在行业中都有一个起草单位,济南检测中心是国家非道路排放法规的起草单位。

在发动机的关键零部件里,燃油系统、后处理、信息系统都牵涉到排放法规的开发、噪声、震动、油耗等方面,所选择的合作单位都是在国内这个零部件方向规模最大的企业,同时它们也都是牵头企业天津雷沃动力的供应商:亚斯科天纬是国内领先的共轨燃油系统企业;凯龙高科技股份有限公司是SCR后处理标委会组长单位;无锡隆盛科技股份有限公司是国内自主EGR系统最大的企业;常州易控汽车电子有限公司是国内领先的柴油机电控平台,做了十多年,是国内自主做ECU行业里面最大的企业,行业口碑比较好。

(3)企业参与项目转化:标准制订

本项目的牵头单位是企业,企业承担的项目成果往往会直接进行转化,这与高校的情况不太一样。企业在成果转化中要制订和形成一些标准,一方面是因为国家重点研发计划项目申报书的要求;另一方面,企业里做这种项目,不单是要达到国家科技部的要求,还有企业自己有一些内控的科研标准、工艺标准、质量标准。

(4)成果转化资金:企业自有经费投入

成果转化所需的资金,除了项目申报时国家支持的中央财政经费,更多的是企业自有经费的配套投入。一方面这是国家科技部对国家重点研发计划项目的基本要求,但实际上企业做起来往往会远远超过这个标准。另一方面,项目申报的时候会按照申报要求列出相应数额的配套经费,但实际上企业做一个产品开发的投入往往不仅仅只有申报书上所体现的这些,超出部分的投入也是需要依靠企业自己。

(5)项目设立之初与市场的紧密对接

这个项目本身来源于市场,如果满足不了国家排放法规,这个产品就不可能实现市场销售,因此这个项目不存在成果与市场需求对接困难的问题,这个项目就是为了市场实际需求而设立的。

（6）项目成员单位的协调管理依托成功的合作经历和供应关系

本项目的成员单位比较多,协调管理是保障研发任务顺利完成的重要工作。而项目成员单位的协调管理正是依托于他们以往成功的合作经历和供应关系。项目确立下来后该谁做什么、为什么要做、应该达到什么样的指标,包括各个子项目的承担单位分别完成的这些子项目需要达到什么样的指标才能促成整个项目的顺利推进,达到管理目标的要求,当时都做了明确和详细的分析。成员单位基于之前的合作经历和供应关系,已经建立起了比较好的信任机制和比较顺畅的沟通机制以及相应的工作流程。

第 6 章

国家重点研发计划成果转化与技术转移管理工作建议

6.1 基于"超螺旋模型"的国家重点研发计划项目团队发展状态分析

6.1.1 国家重点研发计划项目团队的"超螺旋"发展阶段状态

根据"超螺旋模型",由企业组成的产业链与由高校和科研院所组成的学研链之间通过人才、资本、知识和价值进行对接。其中,价值创造和利益分配是与人才、资本、知识三个方面的对接合作相伴生的,只要有前面三个方面的合作,必然会涉及价值方面的对接,而价值对接也是所有合作的存在基础,因此价值与人才、资本、知识之间的影响是强作用关系。

知识方面的合作可以是单一的合作(如专利许可、转让),不必同时有人才或资本方面的合作,因此知识对人才、资本的影响是弱作用关系。由于人才、资本方面的合作必然伴随知识方面的合作,因此人才、资本对知识的影响是强作用关系。人才方面的合作虽然不必一定伴随资本方面的合作,但通常会伴随有资本方面的合作,因此人才对资本的影响是较强作用关系。资本方面的合作不一定伴随有人才方面的合作,因此资本对人才的影响是弱作用关系。具体如图 6-1 所示。

基于以上分析,国家重点研发计划项目的承担团队,其团队合作状况可以分为四个发展阶段的状态。具体如图 6-2 所示。

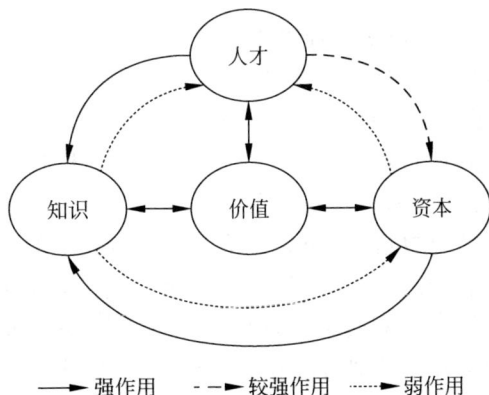

——→ 强作用　- -→ 较强作用　······→ 弱作用

图 6-1　国家重点研发计划项目团队中人才、资本、知识、价值之间的作用关系

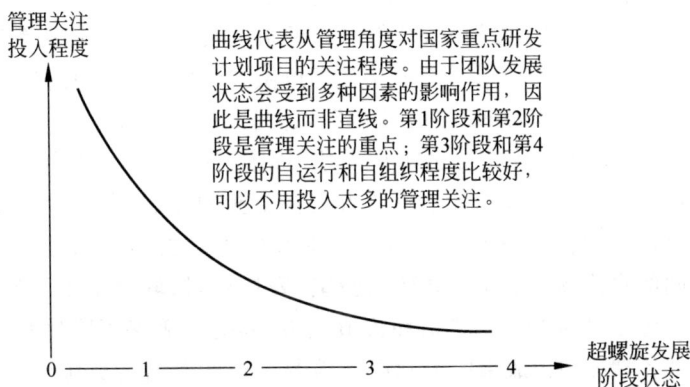

曲线代表从管理角度对国家重点研发计划项目的关注程度。由于团队发展状态会受到多种因素的影响作用，因此是曲线而非直线。第1阶段和第2阶段是管理关注的重点；第3阶段和第4阶段的自运行和自组织程度比较好，可以不用投入太多的管理关注。

图 6-2　国家重点研发计划项目团队的"超螺旋"发展阶段状态与管理投入关系

第一阶段是萌芽阶段（"0-1 阶段"），意指从虚无到萌芽。处于这个阶段的团队，其成员之间此前没有过任何联系与合作，属于初次合作。成员之间由于没有信任与磨合基础，因而需要消耗较长的时间和精力去磨合队伍，沟通协调，建立互信以及各种必要的运行机制。这个阶段存在较多的不稳定性、不确定性，存在一定的合作风险。从管理的角度出发，本阶段需要给予比较多的管理关注。

第二阶段是成长阶段（"1-2 阶段"），意指从萌芽到生长。处于这个阶段的团队，其成员之间此前有过简单的接触、联系、合作等，彼此之间有一定的了解但不深入。从高校和科研院所到企业的一次性的专利技术转让和许可合作属于这个阶段，双方之间只存在对专利技术进行的商品化买卖交易关系。这个阶段仍然存在一定的不稳定性和不确定性，虽然有了一定的信任基础，但对深入合作仍然需要进行队伍磨合和运行机制建设。从管理的角度出发,本阶段同样需要给予较多管理关注。

第三阶段和第四阶段是成熟期,但又有所区别。第三阶段属于成熟期的一期,第四阶段属于成熟期的二期。

第三阶段是成熟期一期("2-3 阶段"),意指从生长到成熟。处于这个阶段的团队,其成员之间此前有过长期的深入合作,建立了良好的信任基础和运行机制。常见的情况包括:彼此之间有过或有着长期的技术难题攻关类的委托项目合作(利用受托方自己的资源完成委托研究,项目经费计入研发酬劳),彼此之间有过针对专利技术的许可转让并且围绕许可转让的技术又有后续深入的技术服务和延续研发合作(项目成果有长期分批的经济回报:一次性商品化交易+长期科研经费补偿),彼此之间围绕某项技术成果有过或有着技术作价入股联合创办新企业的合作,等等。这个阶段的不稳定性和不确定性已经很少,信任基础比较深厚,合作运行机制比较顺畅高效。从管理的角度出发,本阶段不需要给予太多的管理关注即可做到自行运行和自组织发展。

第四阶段是成熟期二期("3-4 阶段"),这是超螺旋模型的最优发展状态。处于这个阶段的团队,其成员之间在人才、资本、知识、价值四个方面有着全方位的深度融合合作:核心骨干科研人员在企业的兼职,研究生与博士后的联合培养,毕业生就业与校友关系,这些都确保了隐性知识和显性知识在合作成员之间的自由流动;联合共建实验室、委托项目、联合申报科研项目,为人才提供资源条件进行知识创造和价值创造,同时也确保了隐性知识和显性知识的顺畅传递;知识成果的流动必然涉及价值和利益的分配,工作兼职薪酬与技术作价入股的股权收益等也确保了合作的核心基础。这四个方面的紧密交叉、深度融合,使得合作各方能够互利共赢、共生共存,利益共同、命运共同。团队合作发展到这个阶段,已经基本不存在不稳定性和不确定性,信任基础深厚,合作运行机制顺畅高效。从管理的角度出发,本阶段几乎可以不用给予多少管理关注即可实现自行良好运行和自组织高效发展。

6.1.2 调研案例项目团队的"超螺旋"发展阶段状态分布

从 2019 年 6 月至 2020 年 5 月,我们先后对 11 个国家重点研发计划的重点专项项目进行了调研,调研的方式包括对项目任务书等相关文件资料的查阅分析、对每个重点专项的项目负责人和主要团队成员进行的问卷调查和面对面的实地访谈等。

基于超螺旋模型分析,本研究调研的国家重点研发计划项目,其承担团队分别处于不同的发展阶段状态。如图 6-3 所示,处于第一阶段的项目团队

超螺旋发展阶段状态

经济效益 ←→ 社会公益

"海洋石油天然气开采事故防控"（中海石油公司）（投入3390万元、回报3亿元、潜在1000亿元）

"医用高分子原材料"（中科院长春应化所、威高集团）（投入1765万元、回报80亿元）

"血液净化材料及佩戴式人工胃"（四川大学、成都欧赛）（投入1803万元、回报10亿元）

"节能环保农用发动机"（天津沃动力）（投入3500万元、回报100亿元左右）

"棉花化肥农药减施"（农科院植保所）（投入6600万元、回报24亿元）

"优质果蔬智能化分级"（中科院微电子所、江西绿盟）（投入957万元、回报8.2亿元）

"智能化精准施肥及肥料深施"（北京农业智能装备技术研究中心）（投入6400万元、回报——社会公益）

"平方公里阵列射电望远镜"（清华大学）（投入968.58万元、回报——工程样机）

"多元智能化诉讼服务及审判执行"（最高人民法院信息技术服务中心）（投入3420万元、回报——社会公益）

"双光子受激发射损耗复合显微镜"（中科院苏州医工所、吉林亚泰）（投入1622万元、回报3685万元）

"长航程水下滑翔机"（天津大学）（投入2300万元、回报——工程样机）

0 1 2 3 4

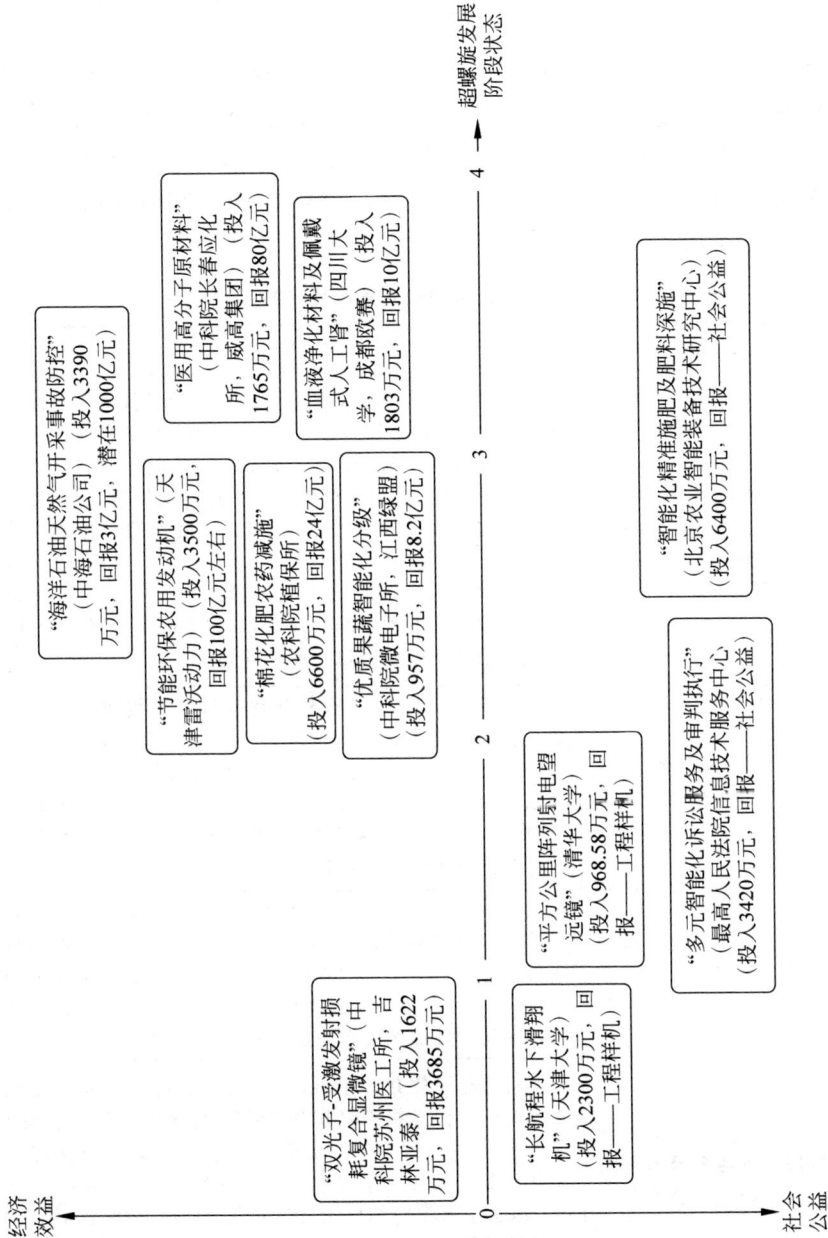

图 6-3 国家重点研发计划项目的"超螺旋"发展阶段状态分布

有 2 个("双光子-受激发射损耗复合显微镜""某海洋装备研制与海试应用"),处于第二阶段的项目团队有 2 个("平方公里阵列射电望远镜技术与设备""多元智能化诉讼服务及审判执行关键技术"),处于第三阶段的项目团队有 6 个("优质果蔬智能化品质分级技术装备""新型血液净化材料及佩戴式人工肾""棉花化肥农药减施技术集成与示范""智能化精准施肥及肥料深施技术及其装备""新型节能环保农用发动机""海洋石油天然气开采事故防控技术及工程示范"),处于第四阶段的项目团队有 1 个("医用高分子原材料的研发和产业化")。具体情况见表 6-1。

表 6-1　调研项目的发展阶段状态

阶段	项目名称	团队特点
第一阶段	"双光子-受激发射损耗复合显微镜"	本项目申报的核心单位是苏州国科医疗科技发展有限公司,是中国科学院苏州生物医学工程技术研究所的下属全资公司,两家单位是两块牌子一套人马。项目负责人在组建团队时,采用了行业内实力最优的原则,根据项目需要首先去找寻那些在行业内实力最强的单位商谈合作,如果商谈成功就纳入团队,如果商谈不成功,就去找寻行业内实力次强的单位,以此类推。项目牵头企业的选择受领导的干预影响比较大,双方之前没有任何合作,因此在项目实施中出现了不少问题。
第一阶段	"某海洋装备研制与海试应用"	项目由天津大学牵头,合作伙伴的选择是按照国内技术实力优先和行业影响力优先的原则进行商谈,之前没有合作基础;项目通过各种渠道把潜在的用户吸纳进来,这些用户单位都在海洋领域有着非常大的影响力;采取了经费让步的方式妥协组建;全程采用军方质量体系要求进行规范化管理和质量控制。
第二阶段	"平方公里阵列射电望远镜技术与设备"	本项目属于政府间国际科技创新合作项目,经济效益并不是第一位,国际话语权是主要考量指标;北京新雷能科技股份有限公司是国内规模最大的民营航空航天电源企业,在本项目中为清华大学提供电源设备;项目中的其他设备都是向其他相关企业进行零部件采购。
第二阶段	"多元智能化诉讼服务及审判执行关键技术"	本项目参与单位共 6 家,由作为政府主管业务部门的最高人民法院信息技术服务中心牵头,包含了南京大学和 4 家企业。(由于最高法院信息中心是政府部门,无法与企业有过多的深入合作与经济利益往来,因此归入第二阶段;但由于有政府的作用力附着在项目上,因此也保证了项目的顺畅和成功)

续表

阶段	项目名称	团队特点
第三阶段	"优质果蔬智能化品质分级技术装备"	中国科学院微电子所李功燕团队与江西绿盟有着长期的技术攻关委托合作,有长期的经费合作;双方围绕技术成果通过技术作价入股的方式进行了联合新创企业;李功燕作为首席科学家在企业兼职(兼任董事长);联合博士生培养。
第三阶段	"新型血液净化材料及佩戴式人工肾"	成都欧赛是四川大学赵长生团队牵头发起,双方共建了联合研发中心,首席科学家在企业持股(受国家政策影响已经退股,否则可以归入第四阶段;李克强总理明确建议赵长生要回股份,但尚未落实);首席科学家引领产业发展;首席科学家通过校友师生关系影响用户市场和关键生产环节。
第三阶段	"棉花化肥农药减施技术集成与示范"	农科院植保所在全国行业内处于龙头单位,跟全国所有相关的科研单位、高校有很好的合作基础,跟公司有很好的合作基础,跟全国农技中心为首的全国推广系统,各个省的农业局、农业农村厅,跟各个省的植保站、土肥站都有很好的一个合作系统。基于全国各单位对农科院植保所的认可,他们都放弃了自己独立组团申报,而是加入农科院植保所的项目团队,组成了42家全国优势单位的一个强大队伍,由植保所居中协调,分8个课题组共同完成项目任务。(这个团队过于庞大,各种影响因素也比较多,因此归入了第三阶段)
第三阶段	"智能化精准施肥及肥料深施技术及其装备"	本项目共有34家单位参加,由北京农业智能装备技术研究中心牵头负责。八个研究课题包含一部分共性关键技术,同时根据不同区域具体研究对象的不同,每个研究课题保持相对的独立性。
第三阶段	"新型节能环保农用发动机"	本项目参与单位15家,由天津雷沃动力有限公司牵头;本项目所选择的高校成员,与项目牵头单位(天津雷沃动力)过去都有过成功的合作经验;所选择的企业成员,特别是负责关键零部件的企业,都是项目牵头企业的供应商。这些都为项目的协调管理打下了非常好的基础。(因调研时没有了解到更详细的信息,因此归入第三阶段)

续表

阶段	项目名称	团 队 特 点
第三阶段	**"海洋石油天然气开采事故防控技术及工程示范"**	本项目由中海石油（中国）有限公司牵头，成员中的多数企业同属于中海油集团公司的下属企业；河北华北荣盛是中海油采办系统认证的库内供应商；中国安全生产科学研究院是应急管理部直属单位；北京和华东的石油大学这几年一直在跟牵头单位开展关于深水方面的合作研究（本项目中企业处于绝对的主导地位，与高校和科研院所的合作情况信息不详细，因此归入第三阶段）。
第四阶段	**"医用高分子原材料的研发和产业化"**	中国科学院长春应化所与威高集团有着长期的密切合作；核心骨干科研人员在企业兼任总工程师/副总工程师；博士生与博士后联合培养，博士毕业生到威高就业工作；联合共建研发中心/国家工程实验室；联合申报国家科技项目并获国家奖。双方共同成长，利益深度融合。

6.2 基于"超螺旋模型"的国家重点研发计划项目实施效果分析与管理启示

6.2.1 基于"超螺旋模型"的国家重点研发计划项目实施效果分析

国家重点研发计划面向世界科技前沿、面向经济主战场、面向国家重大需求、面向人民生命健康，重点资助事关国计民生的农业、能源资源、生态环境、健康等领域中需要长期演进的重大社会公益性研究，事关产业核心竞争力、整体自主创新能力和国家安全的战略性、基础性、前瞻性重大科学问题、重大共性关键技术和产品研发，以及重大国际科技合作等，加强跨部门、跨行业、跨区域研发布局和协同创新，为国民经济和社会发展主要领域提供持续性的支撑和引领。

国家重点研发计划项目的实施有三重效果，如图 6-4 所示。

实施效果一：完成研发任务，实现研发目标。这是科学技术层面的效果，是国家重点研发计划的首要任务、核心任务。

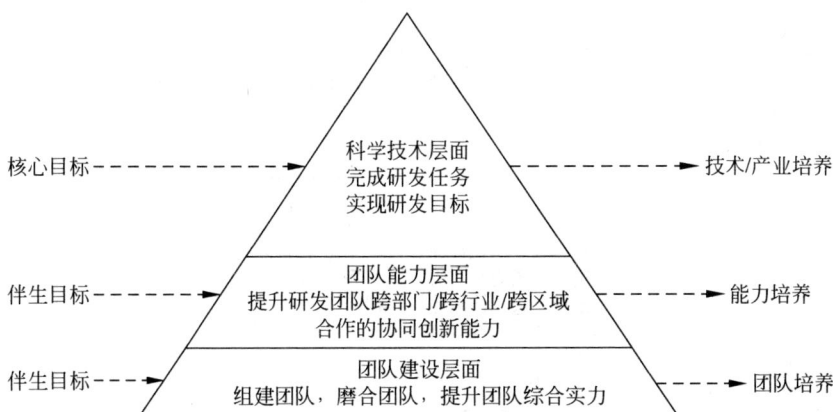

图 6-4　国家重点研发计划项目实施效果

实施效果二：提升研发团队能力。这是团队能力层面的效果，是效果一的伴生效果。研发团队之前有过合作经历和合作基础，通过国家重点研发计划项目，进一步提升研发团队跨部门、跨行业、跨区域合作的协同创新能力。经过这样的能力提升，这些研发团队在完成国家重点研发计划项目之后，能够自主自发地继续在国家科技创新和产业创新中发挥重要作用。

实施效果三：组建研发团队，磨合研发队伍，提升团队综合实力，提升团队技术能力。这是团队建设层面的效果。一些国家重点研发计划项目，其承担任务的参与单位，之前没有任何合作经历，属于被国家重点研发计划推动的首次合作。为了完成研发任务，这些项目团队要经历三个发展阶段：首先是选择团队成员，组建研发队伍；然后是进行队伍磨合，形成协同创新的合力；最后是通过完成研发任务提升团队能力。

6.2.2　基于"超螺旋模型"的国家重点研发计划项目管理启示

国家重点研发计划项目团队的"超螺旋"发展阶段状态与国家重点研发计划项目的实施效果紧密对应，对协同创新效果、成果转化和技术转移效率具有重要的影响作用。如图 6-5、图 6-6 所示。

第四阶段（"3-4 阶段"）是"超螺旋"发展状态的完美成熟阶段，是全方位的深度合作，是最优发展状态，能够很好地发挥"1+1>2"协同创新效果，效率最优。调研案例中只有中国科学院长春应化所与威高集团的合作达到了这种状态。这种状态的自组织和自运行发展程度很高，在管理上可以不用投入太多精力即能保证国家重点研发计划项目的实施效果。

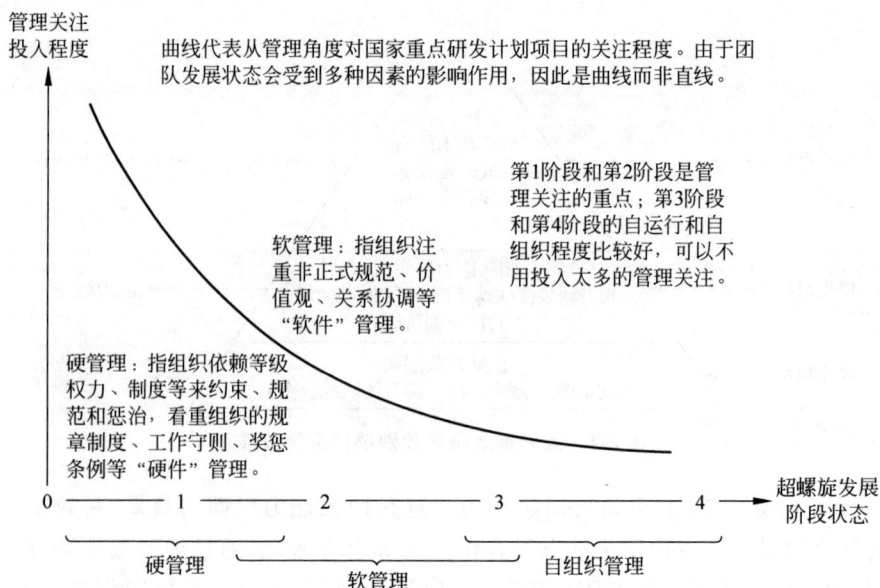

图 6-5　国家重点研发计划项目的分层次管理

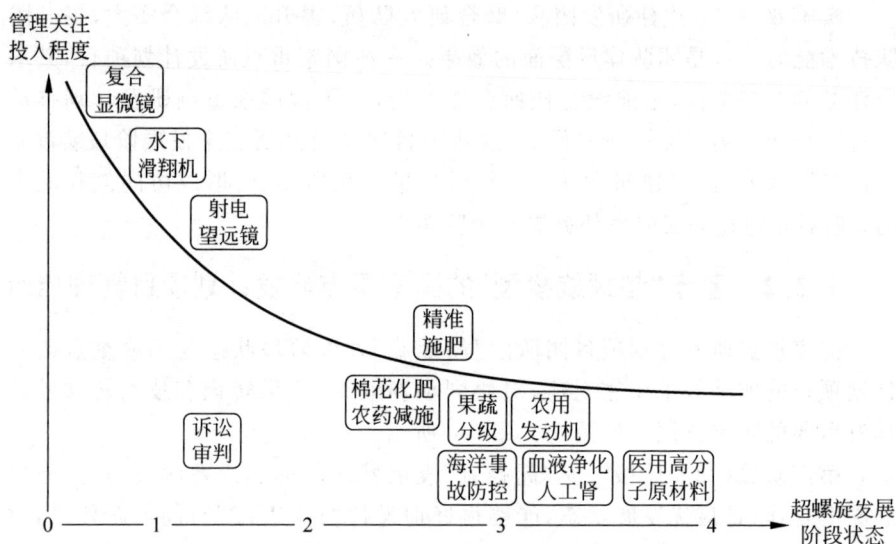

图 6-6　部分调研的国家重点研发计划项目的管理层次分布

第三阶段("2-3阶段")是"超螺旋"发展状态的基本成熟阶段,许多项目都是处于这个阶段,都有着长期的深度合作,能够发挥"1＋1＞2"的协同创新效果,效率较优,为项目的成功提供重要的支撑。这种状态的自组织和自运行发展程度比较高,在管理上可以不用投入太多精力即能保证国家重点研发计划项目的实施效果。

第二阶段("1-2阶段")是"超螺旋"发展状态的生长阶段,彼此之间有过合作,但不多,也不深入。最高法的项目和SKA国际合作项目都是处于这个阶段,但由于这个阶段除了两条螺旋链之间的相互作用之外,政府的主导和引领作用比较大,影响力度超出了在其他项目中的作用,有了政府这股力量的加持,同样能很好地支撑项目的顺利执行。这种状态的国家重点研发计划需要进行区分管理。有些项目因为有外力作用(如政府部门、国际组织、军事部门等)的存在,虽然前期缺少必要的合作基础但同样能比较好地保证实施效果;而有些项目则没有外力作用,团队成员的合作基础并不牢靠,因此需要在管理上投入较多精力给予较多关注才能保证实施效果。

第一阶段("0-1阶段")是"超螺旋"发展状态的萌芽阶段,"超螺旋"的双链之间还没有任何的接触,彼此之间的协调、沟通、信任等都不存在,需要花费大量的时间精力去摸索、磨合。中国科学院苏州医工所和吉林亚泰的显微镜项目就属于这种情况,期间出现了各种各样的问题。天津大学的长航程水下滑翔机项目也是如此,但由于天津大学在团队磨合期间姿态放得很低,合作单位都属于国家强势单位,沟通、谈判、妥协等方式的灵活运用,还是解决了大部分的问题,但是产业化发展的问题并没有得到很好解决,还在期盼政府的助力。处于这种状态的项目团队,需要在管理上给予重点关注和指导帮助,以保证实现预期的实施效果。

6.3 未来阶段的工作

成果转化是国家重点研发计划项目实施成败的关键环节,是国家科技管理体系工作的重中之重。成果转化既受国家宏观调控的影响,更受市场运行机制的约束,而在市场运行机制中,最重要的又是信任机制和利益分配机制。国家重点研发计划的实施涉及众多参与主体,其中不仅包含了高校和科研机构,而且更是把企业确定为了项目实施的责任主体。众多主体为了确保国家重点研发计划项目的成功,首先要建立信任机制和利益分配机制,这是由企业的营利主体性质决定的。众多参与主体,众多影响因素,决定着国家重点研发计划的管理必将面临复杂和艰巨任务。通过理论研究和案例调研检验验证研究建立的面向国家重点研发计划管理的"超螺旋"模型,能够依据经济规律、科技规律、市场规律等,比较好地揭示国家重点研发计划项目内在的运行规律,未来可以运用"超螺旋"模型工具对国家重点研发计划项目进行分层次梳理,明确管理重点,提高管理效率,更好地实现国家重点研发计划的实施效果。

参考文献

[1] 白光祖,彭现科,王宝,曹晓阳等.面向经济主战场强化国家战略科技力量的思考[J/OL].中国工程科学,2021.https://kns.cnki.net/kcms/detail/11.4421.G3.20211209.1718.004.html.

[2] 白景坤,李思晗,李红艳.开放视角下企业的知识治理和隐性知识共享[J/OL].科研管理.2021.https://kns.cnki.net/kcms/detail/11.1567.G3.20210913.1523.006.html.

[3] 白鹏飞,段倩倩,陈黛.军民融合视角下的国防基础研究成果转化动力机制研究[J].科技管理研究,2017,37(18):102-106.

[4] 鲍新中,霍欢欢.知识产权质押融资的风险形成机理及仿真分析[J].科学学研究,2019,(8):1423-1434.

[5] 鲍新中.知识产权融资:模式、障碍与政策支持[J].科技管理研究,2019,(4):136-141.

[6] 毕娟.完善我国创新生态系统的战略路径研究[J].科技创新与应用,2019,(17):23-24.

[7] 毕克新,杨朝均,隋俊.跨国公司技术转移对绿色创新绩效影响效果评价——基于制造业绿色创新系统的实证研究[J].中国软科学,2015,(11):81-93.

[8] 蔡翔.创新、创新族群、创新链及其启示[J].研究与发展管理,2002,14(6):35-39.

[9] 蔡翔,王文平,李远远.三螺旋创新理论的主要贡献、待解决问题及对中国的启示[J].技术经济与管理研究,2010(1):26-29.

[10] 蔡跃洲.科技成果转化的内涵边界与统计测度[J].科学学研究,2015,33(1):37-44.

[11] 蔡中华."一带一路"倡议中的知识产权——回顾与展望[J].产业创新研究,2020,(2):4-12.

[12] 曹希敬,袁志彬.新中国成立70年来重要科技政策盘点[J].科技导报,2019,37 (18):20-30.

[13] 曹勇,杜蔓.专利池中专利诉讼的发生路径及其启示研究[J].情报杂志,2018,(4): 69-73.

[14] 曹勇,黎仁惠,王晓东.技术转移中隐性知识转化效果测度模型及评价指标研究 [J].科研管理,2010,31(1):1-8.

[15] 柴国荣,许崇美,闵宗陶.科技成果转化评价指标体系设计及应用研究[J].软科学, 2010,24(2):1-5.

[16] 柴剑峰.国家级高新技术产业开发区二次创业研究[D].西南交通大学,2004.

[17] 陈白雪,屈宝强,崔小委,寇亚东,贤信.科技计划项目申报指南资源描述框架研究 [J].中国科技资源导刊,2019,51(5):40-47.

[18] 陈宝明.《促进科技成果转化法》修订的意义与主要内容[J].中国高校科技,2016, (1-2):16-18.

[19] 陈健,高太山,柳卸林,马雪梅.创新生态系统:概念、理论基础与治理[J].科技进步 与对策,2016(17):153-160.

[20] 陈江涛,吕建秋,田兴国,孙雄松.基于熵值法的广东省科技创新能力评价研究[J]. 科技管理研究,2018,38(12):119-126.

[21] 陈静.知识产权资本化的条件与价值评估[J].学术界,2015(8):90-99.

[22] 陈俐,冯楚健,陈荣,姜东.英国促进科技成果转移转化的经验借鉴——以国家技术 创新中心和高校产学研创新体系为例[J].科技进步与对策,2016,(15):9-14.

[23] 陈强,鲍竹.中国天使投资发展现状与政策建议[J].科技管理研究,2016,(8): 21-25.

[24] 陈世明.中西方科技计划项目管理制度比较及对我国科技计划项目管理的启示 [J].科学学与科学技术管理,2007,(7):5-8.

[25] 陈仕伟.杰出科学家管理的理论与实践[D].中国科学技术大学,2014.

[26] 陈套.以色列创新引领发展的政策逻辑和实践选择[J].中国高校科技,2019,(10): 51-54.

[27] 陈套,冯锋.中国科学院成果转化与技术转移机构运作模式研究[J].科学管理研 究,2014,(4):44-47.

[28] 陈涛涛,陈红喜,丁子仪.我国科技成果转化政策演进脉络及未来进路分析[J].经 济师,2020(2):11-13.

[29] 陈腾,叶春明,沈杰.基于DEA方法对高校科技成果转化效果评价[J].情报科学, 2006,24(8):119-201.

[30] 陈伟,康鑫,冯志军等.基于GEM-DEA模型的区域高技术企业科技成果转化效率 评价研究[J].软科学,2011,25(4):23-6+35.

[31] 陈晓剑,李峰,刘天卓.基础研究拔尖人才的关键成长路径研究——基于973计划 项目首席科学家的分析[J].科学学研究,2011,29(1):44-48+17.

[32] 陈怡安.组织学习与技术转移绩效的关系研究[M].电子科技大学出版社,2014.

[33] 陈悦,陈超美,胡志刚.引文空间分析原理与应用：CiteSpace 实用指南[M].北京：科学出版社,2014：5.

[34] 程华,卢凤君,谢莉娇.农业产业链组织的内涵、演化与发展方向[J].农业经济问题,2019,(12)：118-128.

[35] 程华,谢莉娇,卢凤君,刘晴.农业产业链的增值体系、演化机理及升级对策[J].中国科技论坛,2020,(3)：126-134.

[36] 成良斌,牛婧红.隐性知识产权保护的可能性与实现路径分析[J].科技进步与对策,2014,31(21)：17-21.

[37] 程强,顾新,全力.知识链的知识协同管理研究[J].图书馆学研究,2017(17)：2-7.

[38] 代明,梁意敏,戴毅.创新链解构研究[J].科技进步与对策,2009,26(3)：157-160.

[39] 邓志华,肖小虹,张亚军.团队精神型领导与研发团队创新行为的关系——团队自省性和团队外部社会资本的影响[J].商业经济与管理,2019,(12)：66-77.

[40] 丁荣贵,王磊,钱琛等.技术转移型产品开发项目立项决策研究——基于治理网络视角[J].软科学,2018,32(10)：34-37.

[41] 丁雪,杨忠,徐森.创新链概念的核心属性与边界——一项提升概念清晰度的文本分析[J].南京大学学报(哲学·人文科学·社会科学),2020,(3)：56-64.

[42] 丁亚金.技术经纪人：学术资本主义理念下高校的重要资源[J].重庆交通大学学报(社科版),2013,(5)：97-100.

[43] 董洁.黄付杰.中国科技成果转化效率及其影响因素研究——基于随机前沿函数的实证分析[J].软科学,2012,26(10)：15-20.

[44] 董铠军,吴金希.创新理论发展的四阶段论：回顾与解读[J].自然辩证法研究,2018(2)：60-65.

[45] 董亮,张玢,李明亮,陈彦,庞鹏沙.我国技术市场理论的嬗变——从科技成果转化到技术转移[J].科学管理研究,2015,33(1)：112-116.

[46] 董晓辉,张莹.军民融合科技服务机构运行模式与政策启示[J].科技进步与对策,2018,35(1)：131-135.

[47] 董英南.学术创业的空间知识溢出研究[D].大连理工大学,2016.

[48] 段德忠.中国城市技术转移的空间演化研究[D].华东师范大学,2018.

[49] 段德忠,谌颖,杜德斌."一带一路"技术贸易格局演化研究[J].地理科学进展,2019,38(7)：998-1008.

[50] 段琪,麦晴峰,廖青虎.基于扎根理论的高校学术创业过程研究[J].科学学研究,2017,(8)：1212-1220.

[51] 杜洪旭,莫小波,鲁若愚.中介机构在技术创新扩散中的作用研究[J].软科学,2003,(1)：47-49.

[52] 范保群,张钢,许庆瑞.国内外技术转移研究的现状与前瞻[J].科学管理研究,1996,(1)：1-6.

[53] 范柏乃,余钧.高校技术转移效率区域差异及影响因素研究[J].科学学研究,2015,33(12)：1805-1812.

[54] 范洁.创新生态系统的理论逻辑与治理机制——基于生命周期演化的视角[J].技术经济与管理研究,2017,(9):32-36.

[55] 范平,李许卿,余正涛,马磊,郭剑毅,朱宝生.双链DNA螺旋与碱基对间的规则氢键[C].中国交叉科学学会第15届学术年会论文集[C],2014:140-145.

[56] 范小虎等.技术转移及其相关概念的含义辨析[J].科学管理研究,2000,(6):45.

[57] 范雪灵,王小华.愿景型领导研究述评与展望[J].经济管理,2017,(12):174-189.

[58] 房汉廷.中国科技金融简史及政府责任[J].广东科技,2015,24(21):18-22.

[59] 方维慰.促进科技成果资本化的模式与举措[J].科技进步与对策,2015,(24):25-28.

[60] 方卫华.创新研究的三螺旋模型:概念、结构和公共政策含义[J].自然辩证法研究,2003,(11):69-72+78.

[61] 冯锋,崔晓峰,张雷勇.高校科技成果转化机会的影响因素分析——基于扎根理论的研究[J].华南理工大学学报(社会科学版),2020,22(4):42-51.

[62] 丰华,王金山.农业产业链组织发展的演变趋势与改革创新[J].经济体制改革,2021,(2):74-80.

[63] 冯晓青.中国70年知识产权制度回顾及理论思考[J].社会科学战线,2019,(6):25-37.

[64] 冯晓青.国际知识产权制度变革与发展策略研究[J].人民论坛,2019,(8):110-113.

[65] 付东,钱爱民.资本引入战略与产能利用率——基于"双循环"新发展格局的分析[J].经济经纬,2022,39(3):97-107.

[66] 付继存,刘艳花.专利技术交易中的侵权风险及其防范对策[J].南都学坛(人文社会科学学报),2020,(1):84-92.

[67] 付晔,欧阳国桢.基于知识链的产学研合作中知识产权问题研究[J].科技管理研究,2014,(11):126-131.

[68] 甘志霞,张玮艺.美国高校技术转移体制机制分析[J].中国高校科技,2018,(4):41-43.

[69] 高飞.我国高校技术转移机构发展策略研究[D].天津大学,2015.

[70] 高菲菲.医院在推动科技成果转化工作中的作用与探索[J].医院管理论坛,2019,(11):11-14.

[71] 高杰,周敬馨.我国高校科技成果转化的现状、影响因素与对策研究[J].中国科技信息,2005(23):17-17.

[72] 高静.以色列科技研发与成果转化国际合作研究[D].对外经贸大学,2015.

[73] 高懿.科学家具有独特的人格特征吗?[J].自然辩证法通讯,2019,(10):90-95.

[74] 高志前.全球主要国家技术转移体系的发展与特点[J].中国高校科技与产业化,2007,(10):46-49.

[75] 高云峰,刘亚军."一带一路"倡议下知识产权保护合作与可持续发展目标的实现[J].社会科学家,2020,(5):128-134.

[76] 龚志民,刘杰.基于资源整合理论的创业服务对创新经济影响机理及推进策略[J].
      理论探讨,2019,(2):102-107.

[77] 顾建平,陈鹏,李建强.韩国大德科技园区的发展及其推动技术转移的启示[J].中
      国高校科技,2014,(6):58-61.

[78] 顾金亮.美国政府资助R&D计划与我国国家科技计划知识产权管理的比较[J].科
      学学与科学技术管理,2004,(1):15-19.

[79] 谷丽,阎慰椿,任立强,丁堃.专利代理人胜任特征对专利质量的影响路径研究[J].
      科学学研究,2016,(7):1005-1016.

[80] 顾琦一.隐性知识、显性知识及其接口之争[J].外语教学,26(6):45-50.

[81] 郭海学.DNA结构的多态性[J].生物学杂志,1999,16(4):8-10.

[82] 郭莉.科技创新与科技成果转化中的知识产权问题研究[J].科学管理研究,2010,
      28(2):117-120.

[83] 郭曼,朱常海,邵翔,石宁宁.中国技术转移机构的发展策略研究——基于能力升级
      的视角[J].2018,(1):16-23.

[84] 郭强,夏向阳,赵莉.高校科技成果转化影响因素及对策研究[J].科技进步与对策,
      2012,29(6):151-153.

[85] 郭秀强,孙延明.研发投入、技术积累与高新技术企业市场绩效[J].科学学研究,
      2020,38(9):1630-1637.

[86] 郭燕青.技术转移模型及其机理分析[J].中国高新技术企业,2008(2):29+32.

[87] 郭英远,张胜.科技人员参与科技成果转化收益分配的激励机制研究[J].科学学与
      科学技术管理,2015,36(7):146-154.

[88] 郭子俊.新时代科技创新思想:价值意涵.核心诉求.实践指向[J].吉首大学学报
      (社会科学版):2021,42(5):154-160.

[89] 韩江波.创新链与产业链融合研究——基于理论逻辑及其机制设计[J].技术经济
      与管理研究,2017,(12):32-36.

[90] 韩小腾,严会超,郑鹏,韩雨辰.中英高校科技成果转移转化比较研究及经验借鉴
      [J].科技管理研究,2019,(7):121-126.

[91] 韩秀成,王淇.知识产权:国际贸易的核心要素——中美经贸摩擦的启示[J].中国
      科学院院刊,2019,(8):893-902.

[92] 郝远.高校科技成果转化的障碍与途径[J].清华大学教育研究,2004,(3):97-101.

[93] 何斌.高校技术转移中心建设的现状、制约因素与对策[J].高等工程教育研究,
      2008,(3):98-102.

[94] 何彬,范硕.中国大学科技成果转化效率演变与影响因素——基于Bootstrap-DEA
      方法和面板Tobit模型的分析[J].科学学与科学技术管理,2013,34(10):85-94.

[95] 贺德方.对科技成果及科技成果转化若干基本概念的辨析与思考[J].中国软科学,
      2011,(11):1-7.

[96] 贺宏朝."平台经济"下的博弈[J].企业研究,2004,(12):20-24.

[97] 何华.知识产权全球治理体系的功能危机与变革创新——基于知识产权国际规则

体系的考察[J].政法论坛,2020,(3)：66-79.

[98] 何剑华,耿燕,容晶.关于英国科技创新和技术转移体系的学习与思考[J].机电工程技术,2019,(4)：64-66.

[99] 何建洪.创新型企业的形成路径：基于技术能力和创新战略作用的实证分析[J].中国软科学,2012(4)：143-152.

[100] 何鹏.知识产权立法的法理解释——从功利主义到实用主义[J].法制与社会发展,2019,(4)：21-34.

[101] 贺艳.美国、德国大学和科研机构技术转移模式及启示[J].华北电力大学学报(社会科学版),2019,(2)：128-134.

[102] 何郁冰.产学研协同创新的理论模式[J].科学学研究,2012,30(2)：165-174.

[103] 何郁冰,张迎春.网络类型与产学研协同创新模式的耦合研究[J].科学学与科学技术管理,2015,36(2)：62-69.

[104] 何悦,陈丽玉,何慧芳.我国研究型大学科技成果转化效率评价——基于网络 DEA 模型[J].科技管理研究,2018,38(15)：85-92.

[105] 何桢,韩俊德,徐炎.企业视角下的天津科技成果转化障碍因素研究[J].北京理工大学学报(社会科学版),2011,13(1)：32-37.

[106] 亨利·埃茨科威兹,三螺旋[M].周春彦译.北京：东方出版社,2005.

[107] 洪银兴.围绕产业链部署创新链——论科技创新与产业创新的深度融合[J].经济理论与经济管理,2019,(8)：4-10.

[108] 侯曼,张珮云,王倩楠.领导授权赋能对员工创新绩效的影响——隐性知识共享与情绪智力的作用[J/OL].软科学.2021.https://kns.cnki.net/kcms/detail/51.1268.G3.20210928.0110.016.html.

[109] 侯婉莹,刘蓉蓉,戴培刚,张江丽,刘涛,王萌.对国家重点研发计划组织管理的思考与建议[J].农业科技管理,2017(2)：18-21.

[110] 胡海鹏,袁永,邱丹逸,廖晓东.以色列主要科技创新政策及对广东的启示建议[J].科技管理研究,2018,38(9)：32-37.

[111] 胡乐明.产业链与创新链融合发展的意义与路径[J].人民论坛,2020,(11)：72-75.

[112] 胡其芳,赵镇,辜承慰,董涵琼,倪洁.南方医科大学 2011-2017 年期间国家自然科学基金资助情况分析与管理探究[J].科技管理研究,2019,39(17)：110-116.

[113] 胡微微.解构美国大学技术转移的 MIT 模式[J].高等工程教育研究,2012,(3)：121-125.

[114] 胡小桃.德国科技创新的政策体制分析[J].湖湘论坛,2014,(3)：97-101.

[115] 胡园园,顾新,王涛.知识链关系治理机制及其对组织合作绩效影响[J].科研管理,2018,39(10)：128-137.

[116] 胡查平,汪涛,朱丽娅.制造业服务化绩效的生成逻辑——基于企业能力理论视角[J].科研管理,2018,39(5)：129-137.

[117] 华斌,李玉芝.基于粗糙集的科技项目团队能力评估分析研究[J].山东大学学报

（理学版），2007，(11)：85-88.

[118] 华冬芳.技术交易中的信任机制和作用研究[D].南京师范大学，2018.

[119] 黄光灿，王珏，马莉莉.全球价值链视角下中国制造业升级研究——基于全产业链构建[J].广东社会科学，2019，(1)：54-64.

[120] 黄露，王海芸，陶晓丽.新形势下技术交易新态势研究[J].科技和产业，2019，(6)：95-100.

[121] 黄培，王长兴.全国装备制造产业链分析[J].制造技术与机床，2013，(3)：44-46.

[122] 黄培伦，尚航标，王三木，李海峰.企业能力：静态能力与动态能力理论界定及关系辨析[J].科学学与科学技术管理，2008(7)：165-169.

[123] 黄伟.我国科技成果转化绩效评价、影响因素分析及对策研究[D].吉林大学，2013.

[124] 黄祥嘉.高校科技成果转化的影响因素与实现路径[J].中国高校科技，2015，(3)：95-96.

[125] 黄新平，黄萃，苏竣.基于政策工具的我国科技金融发展政策文本量化研究[J].情报杂志，2020，(1)：130-137.

[126] 黄艳，陶秋燕，马丽仪.社会网络、资源获取与小微企业的成长绩效[J].技术经济，2016，(6)：8-15.

[127] 江海，资智洪.高校科技成果转化协同创新模式的广东探索与实践[J].科技管理研究，2015，35(16)：94-99.

[128] 江鸿，石云鸣.共性技术创新的关键障碍及其应对——基于创新链的分析框架[J].经济与管理研究，2019，40(5)：74-84.

[129] 江诗松，龚丽敏，魏江.转型经济背景下后发企业的能力追赶：一个共演模型——以吉利集团为例[J].管理世界，2011，(4)：122-137.

[130] 江诗松，龚丽敏，魏江.转型经济中后发企业的创新能力追赶路径：国有企业和民营企业的双城故事[J].管理世界，2011(12)：96-115＋188.

[131] 蒋芬.我国技术市场发展演变趋势、存在问题及对策建议[J].科技通报，2016，(10)：250-254.

[132] 金杰.大学技术转移的效率及影响因素研究[D].上海交通大学，2018.

[133] 靳宗振，刘海波，曹俐莉.新时期我国技术转移体系发展思考与建议[J].软科学，2021(35)：50-55.

[134] 康荣平."垂直的与水平的技术转移"是谁提出的？[J].科学学与科学技术管理，1986，(11)：40.

[135] 科技部.(2021a)."十三五"科技计划体系说明[EB/OL].[2021-06-09].https://service.most.gov.cn/index/xwljh.html.

[136] 科技部.(2021b).国家技术转移示范机构管理办法[EB/OL].[2021-06-09].http://kjt.fujian.gov.cn/ztzl/fjsgxjscyfwzx/fhfw/jszy/201912/t20191223_5166297.htm.

[137] 科技部，财政部.(2021).国家重点研发计划管理暂行办法[EB/OL].[2021-06-

09]. http://www.htrdc.com/gjszx/cg/2460.shtml.

[138] 孔祥浩.以色列技术转移机制和模式研究的作用[J].价值工程,2013,(12):5-7.

[139] 孔祥浩,许赞,苏州.政产学研协同创新"四轮驱动"结构与机制研究[J].科技进步与对策,2012,29(22):15-18.

[140] 匡茂华,李海海.创新链和产业链双向融合路径探析[J].人民论坛,2020,(5):190-191.

[141] 来小鹏.规范我国专利代理服务的法律思考[J].法学杂志,2017,(7):60-66.

[142] 赖泽栋.资源拼凑视域下的区域创新创业资源整合机制[J].沈阳大学学报(社会科学版),2019,(5):542-546.

[143] 雷朝滋,黄应刚.中外大学技术转移比较[J].研究与发展管理,2003,(5):45-52.

[144] 李闯豪.AUTM的新发展及其对我国构建高校技术转移信息平台的启示朱雪忠[J].科技管理研究,2016,(16):166-171.

[145] 李春梅,奚贞子,谭词.基于产业链视角的中国电气机械制造业优化升级研究[J].西部论坛,2019,29(3):59-69.

[146] 李从刚,许荣,路璐,李跃然.明星科学家在创新活动中的作用:一个文献综述[J].科技进步与对策,2019,(21):155-160.

[147] 李丹琳.日本科技创新研究[D].吉林大学,2017.

[148] 李飞,黄柯鑫."互联网+"视角下的高校科技成果转化模式[J].中国高校科技,2017,(11):10-12.

[149] 李高扬,刘明广.产学研协同创新的演化博弈模型及策略分析[J].科技管理研究.2014,34(3):197-203.

[150] 李华军.改革开放四十年:科技金融的实践探索与理论发展[J].科技管理研究,2019,(11):63-70.

[151] 李慧聪,霍国庆.科研组织一般竞争优势的解析与实证检验[J].科学学研究,2017,35(6):879-885.

[152] 李健,杜亮.基于权力结构差异的知识链组织的合作契约研究[J].科技管理研究,2015,(18):197-200.

[153] 李建军.美国先进技术计划(ATP)的设计理念和运行机制创新[J].自然辩证法通讯,2007,(6):60-65+111.

[154] 李玲娟,许洪彬.美、日、韩知识产权战略的调整与走向[J].湖南大学学报(社会科学版),2020,(1):142-147.

[155] 李苗苗,李海波,周孟宣.高校科技成果转化效率及其影响因素研究——基于教育部直属高校面板数据的实证[J].海峡科技与产业,2019(5):23-33.

[156] 李明德.国家知识产权战略与知识产权法制建设[J].西北大学学报(哲学社会科学版),2018,48(5):37-49.

[157] 李明珍,张洁音.我国三螺旋创新理论研究进展综述——基于CSSCI的分析[J].科技和产业,2015(9):93-100.

[158] 李强,暴丽艳.职务科技成果转化收益分配比例与科研人员激励——基于委托-代

理理论视角[J].科技管理研究,2019,(2):233-240.

[159] 李胜会,夏敏.中国科技成果转化政策变迁:制度驱动抑或市场导向[J].中国科技论坛,2021(10):1-13.

[160] 李石."知识产权制度"的哲学反思[J].哲学研究,2019,(8):120-125.

[161] 李伟,海本禄.基于创业资源需求认知差异性的孵化器干预行为研究[J].中国科技论坛,2020,(1):60-68.

[162] 李伟,王小曼,郑翼,许丽娜.以色列大学技术转移机构管理运行机制探析[J].改革与开放,2014,(3):27-28+10.

[163] 黎晓丹,顾文静,谭腾飞.隐性知识的具身机制、转化与管理[J].心理学探新,2020,40(6):503-509.

[164] 李晓慧,贺德方,彭洁.日本高校科技成果转化模式及启示[J].科技导报,2018,36(2):8-12.

[165] 李小丽.日本大学专利技术转移组织运行的宏观驱动机制探析[J].现代日本经济,2014,(4):55-63.

[166] 李晓轩,牛珩,冯俊新.科研拔尖人才的成才规律与启示[J].科学学研究,2004(3):273-277.

[167] 李修全,玄兆辉,高昌林等.关于科技成果转化指标监测问题的几点思考[J].中国科技论坛,2011,(11):11-4+40.

[168] 李雪灵,李玎玎,刘京,龙玉洁.创业拼凑还是效果逻辑?理论适用条件与未来展望[J].外国经济与管理,2020,(1):17-29.

[169] 李彦明,张映,关志刚.遗传的物质基础——DNA结构的多态性[J].生物学通报,2004,39(9):22-24.

[170] 李杨迪.我国知识产权服务业发展研究[D].山东财经大学,2016.

[171] 李玉清,田素妍,高江宁,邹静.德国技术转移工作经验及借鉴[J].中国高校科技,2014,(10):56-58.

[172] 李玉芝.科技项目团队能力和立项风险评估的研究[D].天津财经大学,2008.

[173] 李玥,周燕,王宏起,于立群.产业创新链与服务链融合研究述评与展望[J].科学管理研究,2018,36(4):25-27+50.

[174] 李政刚.职务科技成果权属改革的法律障碍及其消解[J].西安电子科技大学学报(社会科学版),2019,(2):68-75.

[175] 李政刚.赋予科研人员职务科技成果所有权的法律释义及实现路径[J].科技进步与对策,2020,(5):124-130.

[176] 联合国国际技术转让行动守则(草案)[EB/OL].http://www.china.com.cn/law/flfg/txt/2006-08/08/content-7057270.htm.

[177] 梁洪力,王海燕.关于德国创新系统的若干思考[J].科学学与科学技术管理,2013,(6):52-57.

[178] 梁洪学.现代企业经理人职能性质定位的逻辑分析——从马克思对经理人的论述出发[J].江汉论坛,2016,(9):12-16.

[179] 梁洪学,王松华.现代公司制企业兴起及经理人作用[J].湖北经济学院学报,2007,(6):14-17.

[180] 廖杰,顾新.知识链组织之间的文化冲突分析[J].科学管理研究,2009,27(5):54-57.

[181] 林春波,许可.我国技术经纪人市场发展问题与对策[J].甘肃科技,2019,(17):5-7.

[182] 林慧岳.技术转移的社会学分析[J].自然辩证法研究,1993,(4):48-54.

[183] 林龙飞,陈传波.中国创业政策40年:历程回顾与趋向展望[J].经济体制改革,2019,(1):9-15.

[184] 林仁红,解进强.新常态激发区域创新创业活力策略探讨——以北京中关村知春路为例[J].商业经济研究,2016,(6):126-128.

[185] 林伟光.我国科技金融发展研究[D].暨南大学,2014.

[186] 林学军,梁媛,韩佳旭,肖叶芬.基于全球创新链与全球价值链双重螺旋模型的产业升级研究——以华为公司为例[J].国际商务研究,2018,(5):39-48.

[187] 林芸.不同投资主体的企业孵化器运营模式研究[D].武汉理工大学,2016.

[188] 刘冰欣,赵丙奇.创业资源、创业机会开发与新创企业成长关系研究[J].特区经济,2016,(11):52-55.

[189] 刘博,孙文乐,官银.我国天使投资运作模式转型研究——以创新工场为例[J].渤海大学学报哲学社会科学版,2018,(4):80-85.

[190] 刘常勇,谢洪明.企业知识吸收能力的主要影响因素[J].科学学研究,2003,(3):307-310.

[191] 刘华,周莹.我国技术转移政策体系及其协同运行机制研究[J].科研管理,2012,33(3):105-112.

[192] 刘家树,吴佩佩,菅利荣,洪功翔.创新链集成的科技成果转化模式探析[J].科学管理研究,2012,30(5):26-29.

[193] 刘娟.南非"首席科学家计划"的实施及其启示[J].大学(研究与评价),2009(2):61-67.

[194] 刘俊,黄国华.知识产权资本化主客体之辨析[J].求实,2009(12):73-76.

[195] 刘玲利.科技资源要素的内涵、分类及特征研究[J].情报杂志,2008,(8):125-126.

[196] 刘宁,罗华.团队能力综合评估方法研究[J].河北科技大学学报(社会科学版),2009,9(3):27-32+88.

[197] 刘庆红,王晰巍.知识链创新协同要素及创新模式研究[J].情报科学,2011,29(4):511-519.

[198] 刘社建.中国产业政策的演进、问题及对策[J].学术月刊,2014(2):79-85.

[199] 刘书雷,沈雪石,吕蔚,韩琰.高校科研团队科技创新能力评价研究[J].国防科技大学学报,2010,32(1):138-141.

[200] 刘姝威,陈伟忠,王爽等.提高我国科技成果转化率的三要素[J].中国软科学,

2006,(4)：55-8+123.

[201] 刘威,陈艾菊.基于 ANP 的高校科技成果转化绩效评价[J].科技管理研究,2008,
(6)：192-4.

[202] 刘文杰,张彦通."技术创业商业化规程"：美国北卡州立大学创业教育新模式[J].
高等工程教育研究,2018,(2)：176-181.

[203] 刘湘云,吴文洋.基于高新技术产业的科技金融政策作用路径与效果评价研究
[J].科技管理研究,2017,(18)：23-28.

[204] 柳卸林,高雨辰,丁雪辰.寻找创新驱动发展的新理论思维——基于新熊彼特增长
理论的思考[J].管理世界,2017(12)：8-19.

[205] 柳学信,孔晓旭,牛志伟.新中国 70 年国有资产监管体制改革的经验回顾与未来
展望[J].经济体制改革,2019,(5)：5-11.

[206] 刘娅.英国公共科研机构技术转移机制研究[J].世界科技研究与发展,2015,(2)：
212-217.

[207] 刘杨,易宏.科技成果转化与技术转移的七个关键特征[J].中国高校科技,2015,
(6)：58-61.

[208] 刘瀛弢,高文洪.应关注国家重点研发计划改革六大要点[N].中国会计报,2017.

[209] 刘永千.科技成果转化能力评价研究：以上海市为例[J].中国科技论坛,2017,
(1)：12-8.

[210] 刘媛媛.技术中介促进科技成果转化的作用机制研究[D].武汉理工大学,2017.

[211] 刘云,桂秉修,冉奥博.中国专利联盟组建模式与运行机制研究——基于案例调查
[J].中国科学院院刊,2018,(3)：225-233.

[212] 刘祯,程子玲,郭俊峰.以色列科技创新发展情况及对我国的启示[J].科技创新发
展战略研究,2019,(5)：1-5.

[213] 路风.走向自主创新：寻求中国力量的源泉[M].桂林：广西师范大学出版
社,2006.

[214] 陆建中.农业科研机构自主创新能力研究[D].中国农业科学院,2011.

[215] 卢金鹏,杨超.大学科技成果转化模式的选择与应用研究[J].科技管理研究,
2005,(9)：84-87.

[216] 卢龙斗,孙富丛,邓传良,高武军.维持 DNA 结构稳定性的因素[J].生物学通报,
2012,47(6)：12-13.

[217] 陆婷婷.大型综合医院科技成果转化现状与对策研究——以某省级医院为例[D].
南京医科大学,2018.

[218] 卢伟,张海军.地方高校科技成果转化绩效影响因素研究——以辽宁省 30 所高校
为例[J].中国高教研究,2019(11)：48-54.

[219] 鲁云蒙,刘铁忠.基于知识关联性的科研合作网络隐性知识扩散模型研究：以重大
科技工程为例[J].数据分析与知识发现,2021,(9)：10-20.

[220] 骆付婷.基于知识转移的军民融合技术协同创新模式与评价研究[D].西南科技大
学,2017.

[221] 骆嘉琪,匡海波.高校科技创新团队科研资源绩效评价指标体系[J].科研管理,2015,36(S1)：116-121＋156.

[222] 罗薇薇.英国技术转移实践与模式研究[J].云南科技管理,2018,(3)：15-18.

[223] 罗文波,陶媛婷.科技金融与科技创新协同机制研究[J].西南金融,2020,(1)：23-32.

[224] 罗茜,高蓉蓉,曹丽娜.高校科技成果转化效率测度分析与影响因素扎根研究——以江苏省为例[J].科技进步与对策,2018,35(5)：43-51.

[225] 罗喜安.现代经理人的作用和应具备的素质论略[J].中国集体经济,2011,(1)：121-122.

[226] 骆严.我国国立科研机构的创新政策及其与创新模式的协同研究[D].华中科技大学,2015.

[227] 吕建秋.区域科技成果生态化转化模式与机制研究[D].哈尔滨理工大学,2017.

[228] 吕荣杰,贾芸菲,张义明.我国省份技术转移效率评价——基于高校、企业比较的视角[J].科技管理研究,2018,38(12)：86-91.

[229] 马本,郑新业.产业政策理论研究新进展及启示[J].教学与研究,2018(8)：100-108.

[230] 马春燕,李洁.推动小企业创新进入军民融合——美国军方实施 SBIR/STTR 计划的启示[J].开放导报,2018,(4)：19-23.

[231] 马海泉.科学研究与现代大学[J].中国高校科技,2017,(7)：4-6.

[232] 马宽,王崑声,王婷婷,陈羿娴.技术成熟度通用评价标准研究[J].科学管理研究,2016,34(3)：12-15.

[233] 马凌远,李晓敏.科技金融政策促进了地区创新水平提升吗？——基于"促进科技和金融结合试点"的准自然实验[J].中国软科学,2019,(12)：30-42.

[234] 马名杰,张鑫.中国科技体制改革：历程、经验与展望[J].中国科技论坛,2019(6)：1-8.

[235] 马晓文.美国研究型大学科技成果的产权管理研究[D].中科技大学,2016.

[236] 马晓雅,谢祥,李志鹏,肖尤丹.高校专利权转移的网络结构和影响因素分析——基于 2016 年北京、江苏、陕西高校专利权转移的实证[J].科技管理研究,2019,39(12)：132-138.

[237] 马新,刘慧念,叶健,赵兴春."十三五"国家科技计划管理改革解读[J].刑事技术,2018,(3)：173-178.

[238] 马亚丽,李华,王方.基于双边市场理论的网上技术市场定价策略[J].科技管理研究,2016,(11)：233-239.

[239] 马忠法.国际知识产权法律制度的现状、演进与特征[J].安徽师范大学学报(人文社会科学版),2018,(3)：56-66.

[240] 梅亮,陈劲,刘洋.创新生态系统：源起、知识演进和理论框架[J].科学学研究,2014,32(12)：1771-1780.

[241] 梅益.世界经济百科全书[M].上海：中国大百科全书出版社,1987.

[242] 梅元红,孟宪飞.高校技术转移模式探析——清华大学技术转移的调研与思考[J].科技进步与对策,2009,26(24):1-5.

[243] 南星恒,田静.知识产权质押融资风险分散路径[J].科技管理研究,2020,(4):206-211.

[244] 倪伟波,任雪萍.论哈贝马斯的科学技术生产力观[J].江淮论坛,2007,(1):65-70.

[245] 聂晖,黎志成,谢颂华.基于AHP法的软件企业研发团队能力评价模型[J].武汉理工大学学报(信息与管理工程版),2005,27(4):310-318.

[246] 牛华伟,顾铭.基于道德风险的天使投资最优融资合约研究[J].科研管理,2020,(3):110-118.

[247] 牛宇燕.经纪人法律概念之界定[J].中共太原市委党校学报,2008,(6):54-56.

[248] 潘建红.以高质量科技政策供给推动科技成果转化[J].学术前沿,2019,(12):60-65.

[249] 庞大伟.商业银行对中小科技型企业信贷融资问题研究——科技支行的兴起[D].苏州大学,2017.

[250] 彭道林,黄芳.论科学研究的应用[J].湖南师范大学教育科学学报,2018,(4):61-65.

[251] 彭坚,杨红玲.责任型领导:概念变迁、理论视角及本土启示[J].心理科学,2018,41(6):1464-1469.

[252] 彭学兵,陈璐露,刘玥伶.创业资源整合、组织协调与新创企业绩效的关系[J].科研管理,2016,(1):110-118.

[253] 祁士超.技术传播过程中的文化制约[D].贵州大学,2015.

[254] 戚湧,朱婷婷,郭逸.科技成果市场转化模式与效率评价研究[J].中国软科学,2015,(6):184-192.

[255] 钱学程,赵辉.科技成果转化政策实施效果评价研究——以北京市为例[J].科技管理研究,2019,(15):48-55.

[256] 秦洁,宋伟.对《促进科技成果转化法》修订的几点思考[J].中国科技论坛,2014,(4):10-14.

[257] 邱超凡.提高科技成果熟化程度促进科技成果转移转化[J].科技中国,2019,(11):37-40.

[258] 饶凯,孟宪飞,徐亮等.研发投入对地方高校专利技术转移活动的影响——基于省级面板数据的实证分析[J].管理评论,2013,25(5):144-154.

[259] 任虎,袁静."一带一路"倡议下国际技术转移机制创新研究[J].科技与法律,2018,(1):32-37.

[260] 任梅.大学学术创业运行机制研究[J].江苏高教,2018,(12):1-8.

[261] 邵邦.中国科学院国家技术转移机构技术转移模式研究[J].科技和产业,2017,(3):128-131.

[262] 沈慧君,黄灿,毛昊.专利中介是否能帮助企业克服专利交易的经验劣势[J].中国

科技论坛,2019,(12):116-125.

[263] 沈继培.进取型领导者如何让下级跟得紧[J].领导科学,2018,(8):27-29.

[264] 史丽萍,盛黎明,刘强.科技成果转化的影响因素分析及多元化体系建构[J].管理现代化,2013,(2):96-98.

[265] 史璐璐,江旭.创新链:基于过程性视角的整合性分析框架[J].科研管理,2020,41(6):56-64.

[266] 石善冲.科技成果转化评价指标体系研究[J].科学学与科学技术管理,2003,24(6):30-32.

[267] 时毓瞳.关系网络对技术创业资源获取的影响作用研究[D].吉林大学,2013.

[268] 史竹琴,朱先奇,许亚斌.科技园区创新成果转化的路径研究——基于多主体合作视角[J].经济问题,2020,(1):70-78.

[269] 束兰根.科技金融体系中的资源整合——基于商业银行视角的分析[J].金融纵横,2013,(4):4-10.

[270] 宋东林,付丙海.再论我国高校科技成果转化——借鉴美国、加拿大等国家经验[J].科技管理研究,2010,030(8):18-21.

[271] 宋河发.我国知识产权运营政策体系建设与运营政策发展研究[J].知识产权,2018,(6):75-81.

[272] 宋河发,廖奕驰,郑笃亮.专利技术商业化保险政策研究[J].科学学研究,2018,(6):991-999.

[273] 宋慧,吕华侨.基于协同创新视角的技术转移机制建设[J].科技管理研究,2013,33(14):20-23.

[274] 苏华峰.协同创新生态系统中科技成果转化模式研究[D].杭州电子科技大学,2017.

[275] 孙斌,曾伟.基于技术商品化的"NRA"技术转移理论[J].科技进步与对策,2003,20(15):52-53.

[276] 孙海荣.专利战略竞争优势——内生论和外生论视角[J].中国科技论坛,2017,(1):94-102.

[277] 孙建国.企业签订技术合同中知识产权的问题研究[J].江苏科技信息,2018,(27):21-23.

[278] 孙龙,雷良海.促进科技成果转化的财政政策功能实现的影响因素分析——基于扎根理论的多案例研究[J].当代财经,2019,(12):38-49.

[279] 孙平,邵帅,史青芳.创业者与投资人的冲突、信任及其对创业绩效的影响[J].山东大学学报(哲学社会科学版),2018,(5):150-158.

[280] 孙卫,肖红,原长弘.美国高校科技成果转化的成功经验及其启示[J].科学管理研究,2006,(3):114-117.

[281] 孙彦明,赵树宽.中国科技成果产业化影响因子分析及路径选择[J].宏观经济研究,2019,(1):125-136.

[282] 孙中峰.美国技术转移措施及组织运作机制[J].全球科技经济瞭望,2003,(5):

12-13.

[283]　谭乔予,杨丽,张征,杨付.谦逊型领导研究述评与展望[J].投资研究,2018,(12)：132-144.

[284]　谈毅.科学研究过程中的利益冲突与规范[J].研究与发展管理,2016,(3)：115-121.

[285]　唐百川.技术中介参与下技术转移的演化博弈分析[J].江苏科技信息,2015,(5)：4-6.

[286]　唐素琴,曾心怡,卓柳俊.财政资助科技成果共有制与成果转化关系的考察[J].科技促进发展,2019,(9)：935-942.

[287]　田蓬鹏,李冬梅,姜心禄,赵丹.种业科研人员参与科技成果转化的响应行为研究[J].中国科技论坛,2020(3)：135-147.

[288]　田兴国,吕建秋,谢春艳,蒋艳萍.创新驱动发展战略背景下广东高校科研体制机制改革思考[J].科技管理研究,2016,36(7)：125-129.

[289]　涂俊,李纪珍.从三重螺旋模型看美国的小企业创新政策——对美国SBIR计划和STTR计划的比较[J].科学学研究,2006,(3)：411-416.

[290]　涂小东,肖洪安,申红芳等.高等院校科技成果转化绩效评价指标体系构建[J].科学学与科学技术管理,2005,(8)：38-40.

[291]　涂振洲,顾新.基于知识流动的产学研协同创新过程研究[J].科学学研究,2013,31(9)：1381-1390.

[292]　万琦.论我国专利纠纷解决的司法、行政路径[J].电子知识产权,2018,(2)：89-101.

[293]　王帮俊,赵雷英.基于扎根理论的产学研协同创新绩效影响因素分析[J].科技管理研究,2017,37(11)：205-210.

[294]　王彩飞,安毅,刘向东.天然DNA用于功能材料的研究进展.化学通报,2011,74(11)：1008 1013.

[295]　王华统,曹光源,郭韧.影响科技成果转化的主成分分析[J].运筹与管理,2003(6)：123-126.

[296]　王弘钰,刘伯龙.创业型领导研究述评与展望[J].外国经济与管理,2018,(4)：84-95.

[297]　王姣娥,杜方叶,刘卫东.制度与文化对嵌入式技术海外转移的影响——以蒙内铁路为例[J].地理学报,2020,(6)：1147-1158.

[298]　王军,缪金钟,赵越.浅谈技术合同订立相关事项[J].安徽科技,2018,(8)：37-39.

[299]　王凯,邹晓东.由国家创新系统到区域创新生态系统——产学协同创新研究的新视域[J].自然辩证法研究,2016(9)：97-101.

[300]　王蕾,曹希敬.熊彼特之创新理论的发展演变[J].科技和产业,2012(6)：84-88.

[301]　王丽平,代赓.科技服务对科技成果转化质量的作用过程[J].科技管理研究,2019,(19)：244-253.

[302]　汪良兵,洪进,赵定涛.中国技术转移体系的演化状态及协同机制研究[J].科研管

理,2014,35(5):1-8.

[303] 王玲俊,王英.基于云模型的装备制造业产业链风险评价[J].技术经济,2016,35(2):80-87.

[304] 王玲玲,赵文红.创业资源获取、适应能力对新企业绩效的影响研究[J].研究与发展管理,2017(3):1-12.

[305] 王萌.科技人员股权激励对科技成果转化绩效的影响研究[D].西安理工大学,2017.

[306] 王敏,刘运青,银路.国外技术创业研究文献回顾与展望[J].电子科技大学学报(社科版),2018(1):56-65.

[307] 王宁宁.熊彼特创新理论对我国区域经济发展的启示——以兰州新区为例[J].区域经济,2019(9):199-201.

[308] 汪泉,曹阳.科技金融信用风险的识别、度量与控制[J].金融论坛,2014,19(4):60-64.

[309] 汪泉,史先诚.科技金融的定义、内涵与实践浅析[J].上海金融,2013,(9):112-114+119.

[310] 王实,顾新,杨立言.知识链组织之间冲突类型分析与冲突管理策略探讨[J].软科学,2010,24(12):48-51.

[311] 王世春.浅析以色列大学技术转移模式[J].江苏科技信息,2015,(4):1-3.

[312] 王树斌,杨德林,王超发,李彦昭.外部技术扩散模式下德高新技术企业成长研究[J].科学学研究,2021,39(9):1662-1670.

[313] 王铁成.英国科技强国发展历程[J].今日科苑,2018,(1):47-55.

[314] 汪小梅,汪令涛,李鹏.科研院所科技成果转化能力的多目标评价研究[J].科技管理研究,2016,36(20):83-7.

[315] 王新其,许幸声,张建明等.农业科技成果转化评价指标体系的设计[J].江苏农业科学,2011,39(6):34-6.

[316] 王新新."协同创新"的含义、特征及发展路径研究[J].商业经济研究,2017,(7):142-144.

[317] 王雪莹.美国国家实验室技术转移联盟的经验与启示[J].科技中国,2018,(11):17-19.

[318] 王雅娟.基于知识链演化的组织间信任影响因素研究[J].中国管理科学,2015,23(专辑):339-348.

[319] 王艳.技术创业者角色转换的影响因素研究[D].哈尔滨工业大学,2019.

[320] 王永杰,张善从.2009-2016:中国科技成果转化政策文本的定量分析[J].科技管理研究,2018,(2):39-48.

[321] 王永梅,王峥,张黎.科研院所技术转移绩效影响因素的实证研究——基于技术供给方的视角[J].科学学与科学技术管理,2014,35(11):108-116.

[322] 王煜.以色列高科技发达的原因探析[D].西北大学,2018.

[323] 王宇.江苏"一带一路"创新合作与技术转移的实践与思考[J].科技管理研究,

2020,(7)：104-109.

[324] 王宇行.以色列技术转移——60年经验与案例[J].江苏科技信息,2009,(8)：12-13.

[325] 卫红.美国专利代理行业发展现状研究[J].科技促进发展,2017,13(8-9)：728-732.

[326] 卫平,高小燕.中国大学科技园发展模式转变研究——基于北京、上海、武汉等多地大学科技园调查及中外比较分析[J].科技管理研究,2019(21)：20-25.

[327] 卫平,赵良浩.我国战略性新兴产业科技成果转化效率研究[J].工业技术经济,2014(1)：13-22.

[328] 文剑英.科技成果转化的理性思考[J].科研管理,2019,(5)：175-181.

[329] 文魁,徐则荣.制度创新理论的生成与发展[J].当代经济研究,2013(7)：52-56.

[330] 文巧甜,郭蓉,夏健明.跨界团队中变革型领导与协同创新——知识共享的中介作用和权力距离的调节作用[J].外国经济与管理,2020,(2)：17-29.

[331] 温雯.我国技术合同法律风险研究[D].西南交通大学,2015.

[332] 温忠麟,叶宝娟.中介效应分析：方法和模型发展[J].心理科学进展,2014,22(5)：731-745.

[333] 吴方怡,王伟,穆晓敏,李芳芳,孙伟鑫.专利丛林识别方法及测度指标研究[J].情报科学,2019,(12)：140-143.

[334] 吴宏元,郑晓齐.大学产学研合作支持体系的构建[J].高等工程教育研究,2006,(6)：48-51.

[335] 吴江,费佳丽,王倩茹.国家大学科技园政策变迁的演进逻辑与动力机制[J].科学管理研究,2019,(5)：29-35.

[336] 吴绍波.知识链组织的技术学习：基于社会网络及社会资本分析[J].图书情报工作,2010,54(14)：92-96.

[337] 吴绍波,顾新,彭双.知识链组织之间的知识分工决策模型研究[J].科研管理,2011,32(3)：9-14.

[338] 乌仕明,李正风.孵化到众创：双创政策下科技企业孵化器的转型[J].科学学研究,2019,(9)：1626-1631.

[339] 吴寿仁.科技成果转化若干热点问题解析(十一)——关于科技成果成熟度的思考[J].科技中国,2018(4)：28-35.

[340] 吴伟,蔡雯莹,蒋啸.美国大学市场化技术转移服务：两种模式的比较[J].复旦教育论坛,2018,(1)：106-112.

[341] 吴晓波,陈宗年,曹体杰,章威.技术跨越型企业的技术吸收能力探究[J].自然辩证法研究,2005(3)：69-73＋90.

[342] 吴晓波,吴东.论创新链的系统演化及其政策含义[J].自然辩证法研究,2008,24(12)：58-62.

[343] 武学超.英国大学知识转移政策目标与实施工具的失配问题[J].中国高校科技,2018,(9)：21-24.

[344] 吴妍妍.科技金融服务体系构建与效率评价[J].宏观经济研究,2019,(4):162-170.

[345] 武洋,高思嘉,沈映春.基于创新链视角的高技术产业知识溢出对创新效率的影响[J].天津工业大学学报,2021,40(2):81-88.

[346] 吴永林,万春阳.协同技术创新中的技术互补、资源互补与技术创新能力研究[J].工业技术经济,2016,(6):62-65.

[347] 吴玉怡.技术交易典型服务模式及平台研究[D].东南大学,2014.

[348] 夏红云.产学研协同创新动力机制研究[J].科学管理研究,2014,32(6):21-24.

[349] 肖仁桥,王宗军,钱丽.我国不同性质企业技术创新效率及其影响因素研究:基于两阶段价值链的视角[J].管理工程学报,2015,29(2):190-201.

[350] 小林达也.技术转移——从历史上考察美国和日本[M].东京文真堂,1981:62-65.

[351] 谢地.试论国有科技成果知识产权管理制度的完善思路[J].中国行政管理,2018,(1):70-75.

[352] 谢芳.基于高校视角的产学研协同创新机制建设研究[J].江苏高教,2018,(8):92-95.

[353] 谢克海.5M视角下的领导力理论[J].南开管理评论,2018,(4):219-224.

[354] 解敏.科技偶像"吸粉"沪成立国内首个"首席科学家办公室"[N/OL].[2021-06-10].http://sh.eastday.com/m/20160520/u1ai9386205.html.

[355] 解学梅,方良秀.国外协同创新研究述评与展望[J].研究与发展管理,2015(4):16-24.

[356] 邢超.创新链与产业链结合的有效组织方式——以大科学工程为例[J].科学学与科学技术管理,2012,33(10):116-120.

[357] 熊鸿儒.我国产学研深度融合的短板和挑战在哪里[J]?学习与探索.2021,(5):126-133.

[358] 熊艳,廖晓莉,张同健.技术创新目标下的经理层治理机制实证研究——基于制造类上市公司的数据检验[J].会计之友,2011,(6):51-52.

[359] 徐斌.技术吸收、技术改造与国内外技术获取——基于高技术产业静态与动态面板数据[J].科技进步与对策,2019,36(22):60-66.

[360] 徐长春,杨雄年.创新生态系统:理论、实践与启示[J].农业科技管理,2018(4):1-4.

[361] 徐国兴,贾中华.科技成果转化和技术转移的比较及其政策含义[J].中国发展,2010,(3):45-49.

[362] 徐晋,张祥建.平台经济学初探[J].中国工业经济,2006,(5):40-47.

[363] 许可,肖尤丹,何丽敏.国立科研机构科技成果转化模式研究——以中国科学院为例[J].东岳论丛,2019,(12):138-146.

[364] 徐鲲,张楠,鲍新.专利价值评估研究[J].价格理论与实践,2018,(7):143-146.

[365] 徐兰.德国技术转移体系对我国的启示[J].中国高校科技,2016,(4):51-53.

[366] 徐兰,徐婷.基于四位一体的德国技术转移体系对我国科研发展的启示研究[J].科技与管理,2017,(1):43-47.

[367] 徐莉,杨晨露.产学研协同创新的组织模式及运行机制研究[J].科技广场.2012,(11):210-214.

[368] 徐新洲.创新链与产业链融合下的科技成果转化——以南京林业大学为例[J].中国高校科技,2019,(10):8-12.

[369] 徐兴祥,饶世权.职务科技成果专利权共有制度的合理性与价值研究——以西南交通大学职务科技成果混合所有制实践为例[J].中国高校科技,2019,(5):87-90.

[370] 徐耀宗.谈技术转移[J].科学学研究,1991,(2):76-86.

[371] 徐业敏.商业银行科技金融业务发展研究[D].安徽大学,2017.

[372] 许云.北京地区高校、科研机构技术转移模式研究[D].北京理工大学,2016.

[373] 许云,李家洲.技术转移与产业化研究:以中关村地区为例[M].北京:人民出版社,2015.

[374] 许正中.国有资产催化科技成果产业化机理探源[J].经济研究参考,2016,(49):51-58.

[375] 薛光明.创新理论的发展与反思:一个理论综述[J].经济论坛,2017,(12):145-151.

[376] 薛澜.中国科技创新政策40年的回顾与反思[J].科学学研究,2018,(12):2113-2115.

[377] 薛永业.首席科学家领导行为特质对团队合作质量影响研究[D].华南理工大学,2017.

[378] 闫佳宁,李燕.日本学术机构技术转移机制及其对我国的启示[J].日本研究,2019,(3):39-47.

[379] 杨斌,肖尤丹.国家科研机构硬科技成果转化模式研究[J].科学学研究,2019,(12):2149-2156.

[380] 杨菲,安立仁,张洁.区域技术积累能力评价研究[J].科技进步与对策,2015,32(17):129-133.

[381] 杨慧玉,王会斌,张平平.高校技术转移的机制研究[J].研究与发展管理,2005,(5):112-118.

[382] 杨龙志,刘霞.区域间技术转移存在"马太效应"吗？——省际技术转移的驱动机制研究[J].科学学研究,2014,32(12):1820-1827＋1858.

[383] 杨蕾蕾.基于知识产权价值链的高校科技成果转化机制研究[D].重庆理工大学,2017.

[384] 杨善林,郑丽,冯南平,彭张林.技术转移与科技成果转化的认识及比较[J].中国科技论坛,2013,(12):116-122.

[385] 杨舒博,黄健.改革开放40年中国知识产权制度变迁的动因分析[J].中国科技论坛,2019,(4):35-41.

[386] 杨震宁,李东红,王玉荣.科技园"温床"与"围城"效应对企业创新的影响研究[J].科研管理,2015,36(1):34-42.

[387] 杨忠,李嘉,巫强.创新链研究:内涵、效应及方向[J].南京大学学报(哲学·人文科学·社会科学),2019,(5):62-70.

[388] 姚思宇,何海燕.高校科技成果转化影响因素研究——基于 Ordered Logit 模型实证分析[J].教育发展研究,2017,37(9):45-52.

[389] 姚柱,张显春.团队创新使命、隐性知识共享与团队创新绩效[J].软科学,2021,35(7):78-83.

[390] 叶娇.文化差异对跨国技术联盟知识转移机制的影响[D].大连理工大学,2011.

[391] 叶静怡,杨洋,韩佳伟,李晨乐.中美高校技术转移效率比较——基于专利的视角[J].中国科技论坛,2015,(1):150-155.

[392] 易继明,初萌.全球专利格局下的中国专利战略[J].知识产权,2019,(8):38-56.

[393] 易朝辉,管琳.学者创业角色、创业导向与大学衍生企业创业绩效[J].科研管理,2018,(11):166-176.

[394] 殷朝晖,李瑞君.大学教师学术创业的角色冲突及其调适策略[J].江苏高教,2017,(4):57-60.

[395] 余鲭鲭,王昱欢,许婧,许轶.我国科研院所技术转移特征研究[J].科技管理研究,2020,(3):78-83.

[396] 俞敏.独特的三螺旋 DNA[J].大科技,2011(12):46-47.

[397] 袁方.社会研究方法教程[M].北京:北京大学出版社,2004.

[398] 苑泽明,郭景先,侯雪莹.我国科技金融政策评价研究:构建理论分析框架[J].科技管理研究,2015,(15):69-75.

[399] 曾国屏,苟尤钊,刘磊.从"创新系统"到"创新生态系统"[J].科学学研究,2013(1):4-12.

[400] 曾莉,戚功琼.对"专利流氓""鲶鱼效应"的思考与建议[J].科技管理研究,2017,(15):186-190.

[401] 斋藤优.技术转移国际政治经济学[M].东京:东洋经济新报社,1979.

[402] 斋藤优.技术转移理论与政策[M].东京:东京大学出版社,1986.

[403] 翟晓舟.科技成果转化"三权"的财产权利属性研究[J].江西社会科学,2019,(6):171-179.

[404] 张爱丽.创业经验一定能促进创业机会开发吗[J]?科学学研究,2020,(2):288-295.

[405] 张诚,张艳蕾,张健敏.跨国公司的技术溢出效应及其制约因素[J].南开经济研究,2001,(3):3-5.

[406] 张凡勇,杜跃平.创新链的概念、内涵与政策含义[J].商业经济研究,2020,(22):130-132.

[407] 张广利,陈仕中.社会资本理论发展的瓶颈:定义及测量问题探讨[J].社会科学研究,2006,(2):102-106.

[408] 张寒,蔡瑜琢.大学技术转移组织机构的制度化及其演化[J].自然辩证法研究,2017,(2):42-48.

[409] 张换兆,秦媛.美国国家技术转移体系建设经验及对我国的启示[J].全球科技经济瞭望,2017,(8):50-55.

[410] 张慧颖,史紫薇.科技成果转化影响因素的模糊认知研究——基于创新扩散视角[J].科学学与科学技术管理,2013,34(5):28-35.

[411] 张江,张利格.国家重点研发计划高校立项特征分析及思考[J].北京航空航天大学学报(社会科学版),2019,32(1):147-150.

[412] 张敬婕.跨文化沟通的认知差异与领导力提升[J].领导科学,2019,(6):115-117.

[413] 张珺.中国科研院所科技成果转移转化创新管理机制探索[D].东南大学,2015.

[414] 张俊芳,郭戎.中国风险投资发展的演进、现状与未来展望[J].全球科技经济瞭望,2016(9):34-43.

[415] 张立,余赵.基于创新链的科技人才评价体系研究[J].科学管理研究,2020,38(1):139-142.

[416] 张琳,张晓军,席西民.领导者如何获取资源:基于制度理论、资源基础观和领导理论的分析框架[J].科技进步与对策,2015,(4):144-149.

[417] 张璐,白璐,苏敬勤,长青.国际创新理论研究动态与前沿分析[J].科学学与科学技术管理,2016,(9):16-25.

[418] 张米尔,国伟,曲宁.面向专利预警的专利申请关键特征研究[J].科研管理,2018,(1):135-142.

[419] 张铭慎.如何破除制约入股型科技成果转化的"国资诅咒"?——以成都职务科技成果混合所有制改革为例[J].经济体制改革,2017,(6):116-123.

[420] 张明喜,郭滕达,张俊芳.科技金融发展40年:基于演化视角的分析[J].中国软科学,2019,(3):20-33.

[421] 张明妍.德国科技发展轨迹及创新战略[J].今日科苑,2017(12):1-14.

[422] 张其仔,许明.中国参与全球价值链与创新链、产业链的协同升级[J].改革,2020,(6):58-70.

[423] 张千慧.技术交易中的供需主体双边匹配决策方法[D].西安电子科技大学,2015.

[424] 张盼盼.美国公立研究型大学技术转移的OTL模式研究[D].浙江大学,2017.

[425] 张瑞莲.科研项目团队能力评价的研究[D].北京邮电大学,2011.

[426] 张婷,肖晶.知识产权质押融资:实践、障碍与机制优化[J].南方金融,2017,(2):86-90.

[427] 张卫东,王萍,魏和平.技术交易中介服务体系的构建与运行[J].图书情报工作,2009,(22):22-25.

[428] 张文斐.职务科技成果混合所有制的经济分析[J].软科学,2019,(5):51-54.

[429] 张文俊.技术经理人全程参与成果转化服务模式研究[J].科技资讯,2019,(14):197-199.

[430] 张啸川,段婕,金惠宁.创新创业背景下的高校技术转移模式——以陕西省为例

[J].中国高校科技,2017,(11):94-96.

[431]　章琰.大学技术转移影响因素模型研究[J].科学学与科学技术管理,2007,(11):43-47.

[432]　张妍,郭文君.中央级科研院所科技成果转化国资管理政策变化浅析[J].高科技与产业化,2019,(12):84-88.

[433]　张延锋,李垣.能力、资源与核心能力形成分析[J].科研管理,2002,(4):1-5.

[434]　张廷君.科技工作者三维绩效系统激励机制研究[D].天津大学,2010.

[435]　张艺,许治,朱桂龙.协同创新的内涵、层次与框架[J].科技进步与对策,2018,(18):20-28.

[436]　张艺凡,季闯,田莎莎.对天使投资与风险投资的比较分析[J].山东农业工程学院学报,2018,(8):33-34.

[437]　张义芳,翟立新.产学研研发联盟:国际经验及我国对策[J].科研管理,2008(5):42-48.

[438]　张勇,骆付婷,贾芳.知识创造视角下军民融合深度发展技术融合模式及选择研究[J].科技进步与对策,2016,33(14):111-117.

[439]　张再生,刘明瑶.基于资源基础理论的公共部门人力资源管理变革研究[J].行政论坛,2015,22(2):69-73.

[440]　张占江,李敏,李珊.公司设立中专利权出资的风险及防范[J].中国发明与专利,2016,(9):76-80.

[441]　张征,王玉博,杨霞.战略型领导:概念、测量与作用机制[J].中国人力资源开发,2018,35(4):53-65.

[442]　张宇庆.科研经纪人的角色定位探析[J].北京教育(高教),2016,(5):74-76.

[443]　张座铭,邵红梅,张楠楠.中部地区高校技术转移绩效评价及对策研究[J].当代经济,2017,(36),152-153.

[444]　赵捷,江山.英国促进科技成果商业化的举措[J].高科技与产业化,2013,(3):44-48.

[445]　赵力焓,石娟,顾新.知识链组织之间知识流动的过程研究[J].情报杂志,2010,29(7):70-73.

[446]　赵喜仓,安荣花.江苏省科技成果转化效率及其影响因素分析——基于熵值和随机前沿的实证分析[J].科技管理研究,2013,33(9):81-85.

[447]　赵晓庆,许庆瑞.企业技术能力演化的轨迹[J].科研管理,2002,23(1):70-76.

[448]　赵询,李祥华.企业设立法律风险探究[J].法制与社会,2015,(9):28-30.

[449]　赵艳文,李敏,蒋诗才.军工企事业单位科技成果转化影响因素研究——基于ISM-MICMAC模型[J].科技创业月刊,2020,33(6):61-65.

[450]　赵雨菡,魏江,吴伟.高校科技成果转化的制度困境与规避思路[J].清华大学教育研究,2017,38(4):108-112+116.

[451]　赵志娟.国内外网上技术市场主动服务模式研究[J].今日科技,2014,(12):47-49.

[452] 郑栋之,张同建.我国专利联盟特质对专利联盟市场绩效影响研究[J].科技管理研究,2018,(11):154-158.

[453] 郑建阳.知识视角下科技成果转化机制研究[J].科学管理研究,2017,35(2):39-42.

[454] 郑开梅.技术经理人职业素养、能力提升分析与研究[J].江苏科技信息,2019,(11):40-43.

[455] 郑书前.专利陷阱识别与规制刍议[J].电子知识产权,2017,(10):39-45.

[456] 郑勇华,尹剑峰.技术专长、关系网络与创业机会识别[J].技术经济与管理研究,2019(12):3-8.

[457] 周传忠.科研机构成果转化市场机制研究[D].中国科学技术大学,2017.

[458] 周菲菲,赵熠玮.隐性知识与日本技术传承[J].科学技术哲学研究,2021,38(2):78-84.

[459] 周海源.职务科技成果转化中的高校义务及其履行研究[J].中国科技论坛,2019,(4):142-151.

[460] 周浩,龙立荣.共同方法偏差的统计检验与控制方法[J].心理科学进展,2004,(6):942-950.

[461] 周敏."经纪人"历史溯源及对我国体育经纪人职能定位的解读[J].南京体育学院学报,2008,(5):85-87.

[462] 周涛,于兰萍,张勇.技术成熟度评价方法应用现状及发展[J].计算机测量与控制,2015,23(5):1609-1612.

[463] 周伟.京津冀产业转移效应研究——基于河北技术溢出、产业集聚和产业升级视角[J].河北学刊,2018,38(6):172-179.

[464] 周雪亮,张纪海,韩志弘.创新链驱动的科技园区军民科技协同创新发展模式研究[J].科技进步与对策,2021,38(6):105-112.

[465] 朱承.完善科技成果转化政策法规体系,更好服务经济高质量发展[J].中国发展观察,2019,(9):36-40.

[466] 朱承亮,雷家骕.中国创业研究70年:回顾与展望[J].中国软科学,2020,(1):11-20.

[467] 朱翠林,张保军.浅析影响农业科技成果转化的因素及对策[J].农业与技术,2006,(2):17-20.

[468] 祝甲山,隋志强.我国科技成果转化的影响因素分析[J].科技管理研究,1997,(5):33-35.

[469] 朱宁宁,王溦溦.我国科技成果转化典型模式及影响因素研究[J].科技与管理,2011,13(6):34-37.

[470] 朱平利.科技人员成果转化意愿的影响因素[J].中国高校科技,2017(4):73-76.

[471] 朱雪忠.中国技术市场的政策过程、政策工具与设计理念[J].中国软科学,2020,(4):1-16.

[472] 朱业琳.创业投资与创业企业成长性的关系研究[D].对外经贸大学,2018.

[473]　竺乾威.从新公共管理到整体性治理[J].中国行政管理,2008(10):52-58.

[474]　卓泽林,赵中建."概念证明中心":美国研究型大学促进科研成果转化的新组织模式[J].复旦教育论坛,2015,(4):100-106.

[475]　Bach,L.,Llerena,P.(2007).Indicators of higher-education institutes and public-research organizations technology transfer activities:Insights from France[J]. Science & Public Policy,34(10):709-721.

[476]　Bar-Zakay, S. N. (1971). Technology transfer model[J]. Technological Forecasting & Social Change,2(3):321-337.

[477]　Battaglia, D., Landoni, P., Rizzitelli, F. (2017). Organizational structures for external growth of University Technology Transfer Offices:An explorative analysis[J]. Technological Forecasting & Social Change,123(10):45-56.

[478]　Benarroch, M., Gaisford, J. D. (2010). Foreign Aid,Innovation,and Technology Transfer in a North-South Model with Learning-by-Doing [J]. Review of Development Economics,8(3):361-378.

[479]　Bogliaccini, J. A., Egan, P. J. W. (2017). Foreign direct investment and inequality in developing countries:Does sector matter? [J]. Economics & Politics,29(3): 209-236.

[480]　Bosco, MariaG. (2007). Innovation,R&D and Technology Transfer:Policies towards a Regional Innovation System. The Case of Lombardy [J]. European Planning Studies,15(8):1085-1111.

[481]　Bozeman, B. (2000). Technology transfer and public policy:a review of research and theory[J]. Research policy,29(4-5):627-655.

[482]　Brescia, F., Colombo, G., Landoni, P. (2016). Organizational structures of Knowledge Transfer Offices:an analysis of the world's top-ranked universities[J]. The Journal of Technology Transfer,41(1):132-151.

[483]　Brooks, Harvey. (1968). The Government of Science[M]. The MIT Press,1968.

[484]　Bruneel, J., D'Este, P., Salter, A. (2010). Investigating the factors that diminish the barriers to university-industry collaboration [J]. Research Policy, 39 (7): 858-868.

[485]　Burnside, B., Witkin, L. (2008). Forging Successful University-Industry Collaborations [J]. Research Technology Management,51(2):26-30.

[486]　Cesaroni, F., Piccaluga, A. (2016). The activities of university knowledge transfer offices:towards the third mission in Italy[J]. Journal of Technology Transfer,41 (4):1-25.

[487]　Chapple, W., Lockett, A., Siegel, D., et al. (2005). Assessing the relative performance of U. K. university technology transfer offices:parametric and non-parametric evidence[J]. Research Policy,34(3):369-384.

[488]　Coninck, H. D., Sagar, A. (2015). Making sense of policy for climate technology

development and transfer[J]. Climate Policy,15(1): 11.

[489] Curi, C. ,Daraio,C. ,Llerena,P. (2012). University technology transfer: how (in) efficient are French universities? [J]. Dis Technical Reports,36(3): 629-655.

[490] Danquah, M. ,Ouattara,B. ,Quartey,P. (2018). Technology Transfer and National Efficiency: Does Absorptive Capacity Matter? [J]. African Development Review, (30): 162-174.

[491] Davidson, W. H. (1983). Structure and Performance in International Technology Transfer[J]. Journal of Management Studies,20(4): 13.

[492] De Moortel, K. , Crispeels, T. (2018). International university-university technology transfer: Strategic management framework [J]. Technological Forecasting and Social Change,(135): 145-155.

[493] Dechezleprêtre, A. ,Glachant, M. , Ménière, Y. (2009). Technology transfer by CDM projects: A comparison of Brazil,China,India and Mexico[J]. Energy Policy, 37(2): 703-711.

[494] Derrick, G. E . (2015). Integration versus separation: structure and strategies of the technology transfer office (TTO) in medical research organizations[J]. The Journal of Technology Transfer,40(1): 105-122.

[495] Ding, Xuedong. (2006). Innovation and technology transfer in Chinese agriculture [J]. Journal of Small Business & Enterprise Development,13(2): 242-247.

[496] Dunning, J. H. (1988). The Eclectic Paradigm of International Production[M]. London: Oxford University Press,1988.

[497] Friedman, J. , Silberman, J. (2003). University Technology Transfer: Do Incentives, Management, and Location Matter? [J]. Journal of Technology Transfer,28(1): 17-30.

[498] Fronell, C. and Larcker, D. (1981). Evaluating Structural Equation Models with Unobservable Variables and Measurement Error. Journal of Marketing Research, 18,39-50. DOI: http://dx. doi. org/10. 2307/3151312.

[499] Genet, C. ,Errabi,K. ,Gauthier,C. (2012). Which model of technology transfer for nanotechnology? A comparison with biotech and microelectronics[J]. Technovation, 32(3-4): 205-215.

[500] Gibson, D. V. ,Smilor,R. W. (1991). Key variables in technology transfer: A field-study based empirical analysis [J]. Journal of engineering and Technology Management,8(3-4): 287-312.

[501] Gilsing, V. ,Bekkers,R. ,Freitas,I. M. B. ,et al. (2011). Differences in technology transfer between science-based and development-based industries: Transfer mechanisms and barriers[J]. Technovation,31(12): 638-647.

[502] Günsel, Ayşe. (2015). Research on Effectiveness of Technology Transfer from a Knowledge Based Perspective[J]. Procedia - Social and Behavioral Sciences,207

(10),777-785. DOI：https://doi. org/10. 1016/j. sbspro. 2015. 10. 165.

[503] Hanson, P. (1981). The Nature of International Technology Transfer[M]. Trade and Technology in Soviet-Western Relations. Palgrave Macmillan UK,1981.

[504] Heinzl, J. ,Kor,A. L. ,Orange,G. ,et al. (2013). Technology transfer model for Austrian higher education institutions[J]. Journal of Technology Transfer,38(5)：607-640.

[505] Ho,M. -H. M. ,Liu,J. S. ,Lu,W. -M. ,Huang,C. -C. (2014). A new perspective to explore the technology transfer efficiencies in US universities[J]. The Journal of Technology Transfer,39,247-275.

[506] Lida,T. , Takeuchi,K. (2011). Does free trade promote environmental technology transfer? [J]. Journal of Economics,104(2)：159-190.

[507] Intarakumnerd, P. ,Charoenporn,P. (2015). Impact of stronger patent regimes on technology transfer：The case study of Thai automotive industry[J]. Research Policy, 44(7)：1314-1326.

[508] Krugman, P. (1979). A Model of Balance-of-Payments Crises[J]. Journal of Money Credit&Banking,11 (3) ：311-325.

[509] Lafuente, E. , Berbegal-Mirabent, J. (2017). Assessing the productivity of technology transfer offices：an analysis of the relevance of aspiration performance and portfolio complexity[J]. Journal of Technology Transfer,(1)：1-24.

[510] Lanahan, L. ,Feldman, M. P. (2015). Multilevel innovation policy mix: A closer look at state policies that augment the federal SBIR program[J]. Research Policy, 44(7)：1387-1402.

[511] Link，A. N. (2014). Evaluating the Advanced Technology Program：a preliminary assessment of economic impacts [J]. International Journal of Technology Management，8(6-7)：726-739.

[512] Link, N. , Siegel, D. (2005). Generating science-based growth：An econometric analysis of the impact of organizational incentives on university industry technology transfer[J]. European Journal of Finance,(3)：169-182.

[513] Louise, H. , Eileen, M. G. , May, G. (2001). Development of a Technology Readiness Assessment Measure：The Cloverleaf Model of Technology Transfer [J]. Journal of Technology Transfer,26(4)：369-384.

[514] Malik, T. H. (2018). Defence Investment and the Transformation National Science and Technology：A Perspective on the Exploitation of High Technology[J]. Technological Forecasting & Social Change,127,199-208.

[515] Mansfield, E. (1994). Intellectual property protection,foreign direct investment, and technology transfer[R]. International Finance Corporation Discussion Paper. Washington D C：World Bank,1994. 19.

[516] Mccann, J. J. , Hills, E. B. , Zauszniewski, J. A. , et al. (2011). Creative

Partnerships for Funding Nursing Research [J]. Western Journal of Nursing Research,33(1): 79-105.

[517] Mowery, D. C. ,Sampat,B. N. (2004). The Bayh-Dole Act of 1980 and University-Industry Technology Transfer: A Model for Other OECD Governments? [J]. The Journal of Technology Transfer,30(1-2): 115-127.

[518] Nirmal, K. ,Chandan,B. ,Visvesvaran,P. (2015). Development of Framework for an Integrated Model for Technology Transfer[J]. Indian Journal of Science &. Technology,8(35): 589-589.

[519] Ockwell, D. ,Byrne, R. (2016). Improving technology transfer through national systems of innovation: climate relevant innovation-system builders (CRIBs)[J]. Climate Policy,16(7): 836-854.

[520] Oh,S.-H. , Lee, K.-J. (2013). Governance system of governmental R&D programs: Formation and transformation of the Framework Act on Science and Technology in Korea[J]. Science &. Public Policy,40(4): 492-503.

[521] Paniccia, P. M. A. ,Baiocco,S. (2018). Co-Evolution of the University Technology Transfer: Towards a Sustainability-Oriented Industry: Evidence from Italy[J]. Sustainability, 10.

[522] Parker, D. D. ,Zilberman, D. (2010). University Technology Transfers: Impacts on Local and U. S. Economies[J]. Contemporary Economic Policy,11(2): 87-99.

[523] Posner, M. V. (1961). International Trade and Technical Change [J]. Oxford Economic Papers,13(3) : 323-341.

[524] Rebentisch, E. S. , Ferretti, M. (1995). A knowledge asset-based view of technology transfer in international joint ventures[J]. Journal of Engineering &. Technology Management,12(1-2): 1-25.

[525] Robertson, T. ,S. ,Gatignon, H. (1986). Competive effects on technology diffusion [J]. Journal of Marketing,50(3): 1-12.

[526] Rogers, E. M. , Carayannis, E. G. , Kurihara, K. , et al. (2010). Cooperative research and development agreements (CRADAs) as technology transfer mechanisms[J]. R & D Management,28(2): 79-88.

[527] Rogers, E. M. , Takegami, S. , Yin, J. (2001). Lessons learned about technology transfer[J]. Technovation,21(4): 253-261.

[528] Sahadevan, M. A. ,Jedin, M. H. (2014). Factors that Influence the Dissemination of Knowledge in Technology Transfer among Malaysian Manufacturing Employees [J]. South East Asian Journal of Management,8(1): 1-12.

[529] Schlie, T. M. ,Radnor, A. ,Wad, A. (1987). Indicators of international technology transfer[J]. Centre for the Interdisciplinary Study of Science and Technology, North Western University,Evanston,23: 32-36.

[530] Selmi, Nadia. (2013). The Difficulties of Achieving Technology Transfer: Issues

of Absorptive Capacity[J]. Communications of the IBIMA,vol. 2013(2013),1-15. DOI：10.5171/2013.131318.

[531] Siegel, D. S. , Veugelers,R. ,Wright,M. (2007). Technology transfer offices and commercialization of university intellectual property：performance and policy implications[J]. Oxford Review of Economic Policy,23(4)：640-660.

[532] Sohn, S. Y. , Moon, T. H. (2004). Decision Tree based on data envelopment analysis for effective technology commercialization [J]. Expert Systems with Applications,26(2)：279-84.

[533] Sung,Kyung T. (2010). Government IT strategy and technology transfer in Korea [J]. International Journal of Technology Management,49(1/2/3)：123.

[534] Swinnen, J. ,Kuijpers,R. (2017). Value chain innovations for technology transfer in developing and emerging economies：Conceptual issues,typology, and policy implications[J]. Food Policy,(6)：1-12.

[535] Taewook, H. , Hyung-Ju, K. (2018). Korean Experimentation of Knowledge and Technology Transfer to Address Climate Change in Developing Countries[J]. Sustainability,10(4)：1-15.

[536] Tahir,H. ,Peter,V. S. ,Ki-Seok,K. (2018). Sustainable Economic Growth and the Adaptability of a National System of Innovation：A Socio-Cognitive Explanation for South Korea's Mired Technology Transfer and Commercialization Process[J]. Sustainability,10(5)：1-26.

[537] Trott,P. ,Cordey-Hayes,M. (2010). Developing a 'receptive' R&D environment for inward technology transfer：a case study of the chemical industry[J]. R&D Management,26(1)：83-92.

[538] Tseng, A. A. , Raudensky, M. (2014). Assessments of technology transfer activities of US universities and associated impact of Bayh-Dole Act [J]. Scientometrics,101(3)：1851-1869.

[539] Urban, Frauke. (2018). China's rise：Challenging the North-South technology transfer paradigm for climate change mitigation and low carbon energy[J]. Energy Policy,113：320-330.

[540] Villani,E. ,Rasmussen,E. ,Grimaldi,R. (2017). How intermediary organizations facilitate university-industry technology transfer：A proximity approach [J]. Technological Forecasting & Social Change,vol. 114,86-102.

[541] Walter,A. (2015). Complex Technological Knowledge and Value Creation in Science-to-Industry Technology Transfer Projects：The Moderating Effect of Absorptive Capacity[J]. Industrial Marketing Management,47：98-108.

[542] Wei,J. ,Liu, Y. (2017). Analysis of the factors influencing the transformation effect of scientific and technological achievements [J]. Malaysian E Commerce Journal (MECJ),1(1)：11-13.

［543］ Wernerfelt，B.(1984). A resource — based view of the firm[J]. Strategic Management Journal,5(2)：171-180. DOI：https://doi. org/10. 1002/smj. 4250050207.

［544］ Winkelbach，A. ，Walter，A. (2015). Complex technological knowledge and value creation in science-to-industry technology transfer projects：The moderating effect of absorptive capacity[J]. Industrial Marketing Management,47(5)：98-108.

［545］ Xu,Y. ，Li，H. (2011). Research on Evaluation of Enterprises' Technology Innovation Performance from the Perspective of Industrial Cluster Networks[J]. Energy Procedia,5：1279-1283.